封面題字：劉大鏞先生
國際標準書號：ISBN 957-9480-46-X

禪與道概論

南懷瑾先生著

戊申1968(57)年11月臺灣初版・辛亥1971(60)年11月臺灣再版
丁巳1977(66)年1月增訂三版・戊午1978(67)年11月增訂四版
庚申1980(69)年8月增訂五版・壬戌1982(71)年8月臺灣六版
癸亥1983(72)年3月臺灣七版・甲子1984(73)年10月臺灣八版
丙寅1986(75)年3月臺灣九版・己巳1989(78)年5月臺灣十版
庚午1990(79)年6月臺灣十一版・辛未1991(80)年6月臺灣十二版
壬申1992(81)年6月臺灣十三版・癸酉1993(82)年6月臺灣十四版
・局版臺業字第一五九五號

發行人：南懷瑾
出版者：老古文化事業股份有限公司
地址：臺北市信義路三段二十一號二樓
電話：七〇三五五九二・七〇九六三三〇
郵撥帳號：〇一五九四二六－一 FAX: 02-7078217
香港出版者：經世學庫發展有限公司
地址：香港中環都爹利街八號鑽石會大厦十樓
電話：五－八四五五五五五 傳眞：五－二五一一〇一

定價：新臺幣二八〇元整
港幣 元整

南懷瑾先生著

禪與道概論

老古文化事業公司

禪與道概論總目錄

劉序……一
前言……一

禪宗與佛學講錄——目錄

壹　佛學與中國文化的因緣……一
貳　佛學內容簡介……七
（一）印度文化的背景……七
（二）印度上古的形勢與國情……八
（三）釋迦出家成道對於人類世界的貢獻……九
（1）建立師道的莊嚴……九
（2）破除印度傳統的階級觀念……一〇
（3）歸納印度上古傳統宗教的輪迴之說……一一
（4）開拓宇宙觀與世界觀……一一

（5）調和裁定形而上的本體論……一三
（四）大乘佛教與小乘佛教……一五
（1）小乘的思想……一五
（2）小乘的實踐……一八
（3）小乘的求證方法……一八
（4）大乘的思想……二〇
（5）大乘的實踐……二三
（6）大乘求證的方法……二四
參 禪宗概要……二七
（一）有關禪宗的史跡……二九
（1）禪宗所謂的教外別傳……三二
（2）禪宗的禪……三三
（3）達摩大師初傳的禪宗……三三
（二）初唐以前禪宗開展的影響……三五
（1）關於禪宗六祖幾個重要問題……三七
（第一）關於六祖的開悟……三九

（第二）關於不思善，不思惡的問題……四三
（第三）關於「不是風動，不是幡動，是仁者心動」的問題……四四
（三）唐初禪宗興盛的大勢……四四
（四）研究禪宗的幾個鎖鑰……四八
（1）時代方言的注意……四九
（2）幾個重要術語的了解……四九
(1)禪宗語錄……五〇
(2)禪宗的機鋒……五〇
③棒喝……五三
（3）研讀禪宗典籍的重點……五五
（4）必須具備禪學與文學的素養……五六
（五）禪宗的中心及其目的……六一
（1）禪的目的與涅槃……七二
（2）宋元以後注重參禪的禪風……七六
①參話頭與止觀、禪那的關係……七七
②看念頭……七八

③參話頭……七八
(3)元明以後禪宗的三關界說與參禪的境界……八〇
(六)禪宗與理學的關係……八一
(1)禪宗宗師的言行與理學……八六
(七)禪宗與中國文學……九〇
(1)隋唐以後文學意境的轉變與禪宗……九〇
①詩……九一
②詞曲……九八
③小說……一〇〇
(2)禪與文學的重要性……一〇三
①孔子晚年……一〇三
②宗教與文學……一〇五
肆　禪宗叢林制度與中國文化教育的精神……一〇七
(一)佛教原始制度的簡介……一〇八
(二)禪宗叢林制度的由來……一一一
(1)叢林的規模……一一三

（2）叢林的風規……一一七
（3）叢林以修持爲中心的禪堂……一二三
（4）叢林與中國文教……一二八
結論……一三〇

道家與道教講錄—目錄……一三三

壹　道家學術思想與黃老、老莊的淵源……一三五
（一）道家與黃、老……一三五
（二）道家與老、莊……一三六
貳　隱士思想與道家……一三九
（一）上古歷史傳說上的反證……一三九
（二）孔子與隱士的思想……一四〇
（三）隱士與歷史政治的關係……一四一
（1）歷史上畏懼「隱士」思想的反面……一四三
（2）歷史上尊重「隱士」思想的正面……一四四
參　方士的學術與道家……一四六

（一）有關原始自然科學……一四七
（二）有關陰陽家演變為人文科學……一四八
（三）有關理論物理科學……一四九
肆　關於道家方士學術思想的淵源……一五一
（一）上古傳統文化與周代的道術……一五二
（二）戰國時期北方齊魯燕宋的文化背景……一六七
（三）戰國時期南方楚國的文化思想……一七三
伍　道家與道教學術思想的內容……一七七
（一）道家與道教的天人宇宙說……一七七
（1）關於陰陽的觀念……一八〇
（2）關於五行的觀念……一八二
（3）關於天干和地支的甲子觀念……一八四
（二）道家神仙修煉的學術思想……一九〇
（1）道家與道教對於人生意義的估價……一九〇
（2）方士思想的影響……一九二
（甲）養神論者的理論與方法……一九三

（乙）養氣與煉氣論者的先聲……一九四
（丙）服餌者的理由……一九八
（子）所謂服餌丹藥的兩個理論……一九八
（丑）關於服餌丹藥的三種類……二〇一
（寅）服食丹藥的三個程序……二〇二
（丁）祀禱派的修煉……二〇三
陸　漢魏以後的神仙丹道派……二〇八
（一）丹經鼻祖的作者魏伯陽……二〇九
（二）方士醫學與易象數合流的煉氣養生術的丹道……二一六
柒　道家與道教宗祖人物思想的略論……二二九
（1）儒道不分家「天」字的含義……二二九
（2）儒道不分家的「道」字的含義……二三〇
（一）老子……二三一
（1）老子思想的天道無爲與自然的觀念……二三一
（2）老子對於仁義與聖人的觀念……二三三
（3）有關老子政治思想的誤解……二三五

（4）老子被人陷害爲陰謀權術的教唆者……一三六
（5）老子政治思想的重心……一三九
（6）老子攝生養生的學術……一四一
（甲）入手立基虛極靜篤的養靜論……一四二
（乙）由靜極進於綿綿若存的養神論……一四二
（丙）輔助養靜、養神的養氣論……一四三
（丁）恍惚至精的道妙……一四三
（戊）攝生養生的成果……一四四
（7）道教清靜經……一四五
（二）莊子……一四六
（1）莊子書的寓言……一四七
（2）莊子的逍遙遊與內七篇……一四八
（3）莊子外篇的風規……一五〇
（4）莊子內篇養生學與方士神仙的因緣……一五一
（三）戰國時期陰陽家與方士的聲勢……一五四
（1）騶衍的學術思想……一五五

（甲）騶衍陰陽學說的動機與目的……二五七
（乙）陰陽學說的內容……二五八
（丙）騶衍地球物理的思想……二五八
（丁）齊國學術的風氣……二六〇
（四）秦漢之際燕齊方士與神仙的思想淵源……二六一
（1）秦始皇與封禪……二六一
（2）漢初的神道與神仙……二六五
（3）漢、魏以下道家學術思想的內容概略……二六八
捌 道教……二七一
（一）漢末道教形成的因緣……二七一
（二）魏晉以後的道家與道教……二八〇
（1）唐代的道教……二八六
（2）宋、元、明、清的道教……二八八
玖 道家及道教思想與中國文化的教育精神……二九二
禪與道概論後語——楊管北……二九九

舉辦宗教哲學專題講演的旨趣（代序）

劉　眞

近兩年來，政大教育研究所經常每週舉行學術講演一次。講演的範圍，甚為廣泛。舉凡與教育有關的各種問題，如政治、經濟、社會、歷史、心理等無不涉及。我的意思，就是希望研究所的同學，能夠具備多方面的知識，不要專在教育本身這門學問內兜圈子。因為教育與任何方面都有密切的關係，我們對宇宙、人生、社會瞭解愈多、愈深；則對教育問題看得愈客觀、愈真切。

不過，教育究竟係以「人」為主體。也可以說，教育乃是人與人之間的一種精神交感作用。故欲求教育充分發揮其應有的效能，必須施教者自身先具有高尚的人格。我國古來之所以特重「人師」與「身教」，理卽在此。

基於這種原因，所以教育研究所計劃從本學期起，在一般性的學術專題講演以外，開始舉行一系列的「宗教哲學」方面的專題講演。就今日對社會影響力較大的各種宗教，敦請大家平素所最敬佩的宗教家或富有研究的學者，作若干次專題講演。我並非要研究所的同學將來成為某一宗教的信徒，而只是希望各同學在聽過講演之後，對其立身治學能獲得在一般學問中不易獲得的啓示和見解。

我自幼生長在一個宗教氣氛非常濃厚的家庭中，但迄今我尚非任何一種宗教的教徒。雖然如此，我總覺得一個人能夠多讀幾本宗教書籍或多聽幾次宗教講演，一定在有形或無形中，可以得到不少的益處。

目前社會上，由於物質文明的不斷進步，若干人常不免一味追求物質生活的享受。但以個人收入有限，而物慾無窮，於是政治方面乃至教育方面，遂產生種種不良的風氣。對於造成這種不良風氣的少數不肖份子，固須「齊之以刑」；但就中國文化傳統的精神來講，則「道之以德」，似更為重要。

關於「道之以德」的方法，自然應該加強學校的倫理教育；但在倫理教育之外，如果對一般人尤其是教育工作者，能於其生命中多少灌輸一點宗教的意識，使他們性靈上得到一種啓示，從而了解人生不僅要注意物質生活，而且更要重視精神生活。物質生活的滿足，常須仰賴於外力；精神生活的滿足，則可求之於內心。一個具有高度宗教修養的人，不但不屑措意於世俗的榮辱得失，聲色貨利；甚至對最重要的生死關頭，也都看得很輕。如果從事政治或教育工作的人都能具有這種精神修養，還會發生敗壞風氣的事嗎？

我們中國傳統的文化，自係以儒家思想為基幹。而儒家思想中之天人合一觀念，何嘗與宗教思想沒有相通之處？故有些國家常視我們的儒學為儒教；而我國古代大儒，其傳道、弘道乃至殉道的精神志節，亦可與若干宗教家相媲美。宋代理學家二程兄弟向周濂溪問學時，濂溪所言甚少，僅勉以應「尋孔顏樂處」。我們細細體味此寥寥數字，含蓄着何等恢廓坦蕩超然物外的境界！這豈是一般僅僅記誦章句如今日之徒知致力於書本知識者所能企望於萬一？所以我常以為：我們中國古代的一些大儒，他們本身也許沒有任何宗教的信仰；但是他們的立身行事，却於無形中表現了宗教家那種崇高的人格與獻身的精神。最近（十二月三日）剛剛舉行百年誕辰紀念的已故黨國先進趙次隴先生生前自謂：「志佛家之所志，行儒者之所行」，這兩句話，頗可表現我國過去一部份前輩的知識份子思想生活所特有的風格。

蔡元培先生是大家所公認的民國以來的一位偉大的教育家，他生平雖主張以美育代宗教；但他在民國元年所發表的「新教育意見」一文中，特別揭櫫「世界觀」一項，曾謂：「世界有二方面，一為現象，一為實體，現象世界之事為政治，故以造成現世幸福為鵠的；實體世界之事為宗教，故以擺脫現世幸福為作用。而教育者則立於現象世界而有事於實體世界者也。故以實體世界之觀念為其究竟之目的，而以現象世界之幸福為其達到於實體觀念之作用。……提撕實體觀念之方法如何？曰消極方面使對於現象世界無厭棄，亦無執着；積極方面使對於實體世界非常渴慕而漸進於領悟……」蔡先生所謂對實體世界的這種「領悟」工夫，恐怕只有具備相當程度宗教修養的人才能做得到吧！

因此，我以為從事教育工作的人，一方面固要具備多方面的知識，有深厚的學術基礎；而另一方面，也應該效法宗教家獻身的精神，提高人生的境界，認識人生的真義。只有這樣，所謂「人格教育」，所謂「教育神聖」等等，才不致成為一些空洞的名詞。

在今日科學昌明的時代，舉辦「宗教哲學」的專題講演，也許有點不合時宜；甚至談宗教，談哲學，亦可能被人認為空疏迂闊，不切實際。實則科學與宗教乃是相輔相成的。愛因斯坦曾說：「沒有宗教的科學是跛子，沒有科學的宗教是瞎子。」至於哲學與人生的關係，西洋古代羅馬大作家西塞羅（Cicero）說得最好，他說：「哲學，人生之導師，至善之良友，罪惡之勁敵！假如沒有你，人生又值得什麼？」我們如果冷靜的想一想，古往今來的那一位偉大的人物，不具備宗教的熱忱與哲學的修養呢？

關於宗教與哲學的重要，總統在以下的兩段訓詞中，更有很明確的指示：

「我感覺近年以來，科學愈發達，物質文明愈進步；而道德愈低落，精神生活亦愈貧乏，於是人們都感覺內心空虛，更覺得人生渺茫和恐怖，而無所歸宿；因之對於生命不知有其意義，對於生活不知有其目的，這樣沒有生命意義和生活目的的人，只有懵懵懂懂的虛渡一生，那對國家，對同胞，對世界人類究有什麼益處？……我們在這科學文明進入太空時代的今天，格外要追求真理，宣揚宗教，來喚醒人類的心靈，解除魔力的束縛，以求得全體人類的真正自由，和整個世界的永久和平。」（見「荒漠甘泉」一八九頁）

「以我在平時觀察人事所得，我認為凡是稍有成就的人，就一定稍有其哲學基礎，和精神修養的工夫。如果一個人真能成功、成德、成業、就更必有其深厚的哲學基礎，那是決非偶然的。反之，凡是其對哲學不感興趣，而又毫無精神修養工夫的人，我可以斷言其必無成就。」（見「革命教育的基礎」七五頁）

宗教熱忱和哲學修養，我認為乃是一個教育家所必備的條件。我希望這一系列的「宗教哲學」專題講演，除給予教育研究所同學們一些寶貴知識外，更能引導大家在人生的旅途中，進入一段新的里程，達到更高的境界。對所謂「現象世界」的一切，看得更為超脫。不斤斤於物質的享受，不戀戀於世俗的浮華，樂道自得，立己立人。果能如此，則你們未來的成就，將不止是僅僅具有豐富知識的專家或學者；而且更是充滿愛心與熱忱能夠真正實踐中國傳統師道的教育家。（民國五十六年十二月十日於政大）

前言

去秋今春，兩度應劉白如先生之約，在政大教育研究所講述道佛兩家學術思想與中國文化。初擬以最短時間，有限範圍畢其事。孰知言難局約，棖觸多端，繁蕪散漫不得中止。兩次講辭之半，又經大華晚報披露，致使愛憎之者，函電催梓全文，欲了知其究竟。秋初白如先生遠遊前夕，猶以速印為辭。且楊管北先生亦願印贈送本三千冊，樂為之助。乃冒溽暑深宵，匆匆整理講稿付梓，紕漏錯謬，情多惶恐。居常有意貫串儒釋道三家源流，敍述其與中國文化上下數千年之通論，然默計時間與篇章，若非盡多年之力，窮數百萬言之辭，難概其要。自忖學養未逮，動遭悔咎。況人事叢脞，日不暇給，每又為之輟止。儻天假以年，或於晚歲成之，亦未可必也。本書所述，僅舉其端倪，就正大雅而已。且在酷熱清稿期中，適逢內外諸多障難，幸而有成，實得力於林登飛、湯宜莊、徐芹庭、孫毓芹，宋今人、湯珊先諸君之力，並此致謝，以志念也。

中華民國五十七年歲次戊申中秋南懷瑾誌

禪宗與佛學講錄

南懷瑾講述

壹　佛學與中國歷史文化的因緣

講到佛學與中國文化歷史的因緣，首當提出中國文化的界說，分爲三大階段：第一階段：自三代前後，中國傳統文化淵源伏羲畫八卦而建立易經天人之際的文化爲基礎，是屬於原始的、質樸的、科學而哲學的文化；經過夏、商、周三代的演進，便形成以易、禮爲中心的天人思想。第二階段：由於傳統文化的分化，到周、秦之際，產生諸子百家學術思想互爲異同的天下，復經秦、漢前後的演變，漸次形成儒、道、墨三家學說思想特立獨出的形態。第三階段：再經魏、晉、南北朝的演變，產生隋、唐以後儒、釋、道三家鼎峙，隨時變易互爲興衰的局面。從此歷宋、元、明、清，講到中國文化，便以儒、釋、道三家並舉爲其中堅代表。好像中國的地理河流，北有黃河，中有長江，南有珠江流域，綜羅交織而灌漑滋茂了中國文化生命，所以講到中國文化，實在不可偏舉，我們身爲中國人，更不能不了解自己文化的眞象。尤其中國文化的哲學思想，與西方文化哲學，基本大有不同；如果說中國有哲學思想，却不是獨立的專科，中國的哲學，素來是文（文學）哲不分，文史不分，學用不分，無論研究中國哲學或佛學，它與歷史、文學、哲學、爲政四門，始終無法分解，等於西方的哲學，與宗教、科學和實際的政治思想，不能脫離關係，是有異曲同工之妙。

由以上所舉，要知秦、漢以後，儒、道兩家學說思想的互相隆替，以及佛教文化輸入的前因後果，便須了解兩漢思想學術演變的原因：兩漢的學術思想，始終是儒、道兩家思想的天下；墨家思想在漢初已經融化爲儒、道的附庸，並無特立的藩籬。西漢初期，因爲政治領導與社會的趨勢，道家思想最爲流行，歷史上有名的「文景之治」，完全傾向道家黃、老之術，這是時代的需要，也是漢初政治原則上的必然趨勢。從此道家學術思想，便在中國歷史上形成一個定則，凡當撥亂反正的時代，必定需用道家學術的領導，到了天下太平，便「內用黃老，外示儒術。」這個原因，留待講述道教學術時，再加說明。西漢以來，因爲道家學術思想的盛行，於是法家、陰陽家、雜家等思想，也都託足道家門庭，依草附木而欣欣向榮，及其流弊所致，便造成西漢陰陽家的五德終始，以及讖緯(禨祥)的迷信風氣，王莽的叛亂、光武的中興、漢末三國的局面，無一不在讖緯的觀念中而構成政治治亂的心理因素；因而有漢末道家的隱士思想，與墨家變相的游俠思想結合，產生道教的雛形，便與佛教學說互相推排，而又互相融化。

同時兩漢學術思想，自經漢武帝與董仲舒輩的提倡，「罷黜百家，一尊於儒。」使孔、孟、荀以來之儒家思想，一變而爲兩漢經師儒家的天下，於是訓詁、注疏與各主一家的傳經風氣，瀰漫朝野，由學術思想的權威經師、博士、與選舉孝廉、拔用賢良方正的制度互相交錯，而造成東漢後期的世家閥閱（門第）的弊端，以致形成黨錮之禍，使學術思想與政治因素，互爲表裏而促成政治社會的亂源。漢初承戰國與秦室的變亂，文化學術凋敝已盡，西漢傳經與注疏的工作，實在甚爲重要。但自東漢末期，注疏傳經，已經流於支離繁瑣，藉此從事學問而博取功名，則爲唯一工具，如要眞實尋出天人文化思想的奧義，已如强弩之末，勢已不能透過紙背了；所以兩漢學術，一到三國階段，便相當空泛而黯淡，恰在這個時期，佛教學術思想，挾新頴玄奥的哲學，源源輸入，因此而形成魏、晉、南北朝學術思想的形態。

關於魏、晉、南北朝文化的頽廢與新運，一般多歸過於三玄之學的勃興，與清談風氣的腐敗，其實，如果了解兩漢歷史文化的演變，對三玄之學與清談興起的原因，就不會諉過於少數讀書人，如何宴、王弼之流了。在中國歷史上領導學術思想的轉變，少數有識之士，固然可以開創風氣，但眞實形成力量的，仍然屬於實際政治的領導人物，孔子推崇堯、舜、禹、湯、文、武、周公，固然是如此，後世領導方向的正確與否，還是不能例外；初唐君臣，領導學術思想，而啓發佛、道兩教，宋初君臣，領導儒家而產生理學，後來明、清兩代，無一而不如此，所以說學術風氣的轉移，在於一、二人者，決不是少數坐議立談空言之士可以做得到的。總之，魏、晉三玄之學與清談風氣的形成，它的偏向，既不是老、莊思想的罪過，也不是佛學般若談空說妙的錯誤，細讀歷史，便知是由於魏武（曹操）父子（曹丕、曹植）的文學情調所影響，何宴、王弼都是少年貴族，持寵氣驕，既不能從事絜靜精微的學問，又不能作疏通知遠的工夫，而以老、莊思想的風流外表，互爲三玄注解，那是文學的哲學的必然結果，所以從純粹的哲學立場看魏、晉、南北朝的思想，除了佛學以外，所謂三玄之學，只是文學的哲學而已，由玄學再變而有淸談的風氣，由清談而造成無用之用，置天下國家事於風花雪月之間，那是勢所必然的結果。

同時，佛教學術思想，又因兩晉、南北朝西埵氏族的崛起，互相爭霸而入主中原，於是推波助瀾而使佛學東來的洪流，源源不絕，因而奠定隋、唐之間中國佛教，與中國佛學成長的根基。或有認爲南北朝間佛學的輸入，是憑藉西埵氏族的武力入侵而注入，等於滿清末期西方宗教向中國的傳教情形一樣，這個問題，在中國歷史資料上，非常明白，不可混爲一談。事實上，南北朝之間西埵氏族的入侵，因爲他們文化根基過於淺薄，本來便毫無文化思想的可言，與宗教政治，更不相干，只是一種盲目的凶頑殘賊而已，後來如石燕、姚秦的作爲，全賴感染佛教的教化，而稍戢其淫威，他如北魏的情形，更因受到佛學的薰陶，而融會接受儒、道二家文化的結果，那是史有明文，毋庸爭議了。總之，南北朝的佛學，因爲與中國儒、道兩家文化的互相融會，奠定隋、唐以後中國文化與中國佛學勃興的階段，西域來中國的名僧如佛圖澄、鳩摩羅什等人，無一不是英睿特出之士，而畢生致力於佛學文化事業，對中國文化思想的貢獻，都是功不可泯，無可厚非。

此外，在人物方面，如因譯經事業的關係，發明中國的音韻之學，便有以此名家的沈約，因佛學的譯述而啓發文法，即有著作文心雕龍的劉勰，又如雲岡石窟，與唐代燉煌壁畫，以及音樂、詩歌、藝術等等的發達，無一不與佛學有關。但必須記得，自東漢以來到隋、唐之間，由印度佛教思想吸收成爲中國文化的佛學，其間經歷艱難困苦，錯綜複雜的過程，約有四五百年的時間，才形成唐代的文化。溫故而知新，現在要談中西文化的融會貫通，雖然時移勢易，加上現代科學工具的發達，但無論如何，也不是在短時期內，或一個世紀中便可望其成就的，所以我們生在這一時期的知識青年，對於當前中國文化的趨勢，與自身所負國家民族歷史文化的責任，更須有所警惕而加倍努力。

至於隋、唐以後，儒、釋、道三家學術陣容的形成，當然有其歷史背景，遠因已如上述，近因則另有新的面目：①由於唐室李氏宗親的關係，自唐太宗以來，即詔定道教爲國教，尊奉李老君爲教主，因此而奠定道教在唐代政教上的根基。②又因爲唐室君臣，醉心佛學，故雖尊奉道教，實則佛、道並重，但在人事地位上，略加分別而已。③自初唐開國將相，多數爲文中子王通的門人，而王通講學，對於儒、釋、道三家學說思想，擇其善者而從之，素來不分畛域，因此，一般讀書人，號稱儒者的智識分子，多已有儒、佛不分，儒、道無別的學術思想；即使如中唐以後，一位得力於墨家，而以文章名世，號稱爲儒家正統的韓愈，雖鬧過史稱排佛的大事，其實，還是後人正反雙方的渲染過度，細讀韓愈排佛的文章，與歷史的事實，他當時只是對於佛教制度，與某一類佛教徒的不滿，並非對佛學本身多有攻擊。而且自韓愈以後，直到宋、元、明、清幾代理學家們的儒者，排斥佛教最力的理由，就是說它廢棄倫常，無父無君的出家制度，此外，少數有關佛學的批評，到底都是門外漢的外行話，無足輕重。如從深入的角度來看，韓愈排佛，於佛教毫無損失，所以當代名僧禪德，極少出來說話，眞正打擊宗教本身的，往往出於宗教徒的自身，這是古今中外不易的定例，凡爲任何宗教的人士，應當深省。

唐代佛學的勃興，影響中國文化每一部門，直到後世而普及日本與東方各國，約有三大原因：①由於天下太平，社會安定，佛教人才輩起，創立中國佛學各宗義理，因此而普遍影響唐代的中國文教。②因南頓北漸的禪宗風氣，普遍宏開，唐代文學與所有文化學術，如蜜入水，如鹽加味，隨處充滿禪意的生機，同時因百丈禪師創立叢林的寺院制度，使佛教十宗學派，一律託庇宇下，奠定中國佛教與中國佛學的特色而照耀古今中外。③因玄奘法師自印度留學回國，翻譯佛經事業的影響，以及佛學唯識法相的迻譯完成，使中國文化中的宗教哲學思想，確立邏輯的思維體系，因此而與儒、道兩家，左右逢源，互相吞吐諸子百家之長，而構成中國文化三大巨流的特質。

物壯則衰，事窮則變，佛學禪宗經晚唐五代以後，它的蛻變與轉向，也是文化歷史的必然趨勢，所以一到宋初，由於開國君臣的崇尚孔孟學說，於是讀書人士當然是儒家之徒的智識分子，便在有意無意之間，吸收隋、唐以後四百年來佛學修養的精神與方法，搖身一變，而產生理學濂、洛、關、閩的門庭。理學家們講學的方法與作風，書院制度的規模，無一而不從禪宗形態的蛻變，平心而論，要說宋、明理學等於儒家的禪宗；佛教禪宗，例如佛家的儒、道，實在不算過分，但這只是言其形式，如究其實質內容的異同，就大有分別了。禪宗、理學，經過兩宋、兩三百年的互相推排，及其末流，同時皆趨沒落，禪宗有默照(沉默)邪禪及狂禪的混雜，理學有朱、陸尊德性與道問學的紛爭，一逢元朝武力入侵，挾佛教密宗的喇嘛教的捲入，便使亦儒亦佛的兩家巨室，就都生出支離破碎的蔓草荆棘了，從此使明代三百年來的文教，籠罩在一片不是狂禪的理學，即是理學的狂禪的氣象之中。雖然有王陽明創立履踐篤實的良知良能的學說，但依違儒、佛之間，畢竟大有問題存在，因此使明末、清初的大儒們，譏為「聖人滿街走」、「平時靜坐談心性，臨危一死報君王」等，確有原因，並非純屬意氣用事，清初佛學與禪宗，雖有雍正的再度提倡，但因既定的國策，始終以外崇喇嘛教而羈縻西北邊塞，故亦一蹶不振，無能為力了。

總之，由於以上的簡述，對於佛學與中國過去文化歷史的因緣，大概已可了解其重點了。

貳　佛學內容簡介

(一) 印度文化的背景

佛學，爲釋迦牟尼建立教化的內容，從佛學觀點來講，佛教、佛法、學佛三個觀念，各有不同的意義；佛教，是佛的遺教，具有宗教性質；佛法，概括佛學的思想學術與所有求證的方法；學佛，是實踐佛的遺教，循佛的教導方法去求學。

在中國學術中，對於佛學，有一句習慣的名言，都說「佛學浩如烟海」，由此可以想見佛學內容的豐富，若就學術的角度，用很短的時間，把佛學的重點簡介出來，首先須得瞭解上古時期印度文化的背景。提到印度文化，我們要有一個認識，印度上下數千年的文化思想，始終在宗教、哲學，與各宗教、各哲學的修行求證方法中徘徊演變，乃至現在的印度教，也不例外，所以印度全部的歷史文化，也一直在宗教爭鬥、思想摩擦、階級不平的狀況下緜延續絕。雖然十七世紀以來，有外力的侵入，他們隨時隨地，仍然利用印度人宗教思想的矛盾，作爲控制的法寶。

印度上古宗教的教義，與釋迦牟尼先後同時的宗教及各派哲學思想，眞如「天花錯落，星羅棋布」，實在可作世界上「比較宗教」與「比較哲學」的藍本，普通講印度哲學，大約都以六師並舉，以說明其六大哲學學派的情形，實際上在已經翻譯的中國佛學中，動稱異派哲學思想的，約有九十六種之多，雖然全體資料不够，但一鱗半爪，斷簡殘篇，還是有很多寶貴的材料；只是現在國際間講印度哲學或佛學，都受十七世紀後歐洲學派的影響，從來不重視中國佛學的資料，致使中外學者，一筆抹煞中國佛學的價值，非常可惜而且可歎。總之，上古的印度哲學與宗教，對於有主宰、無主宰、一元、多元、是心、是物等等的問題，已經無所不具，至於佛教，約當中國宋代中葉，因受異教侵入的影響，完全進入中國，成爲中國的佛教，後來印度文化歷史的轉變，與佛教並不相干，這是應該特別說明，以免誤解。

(二) 印度上古的形勢與國情

釋迦牟尼的時代，約當中國春秋前期，關於他住世的準確時期，向來爲古今中外學者所爭辯的焦點，從世界文化歷史的角度來說，在這個階段，先後不出一個世紀，東方西方的歷史演變，雖然都是一片紊亂，但卻哲人輩出，蔚爲奇觀，中國有老子、孔子等人；印度有釋迦牟尼的哲人僧團；希臘有蘇格拉底，柏拉圖等人，都是影響後來人類文化垂數千年之久的人。

當那個時期，我們的歷史，固然爲分封諸侯，建立地方王國的制度，可是還有中央一尊的周天子高高在上，君臨天下；而印度正是數百個國家爭權分立，並無一個一統天子的帝王局面，釋迦牟尼身爲王子，秉絕世的睿智，承受宮廷教養，少年博學多能，由於他親身目覩當時印度的戰爭殘殺，與觀察生物世界弱肉强食的痛苦，要想爲天下蒼生尋求一個眞正和平的途徑，便毅然出家，遍尋遠古哲人的遺教，以求得到宇宙人生的眞諦。他出家以後，參訪過傳統婆羅門教的修證方法，與其他各宗教、各學派出世苦行的修道生活，結果認爲都是不究竟的學問，便獨自經歷一番苦行修證，從十九歲出家，直到三十二歲才開始宏揚他的敎化。現代學者，對他猶如對孔子一樣，或有認爲他是宗敎的敎主，也有認爲他是哲學家或敎育家，其實這些尊榮的頭銜與地位，對於釋迦牟尼都無所謂，一個眞正的聖哲，決定會漠視世間的虛榮，他敝屣帝王的尊榮而不顧，同時又勳稱古佛與他佛，可見他並不想以敎主自居，至於由他的敎化而變爲一個宗敎，又登上敎主的寶座，那都是後世再傳弟子們的事情。我覺得所有宗敎敎主們，大多數都是抱着如此胸襟的，譬如老子被人拉上道敎敎主太上老君的寶座，又何嘗是他「不知所終」、或騎青牛出函谷關的初衷呢！與其說釋迦牟尼創立佛敎而爲敎主，毋寧說，他裁集印度上古傳統文化思想的大成，而闡揚其特立獨行的文敎精神，更爲偉大而雋永有味。

(三) 釋迦出家成道對於人類世界的貢獻

現在我們歸納釋迦出家成道，與宏揚敎化的要點，約有五個重心，分述如次：

(1) **建立師道的莊嚴**　指導以慈悲爲懷的君國之道。釋迦考慮自己可以做一個不世的英雄，統one印度的天下，但英雄能够征服天下，不能征服自己；況且人類歷史，始終向變道的途徑演變，畢竟不能千秋萬代保持一個永恆不變的王權；他要建立一種文化思想，可以做爲萬世的準繩；他要征服自己，達到成就內聖的要求，便要「離情棄欲，所以絕累」去出家求道了。結果他所願得償，建立了師道敎化的莊嚴，贏得古今中外、千秋萬世的敬仰，依照現代人慣用的經濟價值觀念來講，他從事萬代敎化的價值，比他終身數十年爲王稱帝的價值，誠然不可以道里計。依循他所建立師道的效果，在後來數百年間，便有印度名王阿育王的功績出現，成爲印度歷史上文治最光榮的一頁，相當於孔子學說，形成西漢初期的文治；但我說相當，並不就是同樣，有關師道莊嚴的教化精神，與大小乘所有戒律的儀範，可與中國傳統文化中的「禮記」，互相呼應，也是人類禮義與法律哲學的基本精神。唐、宋以來比較客觀的學者，每引釋迦與孔子比論，認爲孔子若生在當時的印度，必如釋迦的作爲，釋迦如生在當時的中國，必如孔子的行徑，所謂「東方聖人，西方聖人，此心同，此理同，其揆一也。」

（2）**破除印度傳統的階級觀念**　提倡平等及於衆生。印度歷史，自古至今，向來便有極其嚴格的階級觀念，通常所謂第一階級的婆羅門（傳統婆羅門教的僧侶）、第二爲刹帝利（傳統掌握軍權的武士）、第三爲吠舍（從事農牧商等人）、第四爲首陀羅（從事賤役者）。釋迦成道以後，極力宣揚一切衆生性相平等的觀念，不但認爲人類是平等的人類，而且認爲凡有血肉與具有靈知之性的生物，乃至天人之際，一律稱爲衆生，大家在本性的道體上，本來都應該是平等的，人果然不應該以非禮的惡意侵害他人，同時也不應該爲自私而殘害一切衆生；人與衆生，如如之性，本自平等，所以人人爲善去惡可以成佛，一切衆生與天人，爲善去惡，亦可以成佛。這是儒家的思想，「民吾胞也，物吾與也」，乃至理學家所提倡的「人人可爲堯舜」的觀念，實爲同出而異名，他教理的物我一如，衆生平等的說法，可謂是耀古騰今、澈底平等的思想，同時他以身作則，在他親身領導學者集團的僧侶中，無論出身貴賤，一律平等，唯德行而重。也許有人認爲既說平等，就會流於是非不辨，善惡不分，這可不能誤解，釋迦說的是性（體）相（用）本體的平等，至於達到平等的境界，仍然須要善惡的分野，與爲善去惡的修養，所以爲除惡而向善，爲去惡人而爲衆善的作爲，正是莫大的功德，並不自相矛盾，這又與儒家所說的「湯武一怒而安天下」的意義，大有殊途同歸的旨趣。

（3）歸納印度上古傳統宗教的輪迴之說 而建立三世因果，六道輪迴的生命現象論。由於「物我一如，性相平等」的根本觀念，與爲善去惡的方法，而達到「一如」與「平等」的境界，當然就涉及衆生生命的來源問題，他用歸納的方法，並列生命的種類，大體約分爲六道：所謂天道、阿修羅道（界於天魔之際）、人道、畜生道、餓鬼道、地獄道的六類。一切衆生，由於思想與行爲善惡程度的多寡不同，而互自淪爲六道當中的生命現象，人能爲善而生天，亦能爲惡而變爲畜生、餓鬼、乃至墮入地獄；但天如忘善動念爲惡，亦可互變爲阿修羅，乃至旁入他道，於是認爲這個宇宙世間所有衆生生命的異同現象，都由於心意一念之間的善惡而互變，相似於道家物化宇宙的理論（相似不卽是全同）。故一念的善惡，與起心動念的行爲，積微末而成爲顯著，便構成三世因果的理論；所謂三世，是指時間的過去、現在、未來，有過去的因，累積而成現在的果，由現在的因，累積而成未來的果，未來與過去，又如循環的無盡，所謂輪迴，便是指此周旋動轉的意義，於是便建立一個三世因果，六道輪迴的學說體系，相同於易經的「積善之家，必有餘慶，積惡之家，必有餘殃」，以及「善不積，不足以成名，惡不積，不足以滅身」的道德因果觀念。

（4）開拓宇宙觀與世界觀 印度上古的宗教與哲學，凡是涉及形而上的問題，自然就會觸及天人之際的探討，雖然他們思想學說的終極，最後都自歸入於天道，但各宗派所崇奉的天道，紛紜不一，於是便有一尊與泛神的衝突。釋迦學說，歸納天人之際，而有三界的區分，所謂欲界、色界、無色界，統名謂之三界；欲界的天，包括上至日月以外，下及人與畜生、餓鬼、地獄，日月運行之際的天，仍屬欲界之中，所謂欲界，是指這一界內的衆生生命，都從慾愛（男女飲食）而來，廣義的說：有色、聲、香、味、觸的五欲之樂；狹義的說：有笑、視、交、抱、觸的行爲。欲界之中，共有六重天界，其中所謂忉利天者，包括三十三天的分布，隨時互易其主，在欲界中的人道世界，約分東南西北四洲（部分），我們人類的世界，是屬於南瞻部洲的一部。這個世界的總名，叫做娑婆世界，娑婆，有堪忍缺憾的兩重意義；堪忍是指這個世界上充滿缺憾，甚多苦難，而人與一切衆生，不但能忍受其缺憾與許多的苦難，而且仍有很多的人們，孜孜向善，所以値得贊歎，如果世界上沒有缺憾與苦難，自然分不出善惡，根本也無善惡可言，那應該是自然的完全爲善，那就無可厚非，無所稱贊了。欲界天人之中，各有主宰，超過欲界以外的，便是色界，色界的衆生，但有情意而無欲，相視會心一笑，就會生出生命的成果，他有十八重天，屬於修習靜慮禪定境界衆生所生的果位，色界的最高天，爲色究竟天，有大自在天爲其主宰。超此以外，便是無色界，計有四重天，爲修習靜慮得果者所生之處，但有意識，而無情欲的存在，統此三界之中，爲其主宰者，又名爲大梵天，由此簡略說來，釋迦區分天人的界限，約有六十重天，統名謂之三界，仍然屬於六道輪廻的範圍。

這個三界的宇宙世界，是以一個日月所照的太陽系統爲單位，由人間世上至日月，以及三界所屬天中，時間的實際與觀念，各各自有不同，例如月中一晝夜，等於人間半個月；日中一晝夜，等於人間一年，於是分別宇宙世界的時間，繁細到難以算數，總之，他的宇宙觀是無限的、擴大的宇宙觀。他的世界觀，是以一個日月系統做爲一世界的單位，累積一千個日月列系的世界，名爲一個小千世界，累積一千個小千世界，名爲一個中千世界，累積一千個中千世界，名爲一個大千世界，他說如此三千大千世界，在這個無垠無限的宇宙，多至如河沙數量，不可計算，由此反觀人間多欲衆生的紛紛擾擾，眞是渺小得可憐。釋迦既說出三千大千世界的三界宇宙觀，以統攝印度上古的各宗教與各派哲學的天人思想，開拓人智胸襟的領域，至於天文數字不可能及的境界，反之，分析物質微塵的精細，又深入到最後無形無相的微妙，因此使往古來今各派哲學思想的內容，實在難與其互比豐富與充實。

(5)調和裁定形而上的本體論　印度上古的宗教哲學，與各派哲學思想，對於宇宙生命來源的爭論，不但衆說紛紜，莫衷一是，而且各用因明（邏輯）的根據，建立學說的體系，但始終不離有主宰、無主宰、一元的、多元的、唯心的、唯物的範圍。其實，綜合古今中外世界人類文化最基本的探討，仍然不外這些問題，幾千年來的時間，全世界的人類，由宗教到哲學，由哲學到科學，對於人類自己切身的生命來源問題，仍在尋求、迷惘、爭辯之中，看來眞是人類文明的一大諷刺。

印度上古宗教哲學，對於宇宙人生生命眞諦的追求，各自別有見地，各自別有安心立命的方法，而且都認爲已經得到清淨解脫的究竟法門；有的認爲最後的靈性與大梵合一，便是至道；有的認爲滅絕情欲與思慮，便是究竟；有的認爲不用感覺而保持靈性的不昧，不用思想而不失靈知，便是大道；也有認爲人死如燈滅，只圖目前的享樂，就是眞實；甚之，有人認爲我已得到最清淨的解脫境界的涅槃，凡此種種，不勝枚舉。釋迦宣揚敎化，對於這些問題，作了一個調和裁定的結論，他認爲宇宙萬有生命的現象，都是因緣集合而生，其中並無一個能主者的作用，緣生而起，緣盡而散，而宇宙生命最高（或最終、最初）的功能，是心物同體的；如果你用宗敎的觀念，從神聖的角度去看，也可以稱他作佛、或天、或主、或神、或任何種種超人格化的神聖稱呼；如果從理性的角度去看，也可以稱之爲性、或心、或理、或道、或法界等等稱呼；倘使從人類習慣觀念的角度去看，也可以稱他爲法身，爲生命本源的無盡法身等稱呼。總之：從體上來說，他是以空爲體的；從相上來說，他以宇宙萬有之相狀爲相的；從用上來說，宇宙萬有一切的作用，都是他的起用，他譬如一個大海，海水起的波浪，便如因緣所生的宇宙世界，波浪上的泡沫，便如因緣所生衆生各各形成的個別自身，雖然波浪泡沫現象各有不同，始終不離一個水的自性，但譬喩只限於比喩，譬喩並不就是本體的自性。

衆生世界，因爲不能證到自性本體的究竟，便捨本逐末，而各各執著自己的所見、所知處，認爲那就是究竟，於是各依主觀，形成世間的差別知見，其實，主觀、客觀，同屬於思維意識的分別作用，思維意識的所知所見，自身本來就憑藉着身、物世界的因緣而起作用，它的本身便是虛妄不實，不足以定眞理的有無、存在與否；只要人能從自心寂靜思惟意識上去做工夫，漸漸就可了知身心的作用，也如現象世界一樣，變遷無常，虛妄不實，從此節節求進，層層剖析，盡人之性，盡物之性，達到身心宇宙，寂然不動的如如一體，不住於有，不落在空，便可證得宇宙人生的最初究竟。釋迦又另命名他爲「眞如」、或「涅槃自性」、或「如來藏性」；「如來」，從廣義的說，便是宇宙生命本體的別名。所以他認爲說空、說有，都非究竟，唯一的方法，是達到身心寂靜，再在此寂靜中去求證，但他是「不可思議」的；所謂「不可思議」，是修證方法上的術語，認爲不可用習慣的意識思維去思想、去擬議，便可以到達的，因此「不可思議」一辭，不可錯作「不能思議」的誤解。

(四) 大乘佛教和小乘佛教

說到釋迦學術思想的內容，也就是通常所謂佛學的概要，依照一般習慣，部以大乘、小乘來區分，中國的佛學與佛教，乃大小乘並列，而且比較偏向大乘，現在流行於西方的佛學，大多數只注重小乘，認爲那是原始的佛教，尤其東南亞各國的南傳佛教，大體都是以小乘爲主的，以下先用比較簡要的途徑，從思想、實踐、與求證方法三個項目來說明小乘佛學。

(1) 小乘的思想 有關分析身心而得的歸納名辭計有：五陰、三毒、十二根塵、十八界等名相。

五陰：一譯作五蘊。陰與蘊，都是代表陰暗與蘊藏的意義。五陰包括色、受、想、行、識五項。色陰：包括有所表示的如顏色與長短、虛空，乃至無所表示的，如抽象幻覺等等，中文的色字，有時代表男女之色，但佛學中極少採用色字來代表男女色欲，總之，色陰，是包括物理與生理身體的四大種性，所謂四大，就是地大（堅固性的實質）、水大（流動性的液體）、火大（熱能）、風大（氣化）。受陰，指生理的感覺與心理的反應。想陰，指思維意識的思想作用。行陰，指身心本能運行活動的動能。識陰，指心靈作用的精神本質。

由人我身心與物理人事世間所起的心理基本罪惡，便有所謂貪、嗔、癡的三毒，隋唐以前舊譯佛學，也有稱爲婬、怒、癡的。由三毒所生的差別罪惡，便有三種心理的罪過，卽貪、嗔、癡；四種口舌的罪過，卽妄語、惡口、兩舌、綺語；以及三種身體的罪過，卽殺、盜、婬。

佛學旣概括人們身心的作用，叫做五陰，同時又分別身心與物理世界的關係，構成十二根、塵與十八界：

六根——眼耳鼻舌身意
六塵——色聲香味觸法
（合爲）十八界

（此中唯有意的思維法則，屬於心理的，餘如身體所生的感觸等等，都是屬於生理與物理的作用。）

有關於人生觀與世界觀的，計有四諦、十二因緣：

四諦：卽爲苦集滅道四者。是說人生世界，一切皆苦，純苦無樂，而衆生無知，反取苦爲樂；歸納其類，分爲八苦，卽生、老、病、死、求不得、愛別離、怨憎會、五陰熾盛等，這就叫做苦諦。因爲衆生自尋煩惱，以採集苦因而成苦果，誤以爲樂，這就叫做集諦。如欲滅去苦因苦果，達到離苦得樂，這就叫做滅諦。因此必須要以求證道果，昇華人生而得達究竟的法門，這就叫做道諦。

並且以人世事物，一切都是變遷不定，根本沒有永恆，所以名之爲「無常」。人生一切，純苦無樂，因此名之爲「苦」。一切皆空，所以名之爲「空」。而且分析身心，乃至世界，其中畢竟沒有我的存在，所謂世界身心，但爲我的所依，並非我的眞實，又名之爲「無我」。因此綜觀人生世界，名爲「無常」、「苦」、「空」、「無我」。

十二因緣：首先從無明開始，無明就有不明根本，不知其所來的意義，普通人們對於生命或心靈意識活動的泉源，都是一本糊塗，不明究竟，反之，就是明白覺悟而得其究竟了，可是一切衆生，都從無明而來，所以姑且裁定以無明爲開始的因。首因無明而發生第二相互關係的行，行就是動能的意思。第三因行而有識的作用，識是基本能思的潛力。第四因識而構成名（抽象的觀念）色（實質的生理與物理）。第五因名色而生起眼等六根與色等六塵進入的現象。第六因六入而發生接觸的感覺。第七因觸而引起領受在心的作用。第八因受而發生愛欲的追求。第九因愛而有求取的需要。第十因取而現有的存在。第十一因有而成生命的歷程。第十二因生而有老死的後果。復因老死而轉入無明，又形成另一因緣的生命。

無明循前列循環因緣的次序，而互爲因果，因此生生滅滅，如環的無端無盡，虛妄相續，建立一個幻化的人生世界歷程的現象，同時，又用這一法則，說明物理的，與過去世、現在世、未來世三段時間中，生命延續的法則，擴而充之，又可用在對於時間、空間的解釋。

總之，小乘佛學對於人生世界的觀點，正如一般宗教相似，純粹從出世思想的立場，看世界，是一個痛苦煩惱的世界；看人生，是一個悲觀罪惡的人生，因此要求出離世間，要求解脫人生，而求得清淨寂滅的涅槃道果；其行爲思想，如中國道家的隱士，其偏向有點類似楊朱，所以也爲中國文化中另一類的精神相近，自然而然被承受下來而成爲中國佛學的一部分。

（2）**小乘的實踐**　以持戒、修定、修慧爲次第三學的基礎，終於達到解脫，與解脫知見的究竟。所謂戒律，有出家的男衆與女衆，不出家在俗的男衆與女衆種種項目的差別，基本戒條，也就是人類公認的不殺、不盜、不婬、不妄語等等的美德，是以戒律的作用，與中國文化的禮記精神：非禮勿視、非禮勿聽、非禮勿言、非禮勿動，極其相似；其他細節條文，有關於儀禮，以及防微杜漸的操守，又與墨子的素絲染色之歎，與節儉其行、高尚其志，互相類似，除了其中一部分，因時因地的異同，尙有可議之外，實在是澡雪精神、砥礪操行的道德準繩。

（3）**小乘的求證方法**　以禪那爲主，梵語禪那，有譯爲中文的靜慮，但靜慮是從大學的知、止、定、靜、安、慮、得的取義而來，且又稍有出入，禪那包括瑜伽與觀慧，是一種變化氣質，鍛鍊身心的方法，大乘的禪定，與後來中國佛敎禪宗的禪，又有異同。禪那的方法，有從一心一德的信仰堅定入手；有從生理的安那般那（調理出入呼吸）入手；有從洗心休息入手；有從心理的觀念慧思入手；有從念誦秘文入手，所謂方便法門，不一而足，綜合其修證工夫程序的分類，不外四禪八定，又稱爲九次第定；四禪包括四定，統名爲四禪八定，加上得阿羅漢極果的滅盡定，便名爲九次第定。

初禪，心一境性、定生喜樂：所謂心一境性，就是指從某一種方法入手，初步到達心境寧靜，統一精神與思慮，集中一點，沒有另一紛雜的思念歧差，漸漸引發生理上生命本能的快樂——不同平常欲樂的感覺，與心理上無比的喜悅——不同平常情緒上的歡喜。由初步入手到達這個過程之中，便已經歷一般所說打通氣（生理本能的活動）脈（神經系統）的程序，才能到達心境寧一的境界。二禪，離生喜樂：再由此進修，心境的寧靜，更爲凝固，喜樂的境界，更爲堅定，有脫離身心壓力苦惱的感覺。三禪，離喜得樂：由前所引發心理上喜悅的經驗，已經熟悉而安謐，成爲異乎平常的習慣，唯有樂境的存在。四禪，捨念清淨：以上三個禪定的過程，仍有感覺意識的作用存在，到了四禪的程度，捨除感覺而達到無比寂靜的境界，才爲究竟。除了這四種禪的境界以外，有四種定境：色無邊處定，是在光景無邊的情況中，得到身心的寧靜。空無邊處定，是在空靈無際中，得到寧靜。識無邊處定，是在從未經驗的精神境界中，得到寧靜。非想非非想處定，是爲超普通感覺知覺的境界中，得到寧靜；所謂非想，就是說不是意識思想的情況，非非想，是說並非絕對沒有靈感的智覺。至於最後一種阿羅漢境界的滅盡定，是超越平常言語文字的境界，勉强的比喻來說，等於天人渾合，與無邊無相的虛空合一的境界。所以小乘最高成就的阿羅漢們，每每到了住世壽命已盡的時候，而預知時至，顯現神變，終於「灰身滅智」自稱：「我生已盡，梵行已立，所作已辦，不受後有。」便泊然寂滅。

由於以上的簡介，大概可以約略窺見小乘佛學的情形，他先由學理思想，對於理論上的了解，從實踐絕對道德的戒行作起，到達求證禪定而得解脫，其最終的目的，認爲可以脫離這個世界生死的輪圈，永遠得到住在絕對寂靜清虛的道果之中。事實上，這個清虛寂靜的道果，是否就是宇宙生命的究竟？是否眞能可以解脫生死的輪廻？從大乘佛學的觀點上看來，都是很大的問題，同時，禪那的境界，釋迦也曾說過，這是一種共法，所謂共法，並不是佛法所獨特專有的，凡普通世俗的人，與其他宗教，異派學術的人，只要深明學理，努力修證，都可以做到類似的定境，並非究竟了義的法門。他們只知厭離世間，自求適意，解決生命之流的分段作用，自己便認爲已經了脫生死，住在寂滅清靜的境界上，只是落在偏空之果，等於逃避世間的自私隱士，是一種澈底個人自由的實行者，後來中國的禪宗，稱之謂「擔板漢」或「自了漢」；所謂擔板，是說他用一個肩頭背了一塊木板走路，只能看到一邊而已。

(4) 大乘的思想 中國的佛學，向來是大小乘兼修並具，顯敎密敎通行不悖的，盡管從大乘佛學的立場來看小乘，並非究竟的佛法，但學習大乘，仍然須以小乘的戒、定、慧三學作爲基礎，不但如此，如以乘道來說，中國佛學，等於有五乘的階梯：第一人乘，學佛先要從做人開始，凡人倫道德，應該注重的事，都須一一作到，以期達到爲善去惡，而止於至善的境界。由人乘昇華，可以達到第二天乘的進修，天人是從做人的至善而生。第三爲小乘的聲聞乘，包括厭離世間，修習四諦—苦、集、滅、道的小乘行者。超此以上，便爲第四的緣覺乘，從十二因緣的原理，觀察世間的緣聚緣散，緣生緣滅，便遺世獨立，超然物外的小乘行者。第五才爲大乘的菩薩道，所謂菩薩，是梵語菩提（覺悟）薩陲（有情）的譯音，他包括自利、利他以及佛果的自覺、覺他、覺行圓滿的意義，如用中文直譯的意義來說，菩薩便是「覺有情」，又名爲「大士」或「開士」，用現代語來說，便是多情的慈悲救世的得道者，後來中國文學上有「不俗卽仙骨，多情乃佛心」的句子，實在是辭藻美麗的恰當寫照。大乘菩薩道，復有三種行徑：

①先求自利，如從小乘出世修行等入手。等到自利成就，才來利他。②先爲利他，後求自利。③自利、利他同時並進。總之，大乘的行爲，是身入世而心出世的，是以濟世救衆生爲基礎的，是可以犧牲自我而救世救人的，大乘的觀看一切衆生，都是與我同體而發生慈悲的願力，大乘的慈悲利物，是無條件，無要求的，絕對的自發自覺的救世心腸，綜合以上兩個觀念，便名爲「同體之慈，無緣之悲」。

大乘思想的體系，是擴充小乘戒、定、慧、解脫、解脫知見的法門，構成六度（六波羅密）或十度的層次，所謂六度：①布施。大乘思想是以布施入手的，因爲一切衆生，都是從自我自私的貪求，而造成苦果，大乘以盡其我之所有，我之所屬，澈底作爲布施，以滿足衆生的欲望，以感化衆生的慳貪；布施又分三種：一爲外布施，卽以財物身命等做布施，又名財布施；以知識學問智慧等作布施，爲法布施，二爲內布施，使自己內心放下一切貪欲的心，三爲無畏布施，給一切衆生以平安、安全、無恐怖、精神上的支持與保障。②持戒。從不殺、不盜、不邪婬、不妄語開始，至於起心動機，無一非戒律，大乘的戒律，不但是行戒形戒，實際上，完全爲誅心之論的心戒，例如爲善的動機而爲求名，卽犯大乘菩薩之戒，其中運用之妙，實在不是片言可盡。③忍辱。簡單的說大乘忍辱，有兩句話，已可概其大要，卽「忍人所不能忍，行人所不能行」，統統爲了慈悲救世而出發，而且要做到內心了無忍辱的觀念存在，才算忍辱。④精進。就是隨時隨地，勤奮努力求證的恆心，所以精進，與前面的布施、持戒、忍辱、與後面的禪定、般若爲伴侶，無論進修那一度門，都是須精進不懈方可，它是積極的爲善，不是消極的等待爲善。⑤禪定。包括小乘四禪八定與九次第定的內容，擴而充之，至於動中、靜中，在內、在外，無時、無處、無一而不在禪定中的境界，上至上昇天堂而享樂，下至下入地獄度衆生，都要剎那不離禪定以自處。⑥般若。般若爲梵語，如用中文的譯義，等於智慧，但中文的智慧，往往與聰明相通，聰明在佛學上，被稱爲「世智辨聰」，是由於感官的靈敏，和耳聰目明而來，並不足以代表般若內涵的智慧。般若的智慧，有五項內義：一爲實相般若，是證悟宇宙萬有生命的本體，與心性根源的智德。二爲境界般若，是由心性本能所生起的各種差別境界，包括精神世界的種種現象。三爲文字般若，是由智慧所發出哲學的文學，與語言的天才。四爲方便般若，是智慧運用的方法，包括所有學術知識的範疇。五爲眷屬般若，概括由前五度而來的道德行爲的德性。以上自布施到禪定五個次序，都是大乘的勵行至善之德的基本，由力行善德而至於自啓其扉，達到般若智慧成就的極果，所以大小乘佛學的最高成就，都是注重智慧的解脫、智慧的成就，並非盲目的信仰。復由六度成就的擴展，作爲利世利人的入世輔翼，便有另外四度的成立：⑦方便善巧。精進自利利他的方法。⑧願。是對衆生永恆無盡的慈悲願力，所以大乘菩薩爲發願拯救世間，便有「虛空有盡，我願無窮」，「地獄未空，誓不成佛」的堅誓名言。⑨力。由堅貞不拔的誓願生起自利利他的偉大願力。⑩智。終於達到「自覺覺他、覺行圓滿」而成佛果的大智度門。

（5）**大乘的實踐**　大乘菩薩道的思想學術，開拓小乘厭離世間的思想，化爲積極入世的精神，不但要以出世的心情，跳進人間的火坑地獄去救世救人，而且要救一切衆生；不但要度化善人，而且要度化惡魔；不但讚嘆篤信佛道眞理的善男信女，同時也讚嘆凡是具備這種同一眞理、同一原則的異宗外道，雖然對於最高見地因有差別而形成說教的方式各有不同，只要是同具慈悲覺世的心腸，認爲卽同於大乘菩薩道的同行善友，這種以與世無爭的出世心情，毫無條件而入世救衆生的自願，正如後世佛教所用的標記「蓮花」一樣；「蓮花」是純淨無汚的「聖潔」之花，但它却不生長在高原山頂之上，它要在拖泥帶水的穢汚爛泥中開花結果。因此講到大乘所實踐的戒律，每每以八萬四千條來形容它的繁細，但這非一定的數字，只是表示衆生界善惡心理的差別變相，在一念之間，便有八萬四千種的差失，由此可知所謂大乘戒律的根本精神，在於心戒，凡是「動心忍性」，起心動念之間的內在動機，有一毫是惡念，或以自私自利而出發，便是違犯菩薩的戒律。唐、宋以後，中國內地所用的菩薩戒，是以梵網經爲基本，邊區西藏地方所用的，是「瑜伽師地論」的菩薩戒爲基本，但這兩種戒本，都是原理原則的建立，運用之妙，仍在一心。其中有大部分原則，相同於儒家聖賢君子之道，與有道之士的行誼，如與中國傳統文化五經中的「禮記」的「儒行」、「坊記」、「表記」、「學記」等篇參照來讀，便可了解釋迦佛對於人類德行風規的偉大建立，實在令人肅然起敬，油然具信，與其說是它宗教的戒律，毋寧說是人類教育哲學的最高守則。由此可知大乘實踐的精神，又迥非小乘戒律可以範圍，所以唐、宋以後中國的佛教，採取大小乘戒律並重的方向，尤其偏向於大乘戒行，與南傳佛教，大有異同之處，這也足以說明；我們過去的文化傳統，不是冒然接受佛學，是先要通過儒、道等學術思想的尺度去秤量，然後才確定其價值而皈依膜拜的。雖然如此，我們若拿大乘菩薩的犧牲自我，專爲救世而高尙其志的精神來講，當然是天人仰止，無可非議，然而實踐其道，談何容易，墨子的摩頂放踵以利天下，早已有人說他「陳義太高」，何況能捨頭目腦髓，而有過於墨子者，所以後世篤信儒家學者，便提出「親親、仁民、愛物」的仁愛次序，認爲才是比較近於人情的救世思想，因此便又有儒、佛行誼爭辯的學案。總之；「高山仰止，景行行止」，雖然是高不可攀，遠不可及，但取法乎上，也是教化必具的需要，平常有人問我是不是佛教徒，我的答覆是：「我無資格做個佛教徒」。有人問我怎樣才叫做大乘菩薩？我的舉例是：當一個人，在大海茫茫，遭遇颱風巨浪而垂死須臾時，你只有一個救生工具，還是誠誠敬敬的送給旁人，當你在患難中，饑餓到九死一生，你有一碗飯，而先送給同饑的旁人，如果有這種心腸，無論你有無信仰，或信仰不同，一律都是菩薩的行徑；大乘佛教中有一個故事：「一位孝子向一位修道的菩薩求救，要求他施捨眼睛，作爲醫治他母親的藥物，而這個菩薩，毫無吝惜地把左眼挖給他。但那位孝子說：「你太快了，弄錯了，我是需要你的右眼，才能醫治我的母親。這個菩薩聽了，遲疑一下，再把右眼挖給他。這位孝子便說：不用了，因爲你有遲疑不捨的心，這個眼睛已經作藥不靈了。」我們聽了這個故事，便可了解犧牲自我，救世救人的行爲，是如何的難行！不過，在這個芸芸衆生的世間，有不少「慷慨捐生、從容就義」，以及許多捨己爲人的事，各色各樣，或大或小，却到處自然地充滿着大乘菩薩的精神，不能因爲他無宗教的信仰，或信仰不同，便認爲不是菩薩。至於菩薩戒律的理論基礎，明辨是非善惡的動向與方法，尤其精細，如果濫用這種精神，不但於世無補，於人於己無利，甚之，適得其反，那要另當別論了。

(6) 大乘求證的方法　關於實踐大乘菩薩道的程度次第，分爲十位階梯，佛學的專有名辭，便叫作「十地」，在未到達「初地」以前的，還有四個序位，包括四十位的等差。確定「十地」的程度差別，主要在於擴充慈悲心量，以達窮理盡性的極則，配合前述十度的程序而定地次，但這仍屬於「見地」的一面，同時還須要有實際工用（工夫與德行）方面的禪定境界，相輔為用，以期達成見證圓滿大智大覺成就的佛果。其實，小乘所用求證方法的四禪八定與九次第定，也是大乘的共法，由擴充慈悲心量而達盡人之性，盡物之性的極限，這是大乘菩薩菩提心的慧學，屬於「見地」的功德，同時須要配合禪定修證的境界，這是大乘菩薩的實證，屬於工夫的「功勳」。但就著禪定之樂，捨棄大慈大悲的菩提心，或不求「見地」的精進而達到佛果，這是菩薩的墮落。總之，大乘行持修為的原則，是以救世救衆生的大願為其中心守則，以即出世而入世，心自解脫的大智慧成就為究竟，所謂「生死涅槃，猶如昨夢。菩提煩惱，等似空花。」方是大丈夫功成願遂、無欠無餘的天人師也。

此外，大小乘佛學各部主要經典，都以問答的體裁，或記錄佛語的方式，反復詳盡的說明人生宇宙的眞諦，或先從身心尋探而上窮法界（包括宇宙的佛學名辭）的究竟，或從法界（宇宙）的本體自性而分析到身心，而始終不外於求證解脫的目的。隋、唐以後，中國佛學，包括西藏地區的密乘佛學，都自建立一種整理批判的系統，故有天台宗、華嚴宗、密宗的分科判教而產生中國佛學的體系，雖然各從不同角度的觀點研究佛學與佛法，但基本的原則與宗旨，仍然不致分歧太甚，例如：華嚴、圓覺等經，是由法界自性的本體而說到身心。楞嚴、金剛等經，是由反窮身心而溯源於法界自性。法華，涅槃等經，是說心、佛、衆生，性自不異，只在迷悟之間的一念而轉。大日、密乘等經，是說眞妄不二，即假證眞的誠依信立。後來一般習慣，又以釋迦過後的後期佛學性宗的談空，與相宗的說有，總為類別，以般若、中觀等學爲性宗「畢竟空」的綱要，以唯識法相等學爲相宗「勝義有」的樞紐。於是歡喜簡捷明瞭而厭於分析的，便宗奉般若的空、與禪宗的說法融會，歡喜審問而注重邏輯思惟的，便宗奉唯識的有、而構成佛學的思緻莊嚴，而與近世傳入的西洋哲學、心理學、邏輯等學科，不但可以趨向融通互註之途，而且大有要以唯識含融整理西洋哲學而加以批判的趨勢。不過，這個途徑與目標，尙在開步走的階段之中，如何融會東西文化於一爐，使其重新鑄造爲一新的光明遠景，尙有待於現代青年學子與將來的人才去努力完成。

叁 禪宗概要

禪宗，是釋迦牟尼佛教的心法，與中國文化精神結合，形成中國佛教，融化古印度佛教哲學最精粹的宗派。在佛學中，「禪定」是大小乘共通行持修證的方法，「禪定」的原名爲「禪那」，又有中文的翻譯爲「靜慮」，後來取用「禪」的梵文原音，加上一個譯意的「定」字，便成爲中國佛學慣用的「禪定」。禪宗，雖然不離於禪定的修證，但並不就是禪定，所以又名爲心宗，或般若宗；心宗是指禪宗爲傳佛教的心法，般若是指唐代以後的禪宗，注重般若（智慧）經，與求證智慧的解脫。近世以來，歐洲學者，又有名爲達摩宗的，是從印度菩提達摩大師到中國首傳禪宗而命名的。

講到禪宗，自第二次世界大戰以後，日本的佛學家們，由於政府的支持，努力向歐美宣揚佛教文化，而且特別宣揚禪宗，因此，現在在歐美各國，提到禪宗的禪學，已成爲最時髦最新穎的學問，可是對於禪宗宗祖國的中國，却被遺忘，甚至於輕視，這種現象的造成，實在使我們的心情有難言的沉重，雖爲時勢使然，豈非人事哉！

但目前在國內外（包括日本）所講的禪宗，它的偏差趨勢，愈來愈有距離，因此，外國人有認爲披頭（Beattles）嘻皮（Hippie）等等運動，都是「禪」的啓示，站在中國文化的立場來講，實在是莫大的誤解；嚴重的說，也是我們東方文化自取其辱的汚點。關於現在所謂禪宗的誤解，約有六類：

第一，首先是由禪學名辭的成立：禪宗本來是注重於身心行爲的實證，與工夫及見地並重，自從一變而爲禪學以後，禪宗便成爲一種學術思想，可以與行爲及工夫的實證脫離關係，於是談禪的「口頭禪」之風，便大爲流行，造成倒退歷史，大如兩晉的「玄談」現象。殊不知自隋、唐之際禪宗建立後，歷唐、宋鼎盛時期而經元、明、清爲止，時間一千餘年，地區包括亞東及東南亞各地，禪宗宗風果然大行，有資料可見者，不過兩千人左右，而習禪眞有成就，亦不過三、四百人。何況其中有大成就者，還寥寥可數，何嘗是隨時有禪，到處有道呢！況且是眞實的禪者，除了生活與言辭的機趣以外，其德行修證工夫，都是頂天立地的大丈夫行徑，又何嘗是徒托空言，而不見之於行事之間的談士，不過談談禪學，總比埋沒禪宗聊勝一籌，亦未嘗不是好事。

第二，由於東方學者們偏愛老子、莊子思想文學的哲學境界，於是承虛唼響，便認爲禪宗是受老莊思想的影響：換言之，所謂禪宗，就是融會老莊思想的道家佛學而已。其實，禪宗與佛學，很多名辭語句，都借用於老莊與儒家的術語，但那只屬於借用而已，禪宗本身的精神，並不因爲借用老莊的名言，就認爲是老莊或道家思想的加工改裝，譬如我們翻譯中國文化或佛學，在某些地方，必須要借用外文的宗教哲學的術語，但只能說有類同可通，並不能說這就是外文某一宗教哲學的思想，又譬如我們使用臺幣，只在某種環境中，借用美金單位做計算的代表，不能說我們就是使用美金的國家。

第三，採用禪宗教授法中的機鋒轉語，成爲變相的高度幽默或諷刺：凡是出言吐語，在模稜兩可，可解與不可解之間的語句，認爲便是禪境，這實在誤人不淺。

第四，認爲冥心閉目的靜坐（俗名打坐）或沉思默想便是禪宗：於是所謂旁門左道者流，也濟濟多士，互相標榜如此這般便是禪宗，所以報紙小廣告欄內的各種禪功傳授，也便應時而生，成爲時髦生意了。

第五，最近美國青年，流行服用一種L·S·D·的幻想藥，弄得風狂浪漫，行爲不檢，思想虛玄，認爲這便與禪宗工夫有同等效力的禪定之藥：美國政府雖然禁止出售，而暗中買賣，仍然風行一時。這種藥物，本來用於精神病的治療測驗，但一變而與禪宗結合，這眞是莫大的笑話。

第六，自第二次世界大戰以後，印度的瑜伽術普遍傳播到歐美各國：瑜伽强身工夫，也很注重打坐（靜坐），於是把催眠術的自我催眠，與瑜伽鍊氣鍊脈的工夫交錯，便認爲這就是禪，魚目混珠，指鹿爲馬，實使不明究竟者，難以分辨。

（二）有關禪宗的史跡

教外別傳的禪宗；禪宗在佛教佛學之中，素來被稱爲教外別傳的法門，歷來相傳，釋迦在靈山會上，對着百萬人天，默然不說一句話，只自輕輕地手拈一枝花，普遍地向大衆環示一轉，大家都不了解他的寓意，只有大弟子摩訶（意譯爲大）迦葉，會心的展顏一笑，於是釋迦便當衆宣佈：「吾有正法眼藏，涅槃妙心，實相無相，微妙法門，不立文字，教外別傳，付囑摩訶迦葉。」這便是禪宗的開始，後來由迦葉尊者爲印度禪宗的第一代祖師，阿難爲第二代祖師，歷代相傳，到了第二十八代菩提達摩大師，正當中國南北朝時代印度佛教衰微，大師謂東土震旦（中國），有大乘氣象，所以便渡海東來，先從廣州上岸，與南朝的梁武帝見面，梁武帝是當時篤信宗教的皇帝，不但虔信佛教，同時也崇尚道教，所以一見達摩大師，便問：「我修造了這樣多寺廟，做了許多的佛事，你看有什麼功德？」恰好達摩大師以傳佛心印，肩負宣揚正信佛教的心法使命，便老老實實答覆他說：「並無功德，此但人天小果，有漏之因，如影隨形，雖有非實。」同時又說：「淨智妙圓，體自空寂，如是功德，不以世求……」等語，因爲彼此話不投機，大師便渡江北去，寓止嵩山少林寺，面壁而坐，終日默然，人莫之測，後來傳付心法和衣鉢給中國的第二代祖師神光，這便是達摩大師東來，爲中國禪宗初祖的公案。

唐、宋以後，有些研究佛教學理的學者，對於禪宗修證法門，並不了解，甚之還抱有歧視的心理，便對於禪宗拈花微笑教外別傳的歷史，嘖有煩言，到了現代，更有人不信這些宗門故事，乃至連帶對達摩大師傳法的懷疑，認爲都是中國和尚所揑造，所謂禪宗，是中國佛教的革命派，而且是初唐時代，六祖慧能的小弟子神會（又名荷澤）所獨自造成；對於這個問題，既然有人提出，不妨稍做說明：這種觀念，如果是基於愛好中國文化傳統的心理出發，認爲好的學問，都是中國人創造的，因此便否認禪宗傳統的傳說，那也情有可原，倘使是基於有反傳統習慣的心理，對於任何問題，都喜歡唱反調以鳴清高的習氣，那便有憾於「多聞闕疑，愼言其餘」的原則。其實，對於教外別傳的禪宗歷史資料的懷疑，宋代王安石果然提過確有其事的證明，但證件已經遺失，而且也並非有力的證據，可是，若遍讀過佛經，便可在佛經中找到許多旁證，因過於煩多和太過專門，暫此恕不多述，總之，凡處事與作學問，「多見闕殆，愼行其餘」，但抱存疑的態度，提出問題以求解答，不做過分的武斷，那是最高明的處理。

中國禪宗初傳的精神：自達摩大師面壁默坐在少林寺裏，有人問他，你到中國爲了什麼？他的答覆，是尋找一個「不受人欺」的人，這句話的意義太深了，試想誰能做到自己完全不受古今中外別人的欺騙呢？況且我們有時候，實在都在自己欺騙自己的途上邁進，倘使一個人眞能做到不受一切欺騙，縱然不是成聖成佛，也是一個不平凡的人，大槪只有上智與下愚不移的人，才能做到吧！

有一位洛陽的少年姬光，博覽經籍，尤其善談老莊。可是他每自遺憾的感歎說：孔子、老子的教化，只是建立人文禮教與世風學術的規範：莊子、易經的書，雖然高推玄奧，但仍然未能極盡宇宙人生的妙理，於是便放棄世間的學問，出家爲僧，更名神光。從此遍學大小乘的佛學教義，到了三十三歲時，回轉香山，終日宴坐（相同於靜坐）了八年，後來慕名求道，遂到少林寺去見達摩大師，可是大師時常面壁端坐，並不加以教誨，神光便暗自心想：古人求道，敲骨取髓，刺血濟飢，布髮掩泥，投崖飼虎；在人心純樸的上古時代，尚且如此，我又算得了什麼？於是便在寒冬大雪之際，澈夜立正侍候在達摩大師身旁，直到天明，地下積雪已經過膝，可是他侍立愈加恭敬。（後來宋代儒林理學家的程門立雪故事，便是這種精神的翻版。）達摩大師這時乃回頭問他：你澈夜立在雪中，爲求什麼？於是神光痛哭流涕的說：惟願大師慈悲，開示像甘露一樣的法門，藉以廣度衆生，但達摩大師却以訓斥的口吻說：諸佛無上的妙道，要經歷無數刧的精勤修持，經過許多難行能行、難忍能忍德行的鍛鍊，那裏就憑你這樣的小德行、小智慧，以輕忽憍慢的心情，便欲求得眞正的道果，恐怕你白用了心思啦！神光聽了這番訓斥，就當下取出利刀，自己砍斷了左臂，送到大師的前面，表示自己求道的懇切和決心。於是達摩大師認爲他可以爲擔當大任的法器，又爲他更改法名叫慧可，神光便問：諸佛心印的法門，可以說給我聽嗎？大師說：諸佛心法，並不是從別人那裏得到的！（注意，這句話是禪宗最重要的關鍵。）他聽了又問道：我心不得安寧，請大師爲我說安心法門。大師便說：你把心找出來，我便爲你安心。神光聽了這話，當時便怔住了，良久，方說：我找我的心在那裏，了不可得啊！大師又說：對啊！這便是你安心的法門啊！並且又敎他修持的方法，要摒棄一切的外緣，做到內心沒有喘息波動的程度，歇下此心猶如牆壁一樣，截止內外出入往來的妄動，那麼，便可由此而入道了，後來又吩咐他要以楞伽經來印證自己修悟的工夫與見地，這就是「達摩大師在中國初傳禪宗，傳授二祖神光」這一公案的經過。

現在我們根據以上初傳禪宗的授受故事，分作三個問題來說明：

（1）禪宗所謂的教外別傳　並不是根本不要佛學的經敎，別有一個秘密或微妙的傳授，因爲全部佛學經敎的學理，都是爲了說明如何修持求證的理論與方法，所以執著經敎學理的人，往往把敎理變成思想，反而增加知識上的障礙與差歧，並不能做到即知即行，同時證到工夫與見地並進的效果，所以敎外別傳，只是爲表示對普通佛敎佛學敎授法的不同，却不異於敎理以外，特別有個稀奇古怪的法門，例如二祖神光，在未出家以前，本來就是一個博學多才的少年，出家以後，又加上貫通大小乘佛學的敎理，他在知識方面，顯然非常淵博而充實，並不須要什麼，只自反求己心，就會懷疑知識的學問，眞正用來安身立命，便會覺得完全是兩回事了。所以他要放棄知識的敎理，但求實際的證悟，但等到眞正悟到實際的眞諦，對於所有知識學問的根本，自然而然就融會貫通，豁然明白其究竟的道理了，所以後來禪宗的潙山靈祐禪師便說：「實際理地，不著一塵。萬行門中，不捨一法。」就是這個道理。因此，我們對於佛學敎理的「敎」，與敎外別傳禪宗的「宗」，做一概念的結論：「敎」，是敎導你如何修行證果；「宗」，是我要如何求證修行，宗與敎，只在敎導方法上的不同，並不是目的有兩樣。

（2）**禪宗的禪** 並不是注重機鋒轉語的口頭禪，禪宗不離禪定修證的工夫，以期達到明心見性成聖成佛的極果，例如二祖神光，未見達摩大師以前，便已遊心易經、老莊的道學，而且經過嚴格的心性修養鍛鍊，曾經在香山靜坐了八年，對於動心忍性的緜密反照工夫，早已有了相當的根基，拜見達摩大師以後，大師不但不立即加以敎導，反而用難堪的態度與過分的言語刺激他，如果他是一個無實際修養工夫的人，縱使不是飽以老拳，至少也會拂袖而去，但是他反而愈加誠敬，甚至斷臂求道，就憑他這種精神，我們變更子夏的一句話說：「雖曰未入道，吾必謂之道矣！」亦未嘗不可，所以他問達摩安心之法，大師只叫他「將心來吾爲汝安？」他便能在「覓心了不可得」的領會下而悟道；後世研究禪宗，動輒抓住禪宗爲言下頓悟，立地成佛的話柄，好像只要聰明伶俐，能言善道說一兩句俏皮話，立刻就算悟道，完全不管實際作學問與作工夫的重點，這當然會落在我其誰欺！欺人乎！欺天乎的野狐禪了！不然，就想自己不用反省的工夫，只要找一個明師，秘密地傳授一個訣竅，認爲便是禪宗的工夫，「敝帚自珍，視如拱璧」，這又忘了達摩大師所說的：「諸佛法印，非從人得」的明訓了，近代談禪，不是容易落於前者的空疏狂妄，便是落在後者的神秘玄妙，實在值得反省。

（3）**達摩大師初傳的禪宗** 除了二祖神光，是親受衣鉢，繼承禪宗道統以外，同時還有幾位後學傳人，他們也都有心得，不過才德氣魄，略遜神光而已；達摩大師除了傳授心法以外，同時還要神光以楞伽經印心，由此可見教外別傳禪宗，並不離於教理以外。楞伽經，果然爲達摩大師吩咐神光爲禪宗的印心寶典，但在大乘佛學的法相(唯識)宗，也認爲是「唯識」學的主要經典，它提出以「無門爲法門」的求證方法，並且說明以頓悟與漸修並重，同時把心法的體用，分做八個作用，便成爲眼識、耳識、鼻識、舌識、身識等前五識，再有第六的意識，第七的末那識，第八的阿賴耶識等，所謂一心八識的分析；舊註識有識別、分別的作用，也就是包括感覺、知覺與精神活動的功能。第六意識，又分有明了意識與獨影（又名獨頭）意識的兩重，所謂獨影意識，相當於現在心理學所說的潛意識的現象。第七末那識是意根，也就是自我與生命俱來的元始知覺，本能活動的意識。第八阿賴耶識，是包括心物一元，精神世界與物理世界同根的心性的根本。由此可知禪宗所謂的明心見性，與頓悟一心的心，不僅是心理上平靜的心，實在是要澈底透過宇宙身心的根元，才能了知「三界唯心，萬法唯識」的眞諦。

楞伽經的大略，就是「唯識」學所謂的五法（名、相、分別、正智、如如），三自性（依他起、徧計所執、圓成實），八識（已如上述），二無我（人無我、法無我）綱要的發揮。總之，楞伽經的教理的，最重分析的觀察，細入無間而透徹心性的體用；禪宗的方法，歸納學理，注重一心修證而融通教理的工夫，所以後世禪宗便流傳一句名言：「通宗不通教，開口便亂道。通教不通宗，就如獨眼龍。」其實，這個意思，也就是楞伽經內所說的宗通與說通的翻版言句而已。近來有人提出六祖以前的禪宗，名爲楞伽宗，以此作爲有別六祖以後禪宗的界說，實在是因爲不明眞正禪宗心法的所致，未免畫蛇添足，多此一舉，達摩大師在傳付二祖神光的時候，曾經預言說：「吾滅後二百年……明道者多，行道者少。說理者多，適理者少。」所謂楞伽經義，便成爲名相之學而流傳爲說理的思想而已，殊堪一嘆！況且有人引用楞伽的一段漸修經文，證明達摩大師所傳是漸修的禪，却不管下文頓漸並重的一段，實在是魯莽滅裂之至。

（二）初唐以前禪宗開展的影響

達摩大師自南朝梁武帝時代，渡海東來，居住中國的時間，約有二十年左右，除了傳授禪宗心法與中國的少年高僧神光爲第二代祖師外，與神光同時從學的，還有道副、道育、及比丘尼總持，與期城太守楊衒之幾位弟子，雖然他們不是直接繼祧禪宗的道統，但秉承禪宗的破相離緣，直指人心，見性成佛的宗旨，並無二致。他們當然也同時展開宏揚禪宗教化的工作，因此在南朝梁、陳、隋之間，便輾轉影響南嶽慧思禪師篤實修行法華經般舟三昧的禪定工夫，由此而高唱「指物傳心人不會」的直指心禪，後來他的弟子智者（智顗）禪師，秉承他的衣缽，創立三止三觀的天臺宗修行法門，繼晉朝慧遠法師建立淨土宗以後中國佛教的另一宗門；取小乘禪定的方法，揉集大乘教理的精思慧觀，撮取禪宗的直指人心，見性成佛的要點，而形成一大套系統，完整佛學的理論，開創一系列修證工夫的實際漸修法門。於是自陳、隋之際開始，經歷唐、宋、元、明、清千餘年來，凡智識份子的士大夫、讀書人、愛好形而上道，而又不肯捨棄世間與愛好學問的人士，都是從事天台宗止觀禪定的修法，而且也有拿它與禪宗混爲一談的，例如唐代的名士李肅，便是天台學者的翘楚，他如白居易、陸放翁、蘇東坡、王安石等，以及宋代初期理學的大儒們，無一不從天台止觀禪定工夫打過滾來，明代名儒王陽明，開始所學的禪定，也是天台的止觀工夫，淸代的名士龔定盦，不但有推崇天台止觀禪定的專文，而且還極力排斥禪宗的不是。現在我順便提出這個問題，貢獻給研究講述中國文化史，與中國哲學史者的注意，使大家對於隋、唐以後中國哲學中禪宗所發生的影響，以及天台宗與歷代士林學者的莫大因緣，得以嚴整分別止觀禪定與禪宗心法的異同，了解漸修與頓悟爭論的關鍵。過去一般研究中國佛學或哲學的老師宿儒們，每因碰到中國佛學，與中國佛教宗派的內容，便受其繁多漫浩的學術思想所威脅，茫然不知所向，因此，下手錯亂，只把唐代禪宗的南頓北漸之爭，作爲這個問題的中心，顯然是有偏廢與迷失的遺憾。

其實，自隋，唐以來，到初唐百餘年間，由中國禪宗的二祖神光以次，除了單傳禪宗道統的五代祖師以外，與神光同學於達摩大師的，還有三人。與三祖僧璨同時並列，係屬於神光禪師的傳承，相傳六代，知名大師共有十七人。與五祖弘忍同時並列，係屬於道信禪師的傳承，計有一百八十三人。與六祖慧能同時並列，屬於弘忍禪師的傳承，計有一百零七人。至唐初禪宗第五代祖師時期，其中凡彰明較著，留有資料可徵者，都是散處四方，各以師道莊嚴，影響朝野社會，唐代中國佛學，華嚴宗的建立，又與禪宗的傳播有關。自武則天王朝以後，所謂北宗神秀禪師以次的弟子們，便有好幾位。雖說南宗的禪，自六祖慧能以次，稱爲禪宗的正統，但只屬於禪宗道統傳承的世系問題，却不能引此便作爲禪宗在唐代對中國文化哲學思潮所發生影響的絕對根據。因此，我認爲要講禪學，必須要眞正學過禪宗，在禪的工夫與見地做過實際工夫，然後方可談禪，要講禪宗的學術史，或中國哲學，與中國佛學史，更應該了解全貌，不可以偏概全，執一而言。

（1）關於禪宗六祖幾個重要問題 講到中國禪宗的第六代祖師慧能和尚的公案，這是談禪與講中國哲學思想史的人，最樂於稱道的事，現在再把他的故事簡明的介紹一番，然後討論其中被人誤解的幾個問題：

六祖慧能大師，俗姓盧，祖籍范陽人，在唐高祖武德年間，因爲他的父親宦於廣東，便落籍於新州。三歲喪父，其母守志撫孤至於成立，家貧，採樵爲生，一日，因負薪到市上，聽到別人讀金剛經到「應無所住而生其心」一段，便有所領悟，別人告訴他這是黃梅（湖北）的禪宗第五代祖師弘忍禪師，平常敎人讀的佛經，他便設法到黃梅去求學習禪（這時他並未出家爲僧）。五祖弘忍禪師初見他時，便問：「汝自何來？」他便答道：「嶺南。」五祖說：「欲須何事？」他答：「唯求作佛。」五祖說：「嶺南人無佛性，怎麼做佛？」他答道：「人地卽有南北，佛性豈有東西？」五祖聽了，便叫他跟着大家去做苦工，他說：「弟子自心常生智慧，不離自性，卽是福田，和尙要我做何事？」五祖說他根性太利，便叫他到槽廠去做舂米的苦工，他做了八個月的苦工，有一天，五祖宣佈要傳授衣鉢，選付繼承祖位的人，叫大家呈述心得。這時，跟從五祖學禪的同學，共有七百多僧人，有一位首席的上座師，名叫神秀，學通內外，素來爲大衆宗仰的學者，他知道衆望所歸的意旨，便在走廊的牆壁上，寫了一首偈語：「身是菩提樹，心如明鏡台，時時勤拂拭，莫使惹塵埃。」五祖看了神秀偈語以後，便說：「後代依此修行，亦得勝果。」他從同學那裏聽到這首偈子，便說：「美則美矣，了則未了。」同學便笑他說：「庸流何知，勿發狂言。」他答道：「你不信嗎？我願意和他一首。」同學們相視而笑，却不答睬。到了夜裏，他密告一童子，引至廊下，請人在神秀原偈傍邊，寫了一首偈語：「菩提本無樹，明鏡亦非台，本來無一物，何處惹塵埃！」五祖看到此偈便說：「此是誰作，亦未見性。」衆聞祖語，遂不在意。五祖却在夜間悄悄到了碓坊來，問他米白了沒有？他便答道：「白了，只是沒有篩。」（師篩同音，如此師生問答，都是雙關語）。五祖便以杖三擊其碓而去，他便在三更入室，承受五祖的心傳，當時五祖曾再三徵詰他初悟「應無所住而生其心」的意旨，他便於言下大徹大悟，遂說：「一切萬法，不離自性。何期自性，本自清淨；何期自性，本不生滅；何期自性，本自具足；何期自性，本無動搖；何期自性，能生萬法。」於是五祖又說：「不識本心，學法無益。若識本心，見自本性，卽名大丈夫、天人師、佛。」

隨卽傳付衣鉢，爲中國禪宗道統繼承人的第六代祖師。

五祖弘忍禪師自傳心印以後，就在夜裏送六祖慧能渡江南行，親自爲他把櫓說：「合是吾渡汝！」六祖答道：「迷時師度，悟時自度，度名雖一，用處不同。能蒙師傳法，今已得悟，只合自性自度。」五祖聽了便說：「如是如是！以後佛法由汝大行。」五祖自此以後，就不再上堂說法，大衆疑怪相問，便說：「吾道行矣！何更詢之！」又問：「衣法誰得耶？」五祖便答道：「能者得。」於是大衆聚議，盧行者（行者乃唐宋時代佛教對在家修行人的稱呼）名能，一定是他得法潛行了，就相約追踪，大家經過兩個月的搜索，在六祖到達大庾嶺時，追逐衆中，有一將軍出家的惠明和尙，率先而登，追及六祖，六祖便將衣鉢擲置石上說：「此衣只表示徵信而已，豈可以力爭嗎？」惠明又舉衣鉢而不能動，便說：

「我爲法來，不爲衣來！」六祖便說：「汝旣爲法來，可屛息諸緣，勿生一念，吾爲汝說。」惠明聽了，停了很久，六祖乃說：「不思善，不思惡，正與麼時（唐代口語，稱這樣做與麼），那個是明上座本來面目？」惠明便在言下大悟。復問：「上來密語密意外，還更有意密旨否？」六祖說：「與汝說者，卽非密也。汝若返照，密在汝邊。」因此，惠明卽下山詭稱嶺上並無人跡，而使追者從此散去。

此後六祖匿居在四會的獵人隊中，經過十五年時間，才出來到廣州法性寺，適逢印宗法師在寺裏講涅槃經，他就寄寓在廊廡之間，暮夜，風颺刹幡有聲，兩個和尙正在辯論，一個說是幡動，一個說是風動，爭論不息，六祖便說：「不是風動，不是幡動，仁者（普通對人的尊稱）心動。」因此而蒙印宗法師的賞識，宣告找到了禪宗第六代祖師的消息，會集大衆，爲他剃髮授戒爲僧，後來他便居留曹溪，大弘禪道，這便是禪宗六祖得道，宏法的簡略歷史。

現在由這個公案的內容，提出三個問題來研究，使大家了解禪學與研究中國文化、哲學史者，特別注意，不致再有誤解。

（第一）關於六祖的開悟　明心見性與神秀的兩個偈語問題：由歷代相傳，幾種不同版本的六祖壇經，與禪宗各種典籍的記述，有關六祖最初得道開悟的事蹟，大體並無多大出入。中國禪宗，自五祖弘忍開始，敎人念誦「金剛般若多羅密經」，便可由此入道，一變達摩大師以楞伽經印心的教學方法，這只能說是敎授法的改變，對於禪宗的宗旨，並無二致；金剛經以明心見性爲主旨，處處說明般若（智慧）性空的眞諦，其中的修行求證方法，以「善護念」三字爲重點，以「過去心不可得，未來心不可得，現在心不可得」而說明性空實相，了知「應無所住而生其心」爲指標。

現在爲了普通了解禪宗的治心道理，用現代的觀念，先作一比較容易明瞭的說明，也可使大家依此修習，做爲修心養性的簡捷方法：

①首先我們先要靜靜的觀察自己內在心理的意識思想，再把它簡單地歸納爲兩部分來處理；一部分是由於感覺所生的思想和觀念，例如痛苦、快感、飽暖、饑寒等等，都是屬於感覺的範圍，由它而引發知覺的聯想和幻想等等活動。一部分是由於知覺所生的意識思想，例如莫明其妙而來的情緒，煩悶、苦惱、對人我內外種種事物的分別思維等等，當然包括知識學問的思維，以及自己能够觀察自己這種心理作用的功能。

②其次，到了能够了解自己心理作用的活動，不管它是感覺的，或知覺的，總而言之，統統叫做一念，能够作到在念念之間，起心動念的每一觀念，自己都能觀察得清楚，再無不知不覺，或莫明其妙的情況，然後，就可把它來處理作爲三段觀察；凡是前一個念頭（思惟意識）過去了的，便叫做過去心，也就是前念。後一個念頭（思惟意識）來了的，便叫做現在心，也就是當前的一念。還沒有來的，當然便是未來心，也就是後念了，可是它還沒有來，不去管它。不過，你不要忘記，當你覺得後一個觀念還沒有來的時候，這個正是現在當前的一念了，而且才覺到是現在，立刻便已成爲過去。

③復次，如此內省觀察得久了，你把過去心、現在心、未來心，看得淸淸楚楚，於是你便練習，當前念的過去心過去了，後念的未來心還沒有生起的一刹那之間，當前的心境，就會微微的、漸漸的。呈

現一片空白。

但這空白，不是昏迷、或暈厥、或同死亡以前的狀況，這是清清楚楚的，靈靈明明的一段空靈，也就是宋明時代禪師們所說的昭昭靈靈的時候。

如果眞能切實到達這個情況，就會覺得自己所有的意識思維，不管它是感覺的或知覺的，都如一片浮光流影，像雁過長空，風來水面，所謂踏雪飛鴻，了無踪跡可得，才知平生所思所爲的，都只是一片浮塵光影而已，根本無法把捉，根本是無根可依的，那你就會體會到「過去心不可得，未來心不可得，現在心不可得」的心理狀態了。

④再次，你若了解了心念過去、現在、未來三段的不可得，譬例成下面這個公式，自己反省看來，翻成一笑。

……未來……現在……過去……

無始以來

……未來……現在……過去……

○＋1－1＋1－1＝○

因此認得此心中的一切一切云爲，都是庸人自擾，由此再進一步，觀察破除生理感受上所起的壓力，和思想促使身體所作的行爲活動，都是猶如泡沫空花，雖然在不加自我觀察的時候，表面看來好像都是我一連串成直線的活動，實際所謂這個我的活動，也只是像電流、像火花、像流水一樣，都是由於無數接連不斷的前後念的因緣湊成了一條線，其中畢竟沒有眞正的東西存在，所以你會自然而然地覺到山不是山、水不是水、身不是身、心不是心，這一切的一切，都是只像夢幻般的浮沉起伏在世間而已，因此你會自然而然的了解「應無所住而生其心」，其實就是「本無所住而生其心」的妙用了。

⑤如次，你要保持這個明白了心理上意識思維的狀態以後，經常在靜中動中，保持這一段昭昭靈靈的靈明覺性，猶如萬里晴空，不留點翳的現象，那就夠你受用去享受了，你才眞會懂得人生的眞諦，找到眞正歸宿的安身立命之處，可是你不要認爲這樣便是禪宗的明心見性了！更不要認爲這樣便是禪宗所謂的悟道了！因爲你在這個時候，正有一個昭昭靈靈、靈靈覺覺的作用存在，你還不知它的來去與起處呢！這個時候，正是明代憨山大師所說：「荆棘林中下足易，月明簾下轉身難」！

以上所講的一切，是借用比較現代化的方法，說明人們心理活動狀態的情況，同時也以此而說明禪宗六祖當時聽到別人念誦金剛經到「應無所住而生其心」而領悟的一些消息，由此使你可以了解六祖的師兄神秀所作的偈子，「身是菩提樹，心如明鏡台，時時勤拂拭，莫使惹塵埃」的自己內在用工夫心得的程度；那麼，你由此可知六祖的「菩提本無樹，明鏡亦非台，本來無一物，何處惹塵埃」的心得境界。如把兩者作一比較，自然可以了解五祖弘忍要叫六祖三更入室，付囑他的衣缽了，但是，就憑「本來無一物，何處惹塵埃」，還是未達傳付禪宗衣缽的造詣，不要忘記我們上面所例擧的情形，因爲「本來無一物」的情況，正如雪月梅花的境界，雖然清冷而美妙，到底是空寂孤寒的一面，毫無生機存在。六祖在大徹大悟的時候，是他在三更入室，五祖詰問他初聞「應無所住而生其心」的質疑，使他再進一步而澈底了解心性本元的究竟，所以他便說：「何期自性，本自清淨；何期自性，本不生滅；何期自性，本自具足；何期自性，本無動搖；何期自性，能生萬法。」這個才是代表了禪宗言下頓悟的「頓」與「悟」的境界。可是不要忘了，他後來還是避居在獵人隊中，由悟後而修持了十五年的經過，由此你就可以了解楞伽經中是頓漸並舉，禪宗是頓漸並兼，猶如楞嚴經上所說的：「理須頓悟，乘悟併銷，事資漸修，因次第盡。」所指頓漸並重的道理了。現在談談禪學，抓住一句「本來無一物」，就無所而不可爲，那不落在狂禪的知見才怪呢！須知禪宗正有嚴謹修持工夫的層次存在，不是落在空談或狂妄自是上，才會與眞正的禪有相近之處。

（第二）關於不思善，不思惡的問題 前面講述六祖悟道的公案，已經說過惠明和尙在大庾嶺頭追到六祖經過，他後來聲明是爲道而來，不爲搶衣缽的問題，因此六祖先叫他「不思善，不思惡。」過了好久一段時間（原文記載稱「明，良久。」六祖便問他：「正與麼時，那個是明上座本來面目？」這裏所說的「那個」兩字，不是肯定辭，而是質問的辭句，換言之：就是問他，當你在心中不思善，不思惡，什麼都沒有思想的一段時間之中，那一個才是你的本來面目？

後來人讀六祖壇經，因爲很少做過禪宗的切實工夫，便把「良久」一句的意義，忽略過去，又把「那個是明上座本來面目」的那個，看作肯定的指示話語，因此便認爲此心在「不思善，不思惡」的時候，便是心性的本元，所以才有認爲無善無惡便是心性之體的誤解了；倘使眞是這樣，白癡的人，與喪失思維意識的心理病者，或神經有障礙的病人，都可算做禪的境界嗎？因此你要明瞭，在你做到「不思善，不思惡」的時候，心境一段空白處，產生一切妙悟的境界，才能算做禪宗的初悟——只能說是初悟，也就是六祖所說的，秘密在你自己那邊的開端，若有人錯解了這段公案，實在有自誤誤人的危險，所以特別提出，貢獻大家做一參考。

（第三）關於「不是風動，不是幡動，是仁者心動」的問題　這個公案，是六祖初出山時的一段機用，就是後來禪宗所謂的機鋒，也就是機會教授法的一種妙語，並不就是禪宗指示明心見性的法要，這等於說「酒不醉人人自醉，色不迷人人自迷」，是同樣的雋語。「雲馳月駛，岸動舟移」，你能說誰在動？誰在靜？如果當你在睡眠中，雖然「兩岸猿聲啼不住，輕舟已過萬重山」，也只是不見不聞，那裏還有如此妙句，這就是佛學「唯識」學所說：境風吹識浪，一切情感思惟，都從外境之風吹起的「依他起」之理，並非就是佛法禪宗心要的那個與宇宙萬法同根，「圓成實性」的心性之體的心。有人往往把風幡案中的「是仁者心動」一句話，便當作已經了解了禪宗的心法，那眞與禪有十萬八千里的距離了，如果這樣，用現在心理學的分析，豈不也能够做到禪的境界，更何必談禪呢！倘使用這樣見解去見唐、宋時代的大禪師們，一定會罵是「屙屎見解」！等於「一行白鷺上青天」，愈飛愈離題太遠了！

(三) 唐初禪宗興盛的大勢

禪宗的六祖慧能，開始宏揚禪宗的時代，正當唐高宗與武則天的時代，現在要講禪宗的興盛史蹟，首先須從唐代中國佛學與唐代文化的趨勢，有一簡單的了解，在這個時期以前，中國文化的文運，由於六朝人愛好柔靡艷麗而缺乏實質的文學，造成學術思想飄浮不切實際，停在萎靡頹唐的狀態之中。初唐開國以來，因唐高祖李淵父子的極力提倡改除六朝的文體，使表達學術思想工具的文學，又有新的生機。而在中國佛學方面，自陳、隋之間，智者大師創立天台宗，用批判整編的治學方法，建立一套體系完整的天台宗佛學以後，又碰到在印度留學二十年的玄奘法師回國，唐朝君臣朝野，備加盛大歡迎，爲中國佛學加入新的血輪，唐太宗命令朝廷爲他設立譯場，開設一個前邁古代的翻譯館，集合國內學者，與名僧千餘人，同時又羅致西域的梵僧，包括初唐東來傳揚景教的教士，共同從事佛經翻譯的工作。

當時佛經的翻譯情形，先由主持梵文與中文的主筆，翻好經典以後，當衆宣讀梵文原意與中文的譯文，每逢不妥的地方，便字斟句酌，經過長久的反復辯論，才加確定，不像近代我們翻譯西方文化，都出於一人私家見解，往往紕漏百出，致有畫虎類狗之譏。因此唐初自有玄奘法師譯經事業的開展，譯成佛學中唯識法相與因明（印度佛教的邏輯學）的學系，而使佛學的思想理論，建立嚴謹的邏輯體系，同時也影響了一般學術，自然都重視在精詳的辨析，與質樸的表達；每一時代的社會風氣與文運的移轉，都不是由於一二少數原因所形成，在同一時代中的任何一件事物，或多或少，都會產生影響時代的效果，如果推開玄奘法師的宗教立場而不談，專從文化運動的角度去看，他對於唐代文化學術的貢獻，實在可與魏徵、房玄齡等媲美，況且他事業功德的餘蔭，還比他們更垂之久遠呢！

由於以上的介紹，可以了解釋迦牟尼佛教學術思想的傳入，自東漢末期，經魏、晉、南北朝而到初唐之際，經過數百年的推排融會，已如水乳交融，完全變成中國佛教的中國佛學了，玄奘法師的翻譯佛經事業，可以說，是印度佛學變成中國佛學的結論與定案，以後的佛學慧命，便全靠中國高僧學者去發揚光大了。在這個時候，中國佛敎專講修行實證方面的宗派，前有晉代慧遠法師創建的淨土宗，風氣所播，普及全國上下，後有隋朝智者大師創建的天臺宗，在理論與修證方法上，也普遍深植人心；再加入玄奘法師傳來的唯識法相之學，使一般知識份子的讀書人，與佛敎的名僧大匠，便都籠罩在佛學的研究與精思妙理的氣氛中。以前我們曾經講過，佛學的最終目的，着重在修證方面，並非專以講學術思想為究竟的事，當初唐之際，佛學的大家們，講論學理，著作弘文，已達登峯造極的飽和狀態，而且大有偏向將變成爲哲學的思想，與邏輯的論辯，與修行實證的目的，有不相關係的趨勢；恰好達摩大師在梁武帝時代傳來禪宗的修證法門，歷傳到了初唐以後，將近百年的時間，禪宗的直指人心，見性成佛的修行法門，已漸漸普遍爲人所知，所以到六祖慧能與他的師兄神秀時期，著重簡化歸納的禪道，便自然而然應運而興，樂爲人所接受，就此趨之若鶩，一躍而成爲中國佛學的中心了。

至於禪宗發展的歷史，大多偏重六祖在曹溪一隅傳授禪宗的道統所左右，並未了解其全面的情況；事實上，在初唐到盛唐之際，影響中原與長江以北的禪宗，還是得力於以前四祖、五祖旁支所傳的師弟們，與六祖的師兄神秀的力量居多，到了晚唐與五代至南北宋間，所有佛學與禪宗的影響力，才是六祖一系禪宗五家宗派的天下。而在其中架起南能頓宗的橋樑，建立起燈塔的，便是六祖再傳弟子馬祖道一，與其弟子百丈慧海禪師創建禪宗叢林制度的功蹟，若有人把六祖一系禪宗的興盛的一筆糊塗帳，算在六祖最小的弟子神會身上，那是偏見與輕掉所致，不足爲訓。

禪宗在初唐時期，由於以上所講時勢助緣的推動，又因爲有與六祖慧能並出五祖門下弟子們的宏揚，因此深受朝野社會的推重，使禪宗的風聲教化，普遍展開其傳播的力量。在唐高宗與武則天時期以後，除了六祖的師兄神秀已爲朝廷的「國師」以外，由五祖旁支所出的嵩嶽慧安禪師，惟政禪師，以及四祖旁支法嗣的道欽禪師等，都曾先後相繼爲「國師」，同時華嚴宗的崛起，是與四祖、五祖一系的禪師，有很大的關係。至於禪宗六祖慧能大師的禪道，在武則天王朝至唐玄宗時期，才由嶺南傳播，漸漸普及於長江以南的湖南、江西之間，後世所謂來往江湖的成語，便因此起，而且六祖的門下弟子，大多歛跡山林，專修禪寂，極少如江北中原的禪師們，厠身顯達，對一般知識份子與民間社會，都發生很大的作用。尤其自六祖創格不用高深學理，只用平常說話表達佛學心要以後，到了再傳弟子如馬祖道一、百丈慧海等以次，便建立了南傳禪宗曹溪頓教的風格。無論問對說法，常常引用俗話村言，妙語如珠，不可把捉，只在尋常意會心解，便可得其道妙，使莊嚴肅穆，神聖不可侵犯的佛經奧義，變爲輕鬆詼諧，隨緣顯露的教授法，這是中國文化禪學的創作，也是佛學平實化的革新，因而產生了禪宗與佛學幾個不同的特點，以下再作介紹。到了晚唐、五代、與南北宋間的禪宗，除了上述的情況以外，又與平民文學結爲不解之緣，於是禪師們的說法，便產生許多雋永有味，而具有平民文學化的韻語與詩詞，而影響宋代文學詩詞的特別格調，明、清之間，雖然承其餘緒，但已有依樣畫葫蘆之感，反而顯見它的拙劣了。

我們明瞭初唐以來禪宗的崛起，與其變革的形勢，便可明白南頓北漸之爭，並不是禪宗史上的重大問題，不可因小失大，專向牛角尖裏去尋找冷門偏僻的資料，作爲標新立異的見解，例如六祖的小弟子神會（荷澤）的入京，爭取禪宗在當時政治社會地位的事，與眞正專以求道爲務，避世無悶而隱跡山林的禪宗正統的禪師們，毫無作用與影響，況且神會當時的入京，據禪宗史料的記載，是爲嵩嶽的漸門盛行於世，因此而引起他不服氣的動機，大著其顯宗記，他經過一番努力，在天寶四年間，方定南能頓宗，北秀漸宗的兩宗之說。其實，嵩嶽的禪，係出於禪宗四祖與五祖旁支的傳承，與神秀之間，關係並不很大，況且漸修頓悟，本爲禪宗的一車兩輪相似，神會多此一事，徒有近似世俗的虛榮而已，於眞正的禪宗與禪師們，又有什麼關係？所以當時在南方的禪宗大師們，對於此事，從無一語提及，由此而知其爲無問題中之問題，無問題中之小問題，何足道哉！總之，六祖以後的禪宗，是由民間社會自然的推重，並非憑籍帝王政治力量的造就，由「下學而上達」，後來便成爲全國上下公認的最優秀、最特出的佛教宗派，若引用一句佛經式的成語來說，可謂：「甚爲奇特希有」。

(四) 研究禪宗的幾個鎖鑰

六祖以後的禪宗，自盛唐之際開始，卽大行於長江以南，漸變佛學傳入中國後數百年來的教授法，把佛學的經、律、論、三藏十二部，五六千卷所傳的經典妙義，歸納於秉承釋迦拈花，迦葉微笑的教外別傳法門，特別提出「直指人心，見性成佛」的中心問題。加以六祖慧能，自幼失學，未讀詩書，故平常傳揚禪宗心要，便不用循文解義，釋字疏經的方式，但以平常語句，直捷了當的指示心法，恰又合於「教外別傳、不立文字」，直接授受明心見性求證的原則。於是到了再傳弟子手裏，就不期然而然的形成一種南能頓宗的作風，至今留給我們後世的禪宗資料，雖然蘊藏了無窮的價値，但當你一讀禪宗書籍，便有茫然不知所云之感，爲了要爲現在靑年的同學們，知道中國文化的寶藏，便須說明研究禪學首先應有的認識：

（1）時代方言的注意　禪宗紀述的書籍，凡是禪師們個人的專集，便都稱爲「語錄」，所謂「語錄」，就是他平常討論禪學，問答疑難，比較老實而不加修辭的，記載他平生說法與講學的說話，猶如六祖壇經一樣，盡量避免深奧的佛學與文學，因此，「語錄」的記載，許多是唐、宋時代的方言，更要特別注意唐代兩湖（湖南、湖北）、江西、福建、廣東等地的方言、名物、以及切近於唐代中原地帶的古音。

同時要了解，禪宗「語錄」的興起，也是唐代中國文化對講學方式的革新，宋代理學家們「語錄」體裁的文字，就由此而來，其實，這些對話式「語錄」體裁的形成，也有兩個遠因：①由於佛經的脫胎：因爲佛經本身，原來就是問答的對話。②由於中國文化的轉變：在傳統的中國文化中，先有孔子的「論語」，和劉宋時代劉義慶所著的「世說新語」，綜合這兩種精神而產生。到了宋代以後，禪宗便有裁節「語錄」，彙編集成爲大部類書的出現，例如傳燈錄、人天眼目、五燈會元、指月錄、以及清代的雍正御選語錄等等，都是彙編集成的禪宗典籍，包括義理、辭章、考據，與佛學、禪學許多寶貴的資料，如果要研究禪學、傳燈錄、指月錄、御選語錄，都是必讀的書，詳細研究，便須要遍讀諸家禪師的個別語錄了。

（2）幾個重要術語的了解

①禪宗語錄：所稱宗門歷史的故事，名為「公案」，宋代理學家們所謂的學案，也就由此脫胎而來。宋代以後的禪師們，有「拈古」的名辭，那就是把過去某一禪師求學、悟道、教授法的故事，特別提出來做說明，討論、研究、起疑的資料，等於現代中國民間農村社會所通用的「講古」一辭，是同樣的意義。又有「頌古」一辭，那是把過去某一公案的要點，自作一首詩，一首偈語來批判，或讚揚一番，以此啓發後學的疑情：

舉例：

黃龍死心悟新禪師的頌古，頌六祖公案云：

六祖當年不丈夫，倩人書壁自糊塗，分明有偈言無物，却受他家一鉢盂。

大慧宗杲的拈古，拈提黃龍新頌六祖公案云：

且道鉢盂是物不是物？若道是物，死心老亦非丈夫。若道非物，爭奈鉢盂何？

修山主頌六祖風幡動公案云：

風動心搖樹，雲生性起塵，若明今日事，昧却本來人。

②禪宗的機鋒：這是談禪與講禪學者最樂於稱道的禪學，其實，妨礙禪宗慧命的延續，與學禪容易走入狂妄歧途的原因，就是後人過於愛好機鋒的過失。機鋒，本來是由六祖開始啓其端倪，到了馬祖道一，與百丈、黃檗，臨濟禪師們的手裏，變本加厲的一變，而形成唐、宋時代禪宗最新穎的教授法；佛教、佛學原來對於教授法的原則，就有所謂「契機」的術語，佛學的機，有包括學者的資質、學力，與

臨時所採用機會等教授法的幾個意義，所以「契機」一辭，是對於當教授師的人，必須注重教授法的原則。

到了禪宗的禪師們手裏，加以活潑運用，無論說法開示，與啓發學人慧思的方法和語句，便都如珠之走盤，不可方物了，機鋒呢！包括教授法的運用，有快利如鋒，如庖丁解牛，目無全牛的意義，綜合唐、宋以來禪宗宗師們機鋒、轉語的教學精義，恰如孔子所說的教授法；「不憤不發，不悱不啓」的作用。機鋒對於問答上的運用，有時是說非成是，說是成非，有時是稱許，有時是否定，從無一個定法可循，但無論如何，它的目的，在於考核學人的見地與實證的工夫，以及引起他的懷疑，自參自悟自肯的作用。因此禪宗宗師們的機鋒，轉語，往往有迥出意表，非義所思，甚至妙語解頤，雋永無窮的機鋒作略，雖然如此，這些機鋒、轉語，不是早已宿構在胸，都是臨機對答，語語從天眞中流露；機鋒的運用，都在當時現場的一語、一默、一動作之間的表示，並非學習禪宗的人，要隨時隨地醉心在機鋒妙語之間。明、清以後，禪宗衰落，往往有些冒充禪師的傳法，事先宿構成四言八句，似韻文非韻文的機鋒偈語，以當傳法的法寶，甚至有請專人預先作好，宣誦一番，也便記成語錄，傳之後世，好名之甚，及於方外，非常可嘆。不過現在學習禪學的人，都把機鋒、轉語的妙用，當作禪學的中心，甚之，講講古代禪師們的公案、機鋒，便以此表示禪學的精要，盡在是矣！豈不更有遺憾嗎？宋代雪竇重顯禪師，對於學禪著禪的人，早已有詩斥責，如云：

一兎橫身當古路，蒼鷹瞥見便生擒，可憐獵犬無靈性，只向枯樁境裏尋。

又云：

潦倒雲門泛鐵船，江南江北競頭看，可憐多少垂鈎者，隨例茫茫失釣竿。

又云：

玉轉珠回佛祖言，精通猶是汙心田，老盧只解長春米，何得風流萬古傳。

（雲門，是宋代雲門文偃禪師的別號。老盧，是指六祖俗家的姓氏。）

舉例（一）：（這是一則平實的機鋒）

明州大梅山法常禪師，初參馬祖，問：如何是佛？祖曰：即心是佛？師即大悟。唐貞元中，居於大梅山鄞縣南七十里梅子眞舊隱，時鹽官（禪師名）會下一僧入山採柱杖，迷路至庵所，問曰：和尚住此山來多少時也？師曰：只見四山青又黃。又問：出山路向什麼處去？師曰：隨流去。僧歸，說似鹽官，鹽官曰：我在江西時，曾見一僧，自後不知消息，莫是此僧否？遂令僧去請師出，師有偈曰：「摧殘枯木倚寒林，幾度逢春不變心，樵客遇之猶不顧，郢人那得苦追尋。」馬祖聞師住山，又令一僧到問云：和尚見馬祖得個什麼？便住此山。師云：馬師向道：即心是佛，我便這裏住。僧云：馬師近日佛法又別！師云：作麼生別？僧云：近日又道非心非佛。師云：這老漢惑亂人未有了日，任汝非心非佛，我只管即心即佛。其僧回，舉似馬祖，祖云：大衆，梅子熟也。

例二：（這是一則無言之教，折伏學人見地不到家，兩個大師教授法不謀而合的機鋒。）

鄧隱峯辭馬祖，師曰：何處去？曰：石頭去。（石頭乃與馬祖同學，希遷禪師的別號。）師曰：石頭路滑。鄧對曰：竿木隨身，逢場作戲，便去。才到石頭，即繞禪牀一匝，振錫（杖）一聲，問：是何宗旨？石頭曰：蒼天！蒼天！峯無語，却回舉似師。師曰：汝更去問，待他有答，汝便噓兩聲。峯又去！依前問，石頭乃噓兩聲。峯又無語，回舉似師。師曰：向汝道，石頭路滑！

例三：（這是一則隨機誘導的機鋒）

李翺初見藥山禪師，時任朗州刺史，李初嚮師玄化，屢請不赴，乃躬謁師，師執經卷不顧。侍者曰：太守在此。李性褊急，乃曰：見面不如聞名，拂袖便出。師曰：太守何得貴耳而賤目？李回拱謝，問曰：如何是道？師以手指上下，曰：會麼？李曰：不會！師曰：雲在青天水在瓶。李欣然作禮，述偈贊之曰：「鍊得身形似鶴形，千株松下兩函經，我來問道無餘話，雲在青天水在瓶。」李又問：如何是戒、定、慧？師曰：貧道這裏，無此閒家具。李罔測玄旨。師曰：太守欲保任此事，須向高高山頂立，深深海底行，閨閤中物捨不得，便爲滲漏。李後又贈詩云：「選得幽居愜野情，終年無送亦無迎，有時直上孤峯頂，月下披雲嘯一聲。」——宋相張商英參禪悟得後，作李翺見藥山公案頌古云：「雲在青天水在瓶，眼光隨指落深坑，溪花不耐風霜苦，說甚深深海底行？」

以上所舉三例，藉以說明禪宗宗師們機鋒的作風，其他多不勝舉，暫且不列，總之：機鋒是宗師們的方便說法，是一種機會教育的教授法，並不是禪的宗旨和目的，這是因時、因地、因人而變的活用法門，並非究竟的道理，如有學禪的人，專以機鋒轉語爲事，那就是錯把鷄毛當令箭的笑話了。

③棒喝：講到禪宗，往往使人聯想到棒喝，好像禪宗與棒喝，是不可或分的事一樣，其實，棒喝只

是禪宗宗師們教授法運用的一種，它具有中國傳統文化禮記教學精神的意義，中國上古，教用朴教，演變而爲夏楚。中國佛教自有禪宗的發揚光大以後，經過馬祖、百丈的改制，創立共同生活，集體修行的禪門叢林制度以來，凡是眞有見地，眞有修持的名師大匠的宗師們，他的會下往往聚居數百衆至千衆不等，所謂「龍蛇混雜，凡聖同居」，人多事雜的現象，就自然而然的必有其事了。因此，唐、宋時代幾位大師們，喜歡手持禪杖，作爲領衆的威信象徵，在必要時，也可用它作夏楚的用途，等於四五十年前的學校老師們，還有手拿「戒方」的風氣。其實，禪師們的棒，不是用來時常打人的，只在研討問題的時候，有時輕輕表示一番，作爲賞罰的象徵，後世的宗門，以及學禪的人，若是在老師那裏碰了釘子，受了批駁，都叫它做「吃棒」，我們現代人所說的碰釘子，難道眞有一枚釘子給你碰嗎？所謂「喝」，便是大聲的一叱，表示實罰的意思，和「棒」的作用是一樣的。禪宗的「棒喝」，是由於德山宣鑒禪師喜歡用「棒」，臨濟義玄禪師喜歡用「喝」，因此後世禪宗便有「德山棒，臨濟喝，雲門餅，趙州茶」風雅典故的流傳了。

總之；棒喝是教授法的運用，包括有賞，有罰，乃至不賞不罰，輕鬆的一棒，後來宗門，已有其名而無其實，我所見前輩的宗師們，有時認爲你知見有錯，但只對你一笑，不加可否，或者，便閉目趺坐，默默不答，這就是棒喝的遺風，過去我們碰到這種情形，自已再加反省，知道錯了，便叫它做棒。這是一種最難運用的教學法，如果不是眞正具備高才大德的宗師，實在無法施展，所以在盛唐的時代，黃檗禪師便說：「大唐國內無禪師！」有人問他現在到處都有禪宗的宗師，怎麼說無禪師哪？黃檗便說：

「不道無禪，只道無師」而已，因此他的得意弟子義玄禪師，就是後來開創臨濟宗的祖師，便說出一個作禪宗宗師的才德和條件，如云：「我有時先照後用，有時先用後照，有時照用同時，有時照用不同時。先照後用，有人在。先用後照，有法在。照用同時，驅耕夫之牛，奪饑人之食，敲骨取髓，痛下針錐。照用不同時，有問有答，立賓立主，合水和泥，應機接物。若是過量人，向未舉已前，撩起便行，猶較些子。」臨濟又有對於棒喝的說明，如云：「有時奪人不奪境，有時奪境不奪人。有時人境兩俱奪，有時人境俱不奪。」問：如何是奪人不奪境？師曰：煦日發生舖地錦，嬰兒垂髮白如絲。問：如何是奪境不奪人？師曰：王令已行天下徧，將軍塞外絕烟塵。問：如何是人境俱奪？師曰：并汾絕信，獨處一方。問：如何是人境俱不奪？師曰：王登寶殿，野老謳歌。」又有云：「有時一喝如金剛王寶劍。有時一喝如踞地獅子。有時一喝如探竿影草。有時一喝不作一喝用。」

（3）**研讀禪宗典籍的重點**　除了以上所說的公案，機鋒，棒喝是屬於禪宗教授法的範圍，雖然必須要知道，而且要澈底了解它的作用所在，和當時當事人所得的情況以外，但決不可以拿它作為禪宗的究竟宗旨和目的來看。如要眞正了解禪宗的傳心法要，特別須要注意語錄中的上堂法語（就是上課講話），示衆（公開講學）小參，晚參（臨時討論）等法要，那才比較是踏實的禪學。但是要讀這些書，自己必先具備有儒、佛、道三家基本學識的基礎，尤其對於佛學，不能便毫無所知便去讀它，那必會使你如「蚊子咬鐵牛」，永遠沒有下嘴處。

舉例（一）

百丈禪師上堂：「靈光獨耀，逈脫根塵，體露眞常，不拘文字，心性無染，本自圓成，但離妄緣，即如如佛。」又云：「一切言教，只是治病。爲病不同。藥亦不同。所以有時說有佛，有時說無佛。實語治病。病若得瘥，個個是虛妄語。實語是虛妄語生見故，虛妄是實語斷衆生顚倒故。爲病是虛妄，祇有虛妄藥相治。」

舉例（二）

洞山禪師上堂：「還有不報四恩（佛恩、師恩、國恩、父母恩）三有（欲、色、無色）者麼？衆無對。又曰：若不體此意，何超始終之患，直須心心不觸物，步步無處所，常無間斷，始得相應，直須努力，莫閒過日。」

除了簡舉以上上堂法語的兩例以外，因資料太多而不提，至若大禪師們的專著，以及酬答的信札，都是很好的禪學資料，如果捨此而不用，單提公案，機鋒以概談禪學，那是背道而馳的事，千萬不可以此誤人，眞是罪過不淺。總之，無論是宗教或哲學，教育、學問、著作的眞正目的，是在給予別人以安身立命，與立身處世的正確目標，並不是只爲一己的虛譽，故意撮取標新立異，言人所不懂的便自鳴高了。

（4）**必須具備禪學與文學的素養**　禪宗固然是中國佛教的中國佛學的特色，但從釋迦牟尼所創立的整個佛學的體系而言，它的基本宗旨，與最高的目的，並非因與中國文化融會以後，就根本推翻了釋迦佛教的主旨，只是在教授法的方式，與表達最高眞諦的言辭與方法，產生一種中國文化特出的姿態，而且滲合借用儒、道兩家學術思想的名言和作風而已。因此研究禪學，若不全面了解佛學大小乘的學理，遍覽經、律、論三藏的經典，明白中國各宗佛學的大義，以及不通佛教修行求證定慧的方法與工夫，只取禪宗的機趣而言，必然不能觸及其中心的宗旨與道果，至少，會落在愈走愈偏，愈學愈仄的情況。況且現代印度瑜伽術等類似禪定的工夫，已經普遍展開在世界各國傳佈，如果講禪宗毫無實際的修證經驗，恐將被人唾棄，認為是清談欺世的謊言而已。倘是一個立心學禪的學人，應抱「遯世不見知而無悶」，「確乎而不可拔」的宗旨，決不要因為舉世談禪我亦談，不肯眞誠向學，只圖「曲學阿世」，以博取一時的虛譽，那就於人於己，都有莫大的損失了。總之，千萬不要忘記，禪宗以證取涅槃妙心，了脫生死而超然於物外的主旨，豈可離了佛學的教理，而徒托空言而已。

其次，我們要研讀唐、宋以來的禪宗典籍，如果對於中國文學沒有相當修養，那就會如古代禪師們所說「咬鐵饅頭」相似，就有無法下嘴的可能，尤其自中唐到宋、明、清的禪學，更進一步已與中國文學結了不解之緣，隨處與詩、詞、歌、賦等文學會流，倘使從純粹的白話國語文學入手，恐怕極難了解其究竟。況且以中國文學發展史而言，自魏晉六朝以後，唐詩、宋詞、元曲、明小說、清韻聯，無一不與禪境有息息相關之妙，所以要全面了解禪學的精神，必須對佛學與中國文學，具有相當的基本修養。有些人又說：禪宗的六祖慧能，本來是一個目不識丁的樵夫，並不需要了解佛學與文學，豈不同樣悟道而成佛作祖嗎？誠然！但在六祖前後，又有多少慧能？本來佛法與禪悟，是屬於智慧的造詣，聰明才智，到此一無用處，然而具備眞智慧的人，究竟又有多少？如果動輒以六祖自比，早已失其謙虛之德，已經充滿了憍慢之情，那與禪宗的宗旨，適已背道而馳了。何況釋迦說出「教外別傳，不立文字」的宗旨，却在他說過無數的經典以後，才提出這個掃蕩執著文字名相的家風，他並非根本就不用文字而直截了當的立此宗旨，這點須要特別注意。總之，佛法與禪宗，都是因時因地適變的教學方法，凡是眞智慧人的作爲，成功各有千秋，大可不必刻舟求劍，致有回首茫然的結果；不過爲學爲道，必須要實事求是，脚踏實地的做去，先求入乎其內，才能出乎其外，否則，浪費一生學力，那就太可惜了！

舉例（一）：（這是例舉禪宗與中國文學有密切關係的公案機緣）

秀州華亭船子德誠禪師，節操高邈，度量不羣，自印心於藥山，與道吾、雲巖爲同道交。洎離藥山，乃謂二同志曰：「公等應各據一方，建立藥山宗旨。予率性疏野，惟好山水，樂情自遣，無所能也。他日後，知我所止之處，若遇靈利座主（唐宋佛教稱講佛經的法師爲座主），指一人來，或堪雕琢，將授生平所得，以報先師之恩。」遂分攜至秀州華亭，泛一小舟，隨緣度日，以接四方往來之衆，時人莫知其高蹈，因號船子和尚。一日，泊船岸邊閑坐，有官人問：「如何是和尚日用事？」師竪橈子曰：「會麼？」官人曰：「不會。」師曰：「棹撥清波，金鱗罕遇。」道吾後到京口，遇夾山上堂，僧問：「如何是法身？」山曰：「法身無相。」曰：「如何是法眼？」山曰：「法眼無瑕。」道吾不覺失笑。山便下座，請問道吾：「某甲適來只對者僧話，必有不是，致令上座失笑，望上座不吝慈悲。」吾曰：「和尚一等是出世，未有師在？」山曰：「某甲甚處不是，望爲說破。」吾曰：「某甲終不說，請和尚却往華亭船子處去。」山曰：「此人如何？」吾曰：「此人上無片瓦，下無卓錐，和尚若去，須易服而往。」山乃散衆，束裝直造華亭。船子纔見，便問：「大德住甚麼寺？」山曰：「寺卽不住，住卽不似。」師曰：「不似似個甚麼？」山曰：「不是目前法。」師曰：「甚處學得來。」山曰：「非耳目之所到。」師曰：「一句合頭語，萬刼繫驢橛。」師又問：「垂絲千尺，意在深潭，離鈎三寸，子何不道？」山擬開口，被師一橈打落水中，山纔上船，師又曰：「道！道！」山擬開口，師又打。山豁然大悟，乃點頭三下。師曰：「竿頭絲線從君弄，不犯清波意自殊。」山遂問：「拋綸擲釣，師意如何？」師曰：「絲懸綠水，浮定有無之意。」山曰：「語帶玄而無路，舌頭談而不談。」師曰：「釣盡江波，金鱗始遇。」山乃掩耳。師曰：「如是，如是。」遂囑曰：「汝向去，直須藏身處沒踪跡，沒踪跡處莫藏身，吾三十年在藥山，祇明斯事，汝今已得，他後莫住城隍聚落，但向深山裏，钁頭邊，覓取一個半個接續，無令斷絕。」山乃辭行，頻頻回顧，師遂喚：「闍黎！」（梵文譯音，乃教授法師之意，一般用作代表和尚的稱呼。）山乃回首，師竪起橈子曰：「汝將謂別有？」乃覆船入水而逝。

舉例（二）：

洛浦山元安禪師，初從臨濟，機緣不契，辭師他去。臨濟曰：「臨濟門下，有個赤梢鯉魚，搖頭擺尾向南方去，不知向誰家虀甕裏淹殺。」師遊歷罷，直往夾山卓菴，經年不訪夾山。山乃修書，令僧馳往。師接得便坐，却再展手索。僧無對。師便打。曰：「歸去舉似和尚。」僧回舉似，夾山曰：「者僧若開書，三日內必來！若不開書，斯人救不得也。」夾山却令人伺師出菴，便與燒却。越三日，師果出菴，來人報曰：「菴中火起。」師亦不顧。直到夾山，不禮拜，乃當面叉手而立，山曰：「鷄棲鳳巢，非其同類，出去！」師曰：「自遠趨風，請師一接。」山曰：「目前無闍黎，此間無老僧。」師便喝，山曰：「住！住！且莫草草悤悤，雲月是同，溪山各異，截斷天下人舌頭，卽不無闍黎，爭教無舌人解語？」師佇思，山便打，因玆服膺。一日，問山：「佛魔不到處，如何體會？」山曰：「燭明千里像，闇室老僧迷。」又問：「朝陽已昇，夜月不現時如何？」山曰：「龍啣海珠，遊魚不顧。」師於言下大悟。山將示滅，垂語曰：「石頭一枝，看看卽滅矣！」師曰：「不然。」山曰：「何也？」師曰：「他家自有青山在。」山曰「苟如是，卽吾宗不墜矣！」

舉例（三）：（出入於文學境界的禪語）

嬾殘禪師有歌曰：「兀然無事無改換，無事何須論一段，直心無散亂，他事不須斷，過去已過去，未來猶莫算，兀然無事坐，何曾有人喚，向外覓工夫，總是癡頑漢，糧不畜一粒，逢飯但知㗖（讀如竄音，寧紹人呼吃飯叫㗖飯），世人多事人，相趁渾不及，我不樂生天，亦不愛福田，饑來喫飯，困來卽眠，愚人笑我，智乃知焉，不是癡鈍，本體如然，要去卽去，要住卽住，身披一破衲，脚著孃生袴，多言復多語，由來反相誤，若欲度衆生，無過且自度，莫謾求眞佛，眞佛不可見，妙性及靈台，何須受薰煉，心是無事心，面是孃生面，刼石可移動，個中無改變，無事本無事，何須讀文字，削除人我本，冥合個中意，種種勞筋骨，不如林下睡兀兀，舉頭見日高，喫飯從頭揮，將功用功，展轉冥蒙，取卽不得，不取自通，吾有一言，絕慮忘緣，巧說不得，只用心傳，更有一語，無過直與，細如毫末，大無方所，本自圓成，不勞機杼，世事悠悠，不如山邱，青松蔽日，碧澗長流，山雲當幕，夜月爲鈎，臥藤蘿下，塊石枕頭，不朝天子，豈羡王侯，生死無慮，更復何憂，水月無形，我常只寧，萬法皆爾，本自無生，兀然無事坐，春來草自青。」

舉例（四）（遊戲於浪漫文學境界的禪語）

酒仙遇賢禪師偈曰：「綠水紅桃花，前街後巷走百餘遭，張三也識我，李四也識我，識我不識我，兩個拳頭那個大，兩個之中一個大，曾把虛空一劉破，摩娑令教却恁麼，拈取須彌枕頭臥，揚子江浪頭最深，行人到此盡沈吟，他時若到無波處，還似有波時用心，金甼又閒泛，玉山還報頹，莫敎更漏促，趁取月明回，貴買朱砂畫月，算來枉用工夫，醉臥綠楊陰下，起來强說眞如，泥人再三叮囑，莫敎失却衣珠，一六二六，其事已足，一九二九，我要喫酒，長伸兩脚眠一寤，醒來天地還依舊，門前綠樹無啼鳥，庭下蒼苔有落花，聊與東風論個事，十分春色屬誰家，秋至山寒水冷，春來柳綠花紅，一點動隨萬變，江邨煙雨濛濛，有不有，空不空，笊籬撈取西北風，生在閻浮世界，人情幾多愛惡，只要喫些酒子，所以倒街臥路，死後却產娑婆，不願超生淨土，何以故？西方淨土，且無酒酤。」

（五）禪宗的中心及其目的

由於上來兩節分題所講「佛學與中國歷史文化的因緣」，與「佛學內容簡介」，以及這次所講禪宗幾項重點的討論，大概已可瞭解禪宗乃是佛學的心法，而佛學的主旨，注重在修行求證，並不是純粹空談理論的思想問題。無論原始大小乘的佛學，以及中國佛敎各宗的創建，都是以禪定修持爲其求證的骨幹，所謂涅槃、性空、眞如、妙有的教理極則，以及達成圓滿佛果的三身(法身、報身、化身)、四智(成所作智、妙觀察智、平等性智、大圓鏡智)、六通(天眼通、天耳通、他心通、宿命通、神足通、漏盡通)、三明(宿命，天眼，漏盡)以及性空緣起、緣起性空，與眞空妙有、妙有眞空的理念與實證，一律都從禪定入手，而達到般若智慧的證驗，然後完成圓滿的解脫道果。禪宗傳入中國以後，雖然再度演變而成中國文化方式的宗派，但只在教授方法、與文字語言方面，逐漸演變佛學的教理，而改用平凡語白的說話、與平民文學的境界，表達其高深的玄理，至於它的中心與目的，仍然不離佛學原始的要求，換言之，禪宗的中心，雖然不是禪定，但仍然不離以禪定修行求證的方法爲基礎。禪宗的目的，雖然不是着重離塵遯世，逃避生死的小乘隱退，但仍然不離昇華生死，要求心的出世自在，而作入世救衆生的行徑，雖然唐、宋以後的禪師們，也有採用呵佛罵祖的教授方法，用來破除固執盲目信仰的宗教性，高唱佛是「乾矢橛」等名言，但他仍然標榜以達到不是成佛，只是完成一個「超格凡夫」，或「了無一事的閒道人」等爲目的。其實，這些作用，都是爲了變更經常含有過分宗教色彩如佛菩薩等的佛號，而代之以最通俗明白的觀念而已，所謂「超格」，所謂「閒人」，並非等閒易學的事，試想：既然身爲一個凡夫，却要在凡夫羣中，超越到沒有常格可比；既然是一個人生，却要「無心於事，無事於心」，做到「空諸所有」，不是「實諸所無」的悠閒自在，那豈是隨隨便便就能一蹴而就的嗎？倘使眞能到達如此地步，縱使不稱他爲佛，而叫他任何其他虛名，在他自然都無所謂了，猶如莊子所說或牛或馬，一任人呼，又有何不可呢？我們若了解禪宗的中心與目的以後，就可明白唐、宋以來禪宗宗師們所標示的了生死、求解脫，是如何一回事了！他們所提出來的問題，例如：「如何是祖師西來意」？以及「參話頭」等學禪入手方法的作用，也同時可以瞭然於心了！現在爲了進一步明白禪宗這個中心與目的的演變，便須要知道中國佛學史的演進；當東漢末期，佛學傳入中國的先鋒，並不是學理的灌輸，最初佛學進入中國的前奏，第一：是印度梵僧們用超乎平常所知而神乎其事的神通表現。第二：是教導修習小乘禪定的修行方法。由於這兩個佛學輸入的先鋒前奏，恰當秦、漢以來中國道家方士，發明種種修行方法，冀求昇華人生而進入神仙境界的鼎盛時期，所以一經接觸佛法中禪定與神通的證驗，便自然而然的彼此觀摹研究。甚之，傾心禪定以求神通，一變戰國以來，利用外藥金丹的修煉，與兩漢以後，以鍛煉精神魂魄的修煉方向，從此，跟踪而來的，便是佛學思想學術的源源輸入，更加充實禪定修證的理論基礎，所以有魏、晉、南北朝佛教高僧大德們，修行實驗的種種成果。因此才又產生佛教各宗禪觀的修法，與天台宗止觀禪定法門等的建立，可惜一般研究佛教史與佛學史者，因爲本身並沒有親證佛學的眞實經驗，不敢碰觸這些史實，甚至反咬一口，認爲這些都是與佛學學理思想毫不相干的虛言，才使佛學的眞正意義，與禪學的眞實目的，完全變了本質。

然則，禪宗何以又在隋、唐以後，排斥禪定，只重見性成佛的頓悟法門的見地呢？這便須要了解禪宗一脈所標榜負擔的任務了！我們須知號稱爲教外別傳的禪宗，它的目的，是爲傳授佛法心要眞修實證的見地，並不以禪定或神通爲標榜。因爲禪定是佛法與世間各宗教、各哲學學派，甚至一般普通習靜人的共法，並不是佛法特創的不共法，（有關禪定修證的簡要次序，已經在前面佛學內容中講過，不再贅述。）神通的境界，也都是由於從心理生理入手，加以嚴格的禪定方法鍛煉而成，是把人類與衆生身心性命的本能效用，發揮到最大與極限的功能，因此便知縱使修煉禪定的工夫，得到神通的境界，仍然沒有離開心意意識的作用。

既然禪定神通，都是唯心所造，可以由心意識達到的境界，那麼，就是有了禪定神通的成就，自己仍然不能明白這個能够使你得禪定，能够使你起神通作用的基本功能的心，它究竟是何相狀？它究竟來從何來？去向何去？它的本體究竟是怎樣的一回事？那豈不是仍然是一個不知宇宙人生究竟的糊塗人嗎？所以楞伽經上便說這些境界，仍然不離唯識的變相，楞嚴經上更加明白的說：「現前縱得九次第定，仍爲法塵分別影事」而已。宋代由神仙道家而參禪的張紫陽眞人也說：「頂後有光猶是幻，雲生足下未爲仙」了！可是話又說回來，倘使是一個眞正學佛參禪的人，如果沒有經過嚴格的禪定修持，連普通平心靜氣的心性修養工夫，也未到達，就冒然要求，或自認爲已得言下頓悟的禪道，那便是非愚卽狂，恐怕距離禪道尙遠吧！假定這樣便自信爲禪學的眞實，至少在我個人而言，實在是個世間最愚蠢的笨人，幾十年的求學求證的工夫，都是寃枉的浪費了。閒話少說，言歸正傳：總之，禪宗的中心與目的，已如以上所講，略作說明，關於眞實禪宗的途徑，歸納起來，便有工夫與見地的兩種條件，猶如鳥的兩翼，車的雙輪，是缺一不可的事實，現在讓我們舉出初唐之際禪宗大師們，有關修持禪定的工夫，與見性悟道的見地吧！

舉例（一）

江西道一禪師，漢州（四川）什邡縣人，姓馬氏，故俗稱馬祖（不是閩中的媽祖，千萬不要錯會），或稱馬大師，開元中，習定於衡嶽（湖南）。那時禪宗六祖的得法大弟子南嶽山懷讓禪師，知道他是佛法的大器，便去問他說：大德（佛家對人的尊稱）坐禪，冀圖個什麼？馬祖便說：欲求作佛？懷讓禪師（以下簡稱師）乃拿了一塊甎，日日在他坐禪的庵前去磨，（注意，這便是禪宗的教育法。）馬祖有一天問師，你磨甎作甚麼？師曰：磨作鏡。馬祖曰：磨甎豈得成鏡？師曰：磨甎既不成鏡，坐禪豈得作佛？馬祖聽了，便發生疑問了，就問：如何才是？師曰：如牛駕車，車若不行，打車即是？（車比身）打牛卽是？（牛比心）馬祖被他問得無法可對，（並不是馬祖答不出這個問題，他正在明白此中譬喻之理，反究自心。）師又曰：你學坐禪？或是學作佛？若學坐禪，禪不在坐臥之間。若學坐佛，佛並非有個定相，本來是無住的法門，其中不應該有個取捨之心。你若認爲打坐是佛，等於殺佛。你若執著長坐不動的定相便是佛法，實在未明其理。

馬祖聽後，就如喝了甘露醍醐一樣的清涼暢快，便向師禮拜，再問：那麼！如何用心？才合於無相三昧（譯爲正受）？師曰：你學心地法門，如下種子，我說法要，譬如天降雨露，你的因緣凑合了，自然應當見道。馬祖又問：道，並非有色相可見，怎樣才能見呢？師曰：心地的法眼，自能見道，無相三昧，也便是這個道理。馬祖又說：這個有成有壞嗎？師曰：若以成壞聚散而見道者，就並非道了，我說個偈語給你吧！「心地含諸種，遇澤悉皆萌，三昧華無相，何壞復何成？」馬祖聽了師的開示而悟入，心意便超然解脫。從此便追隨懷讓大師，侍奉九年，日日進步而透澈佛學心法的堂奧。

我們講了馬祖道一大師悟道機緣的公案以後，相信大家已經明白禪宗的法門，是否需要禪定工夫的關鍵了！可是不要忘記，中國唐代禪宗的文化，是由馬大師手裏才大事弘開，他是劃時代的人物，不是泛泛可比。但也不要忽略他在未悟以前，確已做過一段長時間禪定的苦行工夫，才能接受南嶽讓大師的片言開解之下，頓然而悟，但是他在悟後，還復依止侍奉其師九年，隨時鍛鍊所悟的道果，才能透徹玄奧。我們自問其才其德，有過馬大師的嗎？豈可妄說言下頓悟的禪，便是如此這般的容易嗎？總之，學問德業，必須在於操持行履之際，篤實履踐，尤其學禪宗，更是如此，決非輕掉驕狂，便可妄求易得，希望我們這一代的青年，要深深懂得天下凡事，決不是用躁率輕忽的心情可以做到的。

舉例（二）

「牛頭山法融禪師，年十九，學通經史，尋閱大般若經，曉透眞空，忽一日嘆曰：儒家世典，非究竟法，般若眞觀，出世舟航，遂隱茅山，投師落髮。後入牛頭山幽栖寺北岩之石室，有百鳥啣花之異。唐貞觀中，禪宗四祖道信大師，遙觀氣象，知彼山有異人，乃躬自尋訪。問寺僧：此間有道人否？（注意，他問出家的和尚，問此地有修道的人嗎？這等於俗話說的，指着和尚罵禿賊一樣的無理。因爲出家人，當然是爲了修道才出家的嗎！由此可見禪宗的大師們，是如何的方正不阿，所以才處處遭世所忌。）曰：出家兒那個不是道人？四祖曰：「啊！那個是道人？」僧無對。別僧曰：「此去山中十里許，有一懶融，見人不起，亦不合掌，莫是道人麼？」祖遂入山，見師端坐自若，曾無所顧。祖問曰：「在此作甚麼？」師曰：「觀心。」祖曰：「觀是何人？心是何物。」師無對，便起作禮曰：「大德高栖何所？」祖曰：「貧道不決所止，或東或西。」師曰：「還識道信禪師否？」祖曰：「何以問他？」師曰：「嚮德滋久，冀一禮謁。」祖曰：「道信禪師，貧道是也。」師曰：「因何降此？」祖曰：「特來相訪，莫更有宴息之處否。」師指後面曰：「別有小菴。」遂引祖至菴所，遶菴惟見虎狼之類，祖乃舉兩手作怖勢。師曰：「猶有者個在？」祖曰：「者個是甚麼？」師無語。少選。祖却於師宴坐石上書一佛字，師覩之竦然。祖曰：「猶有者個在？」師未曉，乃稽首請說眞要。祖曰：「夫百千法門，同歸方寸，河沙妙德，總在心源。一切戒門、定門、慧門，神通變化，悉自具足，不離汝心。一切煩惱業障，本來空寂。一切因果，皆如夢幻。無三界可出，無菩提可求，人與非人，性相平等，大道虛曠，絕思絕慮，如是之法，汝今已得，更無闕少，與佛何殊，更無別法。汝但任心自在，莫作觀行，亦莫澄心，莫起貪瞋，莫懷愁慮，蕩蕩無礙，任意縱橫，不作諸善，不作諸惡，行住坐臥，觸目遇緣，總是佛之妙用，快樂無憂，故名爲佛。」師曰：「心既具足，何者是佛？何者是心？」祖曰：「非心不問佛，問佛非不心。」師曰：「既不許作觀行，於境起時，心如何對治。」祖曰：「境緣無好醜，好醜起於心，心若不強名，妄情從何起，妄情既不起，眞心任徧知，汝但隨心自在，無復對治，卽名常住法身，無有變異，吾受璨大師頓教法門，今付於汝，汝今諦受吾言，只住此山，向後當有五人達者，紹汝元化。」住後，法席之盛擬黃梅。唐永徽中，徒衆乏糧，師往丹陽緣化，去山八十里，躬負一石八斗，朝往暮還，供僧三百，二時不闕。三年，邑宰蕭元善請於建初寺，講大般若經，聽者雲集。」

由以上所提出牛頭山法融禪師悟道機緣的舉例，就可明瞭禪宗所謂明心見性，關於見地的重要。當法融禪師獨自居住牛頭山修習禪定的時候，已經得到忘去機心，忘去物我的境界，所以才有百鳥啣花的異事；這就如列子所說海上有一個人，天天與一羣鷗鳥做朋友，因爲他沒有機心，沒有戕害生物的觀念，已經忘機到了不知有鳥，更不知鳥是鳥，我是我的程度，所以天天與羣鷗相狎。後來有人看了這種情形，叫他順便抓幾個鷗鳥回來，他聽了這話，動了機心，便準備去抓鷗鳥，結果呢！鳥兒一看到他，便先飛了。由此可知法融禪師的禪定修養，不但已達忘機忘我的境界，而且還具有慈愛物命的功德，與深厚的禪定工夫了！所以四祖道信大師說他一切皆已具備，只欠一悟而已。可是在他悟道以後，反而孜孜爲人，爲了一般從學的羣衆，親自到山下去化緣，背米來給大家吃，再也不會有百鳥啣花，或者來個鬼神與他護法送米了！這個道理，這個關鍵，便是沉迷在玄秘之學的人，最好硏究的考題，我們暫時不爲他下註解。其次，當四祖道信大師與他到了後山，看見一羣虎狼，四祖便舉起手來，有恐怖的表情，因此法融禪師便起了懷疑，問他：你是悟道的人，還有這個恐怖虎狼的心理存在嗎？四祖當下就反問他：你說：這個會起恐怖的是甚麼？如果法融若答他說是心。心在那裏？它又是什麼形狀？它又從那裏來？那裏去？死後還存在嗎？未生以前又如何？一定還有連串的問題提出，追問下去。可是法融禪師沒有下文，四祖也便不說什麼了！於是四祖要抓機會，要造個機緣來對他施以教育，所以便在法融平常打坐的大石上，先寫了一個佛字，自己便一屁股坐下來，這種舉動，在一個虔誠信仰的佛教徒，而爲此出家入山學佛的法融看來，實在是大逆不敬的大事，所以他便悚然動心，非常懷疑這個自稱爲禪宗四祖的道信大師。四祖早已料到他有此一舉，所以便問他說：你還有這個悚然動容，崇拜偶像的觀念，而不知眞佛何在的心理嗎？這也就是四祖借用機會教育，使他明白你以前問我的，「還有這個恐怖心嗎？」與我現在問你的，「還有這個悚然的心理嗎？」都是此心作用的變相、乃至喜、怒、哀，樂、及種種心理生理的變相，統統都是此心的作用；你如不明白這個心性本源的體相，那你所學的都是心外馳求，毫無是處，只是隨物理環境而轉變的心的假相作用而已。因此法融知道自己錯了，便請教法要，所以才引出四祖一段長篇大論的大道理，明白告訴他修行心地的法要。（原文已如上述，恕我不必多作註解，只要細心去讀，自然就會明白，多說，反如畫蛇添足了。）可是後來四祖仍然叫法融禪師住山靜修，經過長期的鍛煉，他才以超然物外的心情，下山爲世人而實行其教化的工作，他再也不是嬾融了，而且是那樣的辛勞勤苦，完全爲了別人而活着。由此可知，我們現代的青年，生當國家世界多難的時代，如想負起齊家、治國、平天下的責任，沒有高度的修養，以出世的胸襟，做入世的事業，就當然會被現實所困，流於胸襟狹隘，私慾煩惱叢生的陷阱了！對不起你們，我不是負責說教，只是講到這裏，說順了嘴，順便提醒大家的注意吧了！

舉例（三）

福州長慶慧稜禪師，往來雪峯、玄沙（兩位禪宗大師）二十年間，坐破七個蒲團，不明此事，一日捲簾，忽然大悟，乃有頌曰：「也大差，也大差，捲起簾來看天下，有人問我解何宗，拈起拂子劈口打。」峯舉謂玄沙曰：「此子徹去也。」沙曰：「未可，此是意識著述，更須勘過始得。」至晚，衆僧上來問訊，峯謂師曰：「備頭陀未肯汝在，汝實有正悟，對衆舉來。」師又頌曰：「萬象之中獨露身，唯人自肯乃方親。昔時謬向途中覓，今日看來火裏冰。」峯乃顧沙曰：「不可更是意識著述？」

舉例（四）

福州靈雲志勤禪師。本州長谿人，初在潙山，因見桃華悟道，有偈曰：「三十年來尋劍客，幾回落葉又抽枝。自從一見桃華後，直至如今更不疑。」潙山覽偈，詰其所悟，與之符契。潙曰：從緣悟達，永無退失，善自護持。

由於以上第三、第四兩個舉例，可見禪宗的悟道，是注重禪定的修證工夫，與見道的見地並重的，長慶慧稜禪師在二十年間，坐破七個蒲團，還不明白此事，悟道以後，又經過雪峯、玄沙兩位大師的嚴勘，才得穩當。現在學禪的人，還沒有坐破一張草蓆，便說已悟，恐怕難有這樣便宜吧！又如靈雲禪師的見桃華而悟道，看來非常輕鬆有趣，而且是富於文學的境界，但你千萬不要忘記他的自述所說「三十年來尋劍客」的辛苦工夫啊！如果認爲古人一見桃花梅花，便輕易的悟了道，大家在生命的過程中，見過多少次的好花，又怎麼不悟呢？倘使談者，解釋爲靈雲一見到桃花，就悟到生機活潑潑的道理，這樣便算是禪，那你見到了吃飯，更有生機活潑潑的作用，應該悟道早已多時了；牛頓看見蘋果落地，發明震動世界的科學定律，試想古往今來，多少人天天吃蘋果，並無新的發現，只有變糞的成分，便可由此而知看桃花而悟道，並非諸公的境界吧！

此外經常有人提到禪宗的見山不是山，見水不是水，與見山見水的公案，不妨在此再加一番討論，這個公案，係出於宋代，吉州（江西）青山惟政禪師的上堂法語，他說：「老僧三十年前，未參禪時，見山是山，見水是水。及至後來，親見知識（佛家稱明師曰善知識），有個入處，見山不是山，見水不是水。而今得個休歇處，見山祇是山，見水祇是水。大衆！者三般見解，是同是別，有人緇素（代表黑白分明）得出，許汝親見老僧。」因爲禪宗有了這段公案的留傳，所以後世學禪與現在國內外談禪的人，便拿它做爲參禪的把柄，有人說這就代表了禪宗的三關之說；也有人說，必須做到見山不是山，見水不是水的工夫以後，再翻一個身，仍然達到見山是山，見水是水，便是大澈大悟的境界。其實，這些所說，畢竟還是影響之談，似是而非的見解，第一須要明瞭這是惟政禪師一個人用功的經驗談，至於惟政禪師本人，究竟是否已經大澈大悟，你先不能憑空架造，就代他作主觀的確定。他第一階段所說的見山是山，見水是水，當然代表了所有的人們，在未學禪道以前，都是如此，看山河大地，物理世界的種種人物環境，歷歷分明，並不須要加以解釋。第二階段所說的見山不是山，見水不是水，那倒是百分之百的的確確是眞實用過禪定工夫的境界；如果是一個眞正用過禪定工夫，而且方法與修證程序，以及身心內外的操持行履，絲毫不錯，久而久之，便會使身心氣質，大起變化；於是兩眼神光充足，神凝氣聚，目前親眼所看到山河大地等等的物質世界，自然而然的都像在開眼作白日夢一樣，猶如一片浮光掠影，覺得這個物理世界的一切，都是夢幻般存在，並不眞實，看人也好像只是一個機械的作用一樣。不管學禪或修道的人，許多人到了如此地步，便認爲是眞道，實際這種境界，與道毫不相干，這是因爲身心在靜定的工夫中久了，心力與生理的本能，消耗減少了，精力充沛了，致使頭腦神經系統起了類似充電的變化，於是看去面前的萬物景象，猶如恍恍惚惚，並無實質的感覺；例如一個大病以後虛弱的身體，或者將死之際，視力渙散的情形相似（當然囉！我舉例所說的病情與死亡前的現象，並非就是代表修習禪定的人見山見水不是山水的境界，只是相似的比方，一是因病因死而有，一是因精神與生命活力充沛而生，並非完全一樣）。但是你不要忘記，這種現象，只是生理器官的感覺不同，能够使你生起這種感覺知覺的，還是你的意識思惟的作用，如果你認為見山不是山，見水不是水，便是參禪修道的好景象，那還馬馬虎虎可以，倘使認為這個便是道，那你還不如吃一粒L・S・D・的幻想藥，或者吃不過量的安眠藥，豈不也有相同之妙嗎？你能說這便是道嗎？現在國內外許多參禪與談禪的人，每每提到這事，所以不能不加以說明，以免誤入歧途，平白地陷害了一個有用之身。至於惟政禪師第三階段見山還是山，見水還是水的一說，當然是表示他已進一步的禪境，所以他自己說得個休歇之處；倘使單憑這幾句話，就算是大澈大悟，那你不如放心去睡一大覺，起來一看，山還是山，水還是水，豈不更來得直捷了當而痛快嗎？所以讀禪宗的典籍與公案，實在不太容易，千萬不要被斷章取義朦混過去，必須要親自求證一番，方知究竟，如果我們把這一段專指用工夫的公案補充完善，那便需要引用一句唐代南泉禪師的話：「時人看目前一株花，如夢中相似」，才可以接近禪宗末後撒手的工夫，總之，這一則公案，還是只對禪宗工夫方面而言，並不完全關於悟道的見地。

（1）禪的目的與涅槃　禪宗的宗旨，正如釋迦牟尼自在靈山會上，拈花示衆所說：「我有正法眼藏，涅槃妙心，實相無相，微妙法門，不立文字，教外別傳」云云，因此而知它在中國佛教中，本來便是秉承釋迦不立文字、教外別傳的主旨所成的宗派，它與所有佛教各宗傳承佛學的作法，顯然是有不同的特點。如要研究禪宗，首先須得瞭解釋迦一生說法四十九年，他的敎法究竟是什麼？從大處而言，我們都知道他遺敎的經典，綜合起來，有三藏（經、律、論）十二部（一切經分爲十二種類之名，據智度論三十三所說：一、契經。二、重頌。三、諷誦。四、因緣。五、本事。六、本生。七、阿毘達摩，此譯未曾有，或無比法。八、譬喩。九、論議。十、自說。十一、方廣。十二、授記。此十二部中契經與重頌及諷頌三者，爲經文上之體裁。餘九部從其經文所載之別事而立名。）然而無論它是大乘或小乘的所有敎法，只在方法上和程度上，略有授受的深淺不同而已，而它所要求達到解脫與涅槃的果位和目的，並無二致，換言之：涅槃果然也有大小乘的差別，大乘的無餘依涅槃，和小乘的有餘依涅槃，在最高求證的見地上，和理論的極則上，顯然是有程度深淺的不同，然而它趣向涅槃的目的，都是一致的。涅槃，是佛學的專有名稱，它是代表宇宙萬有與衆生生命的身心總體，在它萬機未動之初，身（生理）心（心理意識狀態）一念不生的原始寂默情狀中，它是寂然不動，超越形而上的體段，所以佛學爲了形容它的絕對待、無形相、無擾動、無境界的境界，另行命名它是寂滅的情況；爲了引申涅槃寂滅的功能，並非空寂如萬物死亡的斷滅，所以又說它是圓明淸淨的大覺。它以無相狀之相，是其實相，所以它是超越思想意識，不是言語、文字、理論可以盡其極緻的微妙法門，這是佛學全部敎法中的一隻正眼，也是所有佛敎學理包藏的眞正目的。那麼，要求證得涅槃的入門方法，在人而言人，除了卽從這個現成的身心着手以外，並無其他的妙法。而以這個身心的根本功能來說，生理和心理意識所有的作用，都是涅槃妙心的功能，古今中外，所有宗敎、哲學、科學所要追求宇宙人生最後最高的目的，也就是要求證到這個。我們姑且借用哲學的名詞來說，它就是宇宙萬有和人生性命的形而上的本體，無論從那個立場，那個角度，命名他為佛、為天、為主、為上帝、為神、為道、為物、為心，以及加以種種的形容，取予種種的名稱，無非是指這個。它穿上了宗教的外衣，便變成神化；它套上哲學的形相，便變為理念；它登上科學的寶座，便成為功能；但是無論如何去說明它，解釋它，畢竟還不是這個的眞正面目，因為只要一落言語文字的作用中，它便在意識思想的範圍裡打轉，而意識思想所發生言語文字的知識作用，它的本身就是互相對待，交互變化所形成，並非絕對不變的眞實。釋迦在靈山會上，拈花示衆，所有大衆，都默然不語，不識他的宗旨所在，只有迦葉尊者，破顏微笑，釋迦便說我有這個法門，「正法眼藏，涅槃妙心，實相無相，微妙法門，不立文字，教外別傳，付與摩訶迦葉」，這就成為禪宗開始教外別傳的公案了。實際上，教是理，教外別傳是「卽此理，卽此事」，也便是「事理雙融」直捷了當的果實。花開花落，無非涅槃妙心，天機自在活潑潑的妙用，拈花者是誰？花是誰？能拈者是什麼？所拈者是花？非花？是花在微笑？是迦葉在微笑？微笑者是誰？誰在微笑？迦葉在笑花的微笑？或是笑釋迦拈花在多此一舉？或者花在微笑釋迦多此一拈？迦葉多此一笑？或為全是？或為全非？或為此中無是無非，花便是花？拈花便是拈花？微笑便是微笑？此中大有「鳶飛於天，魚躍於淵」的氣象？或為「瞻彼淇澳，綠竹猗猗」的境界？大有問題，或毫無問題，眞是一番絕妙的作略與課題，然而它是那樣的輕鬆，這樣的平實。

由釋迦的一拈花，迦葉的微笑開始，把釋迦過去所有說法傳心莊嚴肅穆的壓力，一掃而空；猶如使人行遍千山萬水，去找一個歸宿，經歷蒼茫無涯的途程，最後到了「山重水複疑無路」之處，忽然衝破一層薄如輕紗的迷霧，眼前一片平坦，草長鶯飛，鳥啼花笑，無限生機，都來心頭眼底，此時找到了身心性命的生命眞實面目，別有會心，付之嫣然一笑。正如玄奘大師所說的：「如人飲水，冷暖自知」的滋味，迥非局外人可得想像而知，這眞是涅槃妙心，教外別傳的微妙法門，決非意識思議可及。到了中國以後，從達摩的直指人心，見性成佛，只在片言指示之下，便使二祖慧可得到安心法門之後，經百餘年間，五傳而到六祖慧能，開展盛唐禪宗的規模，此後禪宗的教法，如馬祖道一禪師等人以次，大如釋迦拈花，迦葉微笑的作略；或揚眉瞬目，或一棒一喝，或豎一指，或吹布毛，或見桃花而悟道，或聞鐘聲而澈悟，大多都在平常日用之間，最平實的生活機趣裏面，而澈悟到最奇特幽玄的妙諦，所謂言下頓悟，所謂明心見性，立地成佛的法門，就如此簡便而已。

然而禪宗號稱爲佛法的中心，它教外別傳的法門，既是如此的簡便，那麼，釋迦一生的言教，以及印度與中國歷代祖師，和高僧大德們的窮研「教、理、行、果」，以求「信、解、行、證」，而達到「聞、思、修、慧」的持戒、修定、證慧等學的努力，難道都是白費？都是騙人的玩意嗎？其實不然，禪宗所謂的教外別傳，只是對全般教理求得實證的教授法而言，並非在所有的教理以外，另有一個秘密心印的傳授。無論是佛法與佛學範圍以內的教理，或爲教理以外的別傳，它的眞正目的，都在求證身心性命的根元，所謂心性本自圓成具足的涅槃之果，凡教理上說心、說性、號稱眞如、與如來藏性等等的名辭，都是指此而言而已。換言之：佛法所謂涅槃妙心的心，並非是指這個人我意識思惟分別作用的心，它所謂心，所謂性，都是指宇宙同根，萬物一體的眞如全體的妙心，古人講說佛理，與翻譯佛學的時候，因爲文字辭彙不敷應用，往往把它所指宇宙萬有人我同體的中心，便用這個通常的心字來作代表；但把意識思惟分別作用的心理的心，也用這個心字來作代表，所以便使後世研究佛學的人，認爲這個思惟意識的心，便是佛說的涅槃妙心的內涵，那就大有出入了。可是這個思惟意識的心，當然也不外是宇宙萬有，心物一如的眞如妙心的一種機用，那是不可否認的，因此禪宗流傳到晚唐、五代、宋元之間，法久弊生，漸漸紊亂，便有許多人把它和意識思惟的作用，混淆不清，視爲卽此心理意識的心，就是禪宗所指的心地法門了，其中最大的變化，約有兩路發展：(1)形成宋、元以後參禪的禪宗風氣：使原始直指人心，見性成佛的法門，重新與小乘禪觀，以及採取禪那思惟修爲主的禪定合一，認爲求證到心境專一，一心不亂的止靜寂定的境界，便是禪宗的入手工夫，由此而產生禪宗的教法，以禪定靜坐爲主的「參話頭」、「作工夫」，或以默照（沉默）澄心等，便是禪的道理。(2)演變成儒學佛化宋代的理學：由心性本自具足圓成的理念，瞭解離塵出世遊於方之外者，與入世利生，實行大乘菩薩濟世之道，而此心性本然，都自不增不減、不垢不淨的。於是儒、佛學理輾轉交融，偏向入世，形成宋儒理學的門庭，現在我們就此禪宗在宋、元以後兩路發展的大勢，稍作說明：

（2）宋元以後注重參禪的禪風　參話頭方法的興起及其功用：中國的禪宗，從直指人心，見性成佛的原始方法，經盛唐到五代之間，五宗宗派興盛以來，再變爲應機施教，在目前平實的一機一境上，指物傳心的教授法以後，到了宋末元初之間，流弊所及，大多數便執著身心現前的境界，當作禪機，落於窠臼，不知如夾山禪師所說：「目前無法，意在目前，不是目前法，非耳目之所到」的警語。因此，明眼宗師，如：大慧宗杲、高峯原妙、中峯明本禪師等人，一再轉變方法，便以提倡「參話頭」的法門，作爲禪宗的教授方法。從此經元、明、清以來，一提到禪宗的修法，因襲相沿，成爲習慣，大多都以「參話頭」、「起疑情」、「透三關」之說，爲禪宗的不二法門，遂使禪宗在修爲的流弊上，走向默照（沉思靜默）、止靜的境界，成爲唯一的方法。古人所謂：「試扣禪關，遍參叢席，誤了幾多年少！」「積雪爲糧，磨磚做鏡，多少到頭空老！」「誰識得絕想崖前，無陰樹下，杜宇一聲春曉？」便是這個流弊所生的結果，現在就「參話頭」等方法上，作概略的介紹與簡論，以便大家明白後世禪宗演變成今天末落局面的原因：

①參話頭與止觀、禪那的關係：「話頭」，用現代語的名辭來說，等於是「問題」、或「疑問」等綜合觀念的涵意。但它和「問題」或「疑問」一辭，又有不同的性質，因爲我們內心發生某一個問題時，就會運用腦神經的功能，可以漫無限止的去思惟、觀察、審辨、聯想、推測、分析，一直到直認爲已得答案，自認爲得到滿足；或者根本無法解決，保留它，或轉入另一思想範圍，變成另一情緒——喜、怒、哀、樂的情況。「話頭」，不是這樣的，話頭是一問題，但在話頭上加一參字，叫做「參話頭」，那便和普通有懷疑的問題，有不同的作用了。「話頭」，當然是一個問題，古人叫它作話頭，因爲古人把意識思想的思維作用，與言語的關係，不分內外，都做爲是一句話來看；例如現代江南一帶流行的言語，如上海土話，要問人「你有什麼問題？」或「你有什麼事？」便說「有啥話頭？」所以當任何一個

思惟意識起了作用的時候，便是一句話的開始。但是任何一句話，一個思惟初動之時的動機，它從那裏來？過後又到那裡去？這種動念思惟，和有問題本身的來源和去處，便是一個大問題。要找這個動念思惟有問題本身的開端，便是「話頭」，它是一句話，一個問題的開端，「參話頭」，也就是參究這句話的來源和根源的方法。所謂參，包括有研究、揣摩、體會、觀察、觀照、靜慮等等的綜合作用。中國古人首先提出這個「參」字的用功方法的，是東漢的魏伯陽，他在修道與明白覺悟道的原理上，便提出「參」的一字方法。唐、宋以後的禪宗，是否是借用它的，或是偶合，因為資料的不足，不敢武斷而定。禪宗既有參究一法的形成，到了明、清以後的禪宗，變本加厲，往往把「參話頭」，叫做「看話頭」，偏向於觀照、靜觀的方法，變為觀心與看顧念頭的作用了。

②看念頭：如果研究禪宗修持實證的方法，也就是普通所謂禪宗的作工夫，以及研究佛教各宗的實際修持方法，如天台宗的止觀、淨土宗的念佛、密宗的觀想等等。那麼，對於「念頭」和「看念頭」這個名辭，與念頭的涵義與作用，應該有所瞭解。「念頭」，便是指心理思惟意識的活動，以及情緒與生理習慣感覺的作用，總而言之，統而言之，一概都叫它為「念頭」。例如清末流行吸食鴉片烟的壞風氣，在浙東一帶，對有吸食鴉片烟有「癮」的人，在它「癮」發的時候，便說他是「念頭」來了。人生的念頭，仔細分類起來，太多了，在情緒上的喜、怒、哀、樂，以及佛學所說心理上基本的三種劣根；貪、嗔、癡，（殺、盜、婬）乃至如小乘「俱舍論」宗所分析的八十八個結使，與大乘「唯識」宗所說的五十三個心所，和八個識所包括的範圍等等，一言以蔽之，統名之為「念頭」。明、清以後禪宗的「看顧念頭」，

或簡稱爲「看念頭」的方法，便是觀心的作用，我們在前面已經大略講過，把觀心起伏作用的方法，分爲過去、現在、未來三段公式的說明，所以不必重複討論。此外，用「參話頭」、「照顧話頭」、「看話頭」的方法等來參禪，那便是修習止觀法門一樣，先以調身（調整生理）、調息（調整呼吸）等有爲的修法做前趨，然後達到澄心靜慮，初步使心志專一不亂的境界，屬於止觀的觀行以前的止念範圍，依此次第，循序上進，便是禪定所屬四禪八定的歷程，也在前面已經講過，不必再說。由於制心一處，求得靜止專一的境界，再起觀照，審察心念的往來跡象，或者探究「話頭」的答案，這便屬於觀行的範圍，同於三止三觀的修法，大體相同，稍有目的的差異而已。至於密宗的觀想，與中國固有漢、魏以前道家煉神的修法，所謂「精義入神」、與「精思入神」的功用與方法，除了目的上的差異，與方式上的不同以外，大致並無兩樣，所以後來道家與道教的符咒，有許多便和密咒相同。

③參話頭：明、清以來禪宗的「參禪」與「參話頭」，儘管它如何標榜「直指人心，見性成佛」的招牌，但是它與唐、宋之間的禪宗，在教授法與形式上，顯然大有不同，截然兩樣。它已經回復走入印度原始小乘佛法的禪觀、禪那（禪定、思惟修）止觀、觀想，以及中國正統道家上品丹法「精思」的綜合範圍，所以大多數眞正學禪、參禪的人，與其說是禪宗，毋寧說在學道，反爲恰當。然而「參話頭」與「精思入神」，眞的完全一樣嗎？不然！不然！「參話頭」的不同，就是它在禪定寂靜的境界中，含有一個古今中外，人人要求解決而結果不能切實解答的問題存在。如果在參禪的進修過程中，得到四禪八定的必然境界與程序，這就叫做禪的工夫，而在這個禪定工夫的境界中，慧智豁朗。明悟證得這個大

問題的根本，這就叫做豁然開悟的見地。總之：沒有工夫的見地，便是狂慧妄想，沒有見地的工夫，便是心外求法的外道禪與凡夫禪。那麼，它在禪定的工夫境界中，參的什麼「話頭」呢？簡單的介紹，話頭可分爲有義理的，與無義理的兩種：

有義理的，如：「生從何處來？死向何處去？」「念佛是誰？」「念是何人？心是何物？」等等。以及南宋時代大慧宗杲禪師，最喜歡用的，佛說一切衆生，皆有佛性，爲什麼「僧問趙州和尚，狗子有佛性也無？」趙州答：「無。」這是什麼道理？甚之：他教人只要參一個「無」字就可以了，這又是什麼道理？

無義理的，如：「如何是佛，庭前柏樹子？」「麻三斤？」「乾矢橛？」等等。

介於有義理與無義理之間的，便如一般所謂的「參公案」，那是把古人悟道的史跡，參學悟道經過的故事，與他師弟之間問答的「話頭」，做爲借鏡，拿它的中心，用來參究自己的疑問，便叫做「參公案」。

元、明以後禪宗的「參話頭」，它既包涵這些作用，所以它和專門做禪定的工夫，以及止觀、觀想，與道家「精思入神」的修持作用，便大有不同了。

（3）元明以後禪宗的三關界說與參禪的境界　禪宗在宋、元以後，由於「參話頭」方法的流行，以及集體同修叢林制度的普及，天下各大禪林或禪院中的禪堂建設，到處都有相當的風規，於是出家衲子，行脚參學諸方，以天下爲家，四海爲室，隨時隨地，都可以在禪院叢林中，掛搭安居，只要抱住一個「話頭」，專心用工參究，討搭長住禪堂，一年半載，或三五年，甚之，十年、二十年，以至於一生參禪到底，不管已悟未悟，話頭永遠是個話頭，打坐參禪，永遠也還在打坐參禪，如此等人，數不可計。所以在叢林制度的禪堂規模興盛以後，原始禪宗的眞正慧命，漸漸就此斷送，也正因爲「參話頭」與長住「禪堂」的風氣，普遍流行，使向來以般若慧學爲主的佛法心宗的禪，變爲以打坐參禪的禪定爲主的禪風。於是執著境界，擴充宋代禪師們對機設教的教授法的三關之說，便大爲盛行，因此而有指「破參」爲明心的初關，見性爲「重關」，最後的證悟，爲破末後「牢關」的傳說。到了淸初，雍正爲了三關之說，還特別提出唯識宗法相學來作註解，認爲「破初關」，是了意識的事；「破重關」，是了第七末那識的工夫；破末後「牢關」，才是了第八阿賴耶識的事。其實，這都是後世參學禪宗的人，脫離不了禪定境界的窠臼，以做工夫的禪定境界，做爲晝分層次的界說，縱使與虛空合一，森羅萬象，都在一片心中，仍然還在心意識的範圍中打轉，還是離不開身心互相關聯的變化，如果要詳細加以分析，一爲時間不許可；二爲對於禪宗心地法門，眞實下過工夫，有經驗的不多，姑且略而不談。

(六)禪宗與理學的關係

其次，一般講到禪宗，以及研究禪宗的資料，都在宗師們的語錄，以及語錄的彙書，如「景德傳燈錄」、「五燈會元」、「指月錄」等著作裏，尋找或欣賞禪師們悟道機緣的公案，與機鋒、轉語的妙趣，認爲便是禪機，便是禪宗的心要。殊不知禪宗既然號稱是佛法心宗的中心，關於佛法所有的修持行爲，如戒、定、慧等細行，豈有完全略而不談之理，所以只認機鋒妙語做禪宗的，便入於元、明以後狂禪的流弊，甚之，使明儒王陽明之學，也連帶受此寃誣；同時，因爲陽明之學的流弊，更使禪宗連帶受謗。事實上，如果用心研究歷代悟道者前後的言行，只要仔細留心歷代高僧禪德們的傳記，以及專記宋代以後禪師們言行錄的「禪林寶訓」一書，便可瞭解眞正禪宗宗師們關於修行的品德，是如何的有肅然可敬的風範，並非徒事空言，專談機鋒便以爲禪；亦非專以默照（沉默）靜坐，便是禪的究竟法門。而且由此可知唐、宋以來禪師們影響中國知識分子教育思想的精神，它是如何的配合中國文化思想的發展，何以會形成宋代儒家理學的原因所以了。

現在爲了簡便，暫且舉出禪宗的佛學思想，與北宋開創理學幾位大儒的理論，作一比較，大家便可知道他們受到佛學思想薰陶淵源的所自了，但是我說的影響與比較，並非就是照鈔或翻版，只是限於影響，而且更沒有批判他們優劣的意思，這點我須有愼重而保留態度的聲明。不過，宋代理學的大儒們，在他們畢生治學的歷史記載上，都有過「出入佛老」若干年的紀錄，然後又有好像憬悟知非的警覺，認爲入禪爲逃禪，入道爲遁世，便又翻身入世，歸於儒家思想，以修身、齊家、治國、平天下爲己任的態度，不管他們後來是如何的推排佛、老，但在他們治學的過程中，有互相吸收融會的地方，那是無可否認的事實。

例如：周濂溪的學說，如他的名著「通書」，及「太極圖說」等，驟然讀之，完全在闡揚「周易」繫傳、與「中庸」的內義。實際則爲融會佛、道兩家學術思想，尤其偏向於原始儒、道不分家的道家，與老子的思想。

程明道（顥）的名著「定性書」，如：「所謂定者，動亦定，靜亦定，無將迎（出莊子語意），無內外，苟以外物爲外，牽己而從之，是以己性爲有內外也。且以己性爲隨物於外，則當其在外時，何者爲在內？是有意於絕外誘，而不知其性之無內外也。既以內外爲二本，則又烏可遽語定哉……今以惡外物之心，而求昭無物之地，是反鑑而索照也」等語，大都揉合莊子齊物論的內義，融會禪宗三祖僧璨大師信心銘的道理。

信心銘：「至道無難，惟嫌揀擇。但莫憎愛，洞然明白。毫釐有差，天地懸隔。欲得現前，莫存順逆。違順相爭，是爲心病。不識玄旨，徒勞念靜。圓同太虛，無欠無餘。良由取舍，所以不如。莫逐有緣，勿住空忍。一種平懷，泯然自盡。止動歸止，止更彌動。惟滯兩邊，寧知一種。一種不通，兩處失功。遣有沒有，從空背空。多言多慮，轉不相應。絕言絕慮，無處不通。歸根得旨，隨照失宗。須臾返照，勝却前空。前空轉變，皆由妄見。不用求眞，惟須息見。二見不住，愼莫追尋。纔有是非，紛然失心。二由一有，一亦莫守。一心不生，萬法無咎。無咎無法，不生不心。能由境滅，境逐能沉。境由能境，能由境能。欲知兩段，原是一空。一空同兩，齊含萬象。不見精麤，寧有偏黨。大道體寬，無易無難。小見狐疑，轉急轉遲。執之失度，必入邪路。放之自然，體無去住。任性合道，逍遙絕惱。繫念乖眞，昏沉不好。不好勞神，何用疎親。欲取一乘，勿惡六塵。六塵不惡，還同正覺。智者無爲，愚人自縛。法無異法，妄自愛著。將心用心，豈非大錯。迷生寂亂，悟無好惡。一切二邊，良由斟酌。夢幻空花，何勞把捉。得失是非，一時放却。眼若不寐，諸夢自除。心若不異，萬法一如。一如體玄，兀爾忘緣。萬法齊觀，歸復自然。泯其所以，不可方比。止動無動，動止無止。兩既不成，一何有爾。究竟窮極，不存軌則。契心平等，所作俱息。狐疑盡淨，正信調直。一切不留，無可記憶。虛明自照，不勞心力。非思量處，識情難測。眞如法界，無他無自。要急相應，惟言不二。不二皆同，無不包容。十方智者，皆入此宗。宗非延促，一念萬年。無在不在。十方目前。極小同大，忘絕境界。極大同小，不見邊表。有卽是無，無卽是有。若不如是，必不須守。一卽一切，一切卽一。但能如是，何慮不畢。信心不二，不二信心。言語道斷，非去來今。」

程伊川（頤）的名著「四箴」，除了發揮孔子的仁學以外，所有內外功用的內義，大如套用誌公禪師等的偈頌相似，恕文繁不錄，容待以後有機會，另作專題的研究。

至於張橫渠（載）的名言，如「爲天地立心，爲生民立命，爲往聖繼絕學，爲萬世開太平。」這與禪宗六祖慧能禪師的：「衆生無邊誓願度，煩惱無盡誓願斷，法門無量誓願學，佛道無上誓願成。」又是轍跡相同，車輪各異而已。此外，張橫渠的名著「東銘」與「西銘」，與明教契嵩禪師法語的精神與宗旨，可以互相發明：

明教嵩和尙曰：尊莫尊乎道，美莫美乎德，道德之所存，雖匹夫非窮也。道德之所不存，雖王天下非通也。伯夷叔齊，昔之餓夫也，今以其人而比之，而人皆喜。桀紂幽厲，昔之人主也，今以其人而比之，而人皆怒。是故學者患道德之不充乎身，不患勢位之不在乎己。

明教曰：聖賢之學，固非一日之具。日不足，繼之以夜，積之歲月，自然可成。故曰：學以聚之，問以辯之，斯言學非辯問，無以發明。今學者所至，罕有發一言問辯於人者，不知將何以裨助性地，成日新之益乎。

明教曰：太史公讀孟子，至梁惠王問，何以利吾國，不覺置卷長歎！嗟乎！利，誠亂之始也。故夫子罕言利，常防其原也。原者，始也。尊崇貧賤，好利之弊，何以別焉。夫在公者，取利不公則法亂。在私者，以欺取利則事亂。事亂則人爭不平，法亂則民怨不服，其悖戾鬪諍，不顧死亡者，自此發矣。是不亦利誠亂之始也。且聖賢深戒去利，尊先仁義。而後世尚有恃利相欺，傷風敗教者何限。況復公然張其征利之道而行之，欲天下風俗正，而不澆不薄，其可得乎！

明教曰：凡人所爲之惡，有有形者，有無形者。無形之惡，害人者也。有形之惡，殺人者也。殺人之惡小，害人之惡大。所以游晏中有鴆毒，談笑中有戈矛，堂奥中有虎豹，鄰巷中有戎狄。自非聖賢，絕之於未萌，防之以禮法，則其爲害也。不亦甚乎！

邵康節（雍）的名著「皇極經世」，它的內篇舉出元，會、運，世的規律，做爲推測數往知來，關於歷史與人事演變的數理，與象數的公式，與他的「觀物外篇」等篇的理論，實際，都是融會道，佛兩家學術思想的結晶，滙通於易學理、象、數的範圍。元、會、運、世所用的三元甲子，循環往復，演變成爲觀察歷史人事的中心，便是佛學成、住、壞、空四大刼原則的發揮，用以說明人類衆生世界分段災刼的道理。不過，他以中國歷史做中心，推算大刼中的小刼過程而已。

（1）禪宗宗師的言行與理學　以上所舉有關禪宗影響宋代儒家理學的思想，現在揀要選錄禪師們的幾則言行，提供研究參學禪宗與宋、明理學同學們的注意，切勿徒以口頭禪語，或以機鋒妙趣，認爲便是禪的極則。

①大覺璉和尚，初遊廬山，圓通訥禪師一見，直以大品期之。或問：何自而知之？訥曰：斯人中正不倚，動靜尊嚴，加以道學行誼，言簡盡理，凡人資稟如此，鮮有不成器者。

仁祖皇祐初，遣銀璫小使，持絲綈尺一書，召圓通訥住孝慈大伽藍。訥稱疾不起，表疏大覺應詔。或曰：聖天子旌崇道德，恩被泉石，師何固辭？訥曰：予濫厠僧倫，視聽不聰，幸安林下，飯蔬飲水，雖佛祖有所不爲，况其他耶！先哲有言：大名之下，難以久居，何日而足。故東坡嘗曰：知安則榮，知足則當，避名全節，善始善終，在圓通得之矣。

②大覺曰：舜老夫賦性簡直，不識權衡貨殖等事。日有定課，曾不少易。雖炙燈掃地，皆躬爲之。嘗曰：古人有一日不作，一日不食之戒。予人也！雖垂老其志益堅。或曰：何不使左右人？老夫曰：經涉寒暑，起坐不常，不欲勞之。

舜老夫曰：傳持此道，所貴一切眞實，別邪正，去妄情，乃治心之實。識因果，明罪福，乃操履之實。宏道德，接方來，乃住持之實。量才能，請執事，乃用人之實。察言行，定可否，乃求賢之實。不存其實，徒衒虛名，無益於理。是故人之操履，惟要誠實，苟執之不渝，雖夷險可以一致。

③浮山遠和尚曰：古人親師擇友，曉夕不敢自怠。至於執爨負舂，陸沈賤役，未嘗憚勞。予在葉縣

，備嘗試之。然一有顧利害，較得失之心，則依違姑息，靡所不至。且身既不正，又安能學道乎。

④五祖演和尙曰：今時叢林學道之士，聲名不揚，匪爲人之所信者，蓋爲梵行不淸白，爲人不諦當。輙或苟求名聞利養，乃廣衒其華飾，遂被識者所譏。故蔽其要妙，雖有道德如佛祖，聞見疑而不信矣。爾輩他日若有把茅蓋頭，當以此而自勉。

演祖曰：師翁初住楊岐，老屋敗椽，僅蔽風雨。適臨冬暮，雪霰滿牀，居不遑處。衲子投誠，願充修造。師翁却之曰：我佛有言：時當減劫，高岸深谷，遷變不常，安得圓滿如意，自求稱足。汝等出家學道，做手脚未穩，已是四五十歲，詎有閑工夫，事豐屋耶？竟不從。

⑤演祖曰：古人樂聞己過，喜於爲善，長於包荒，厚於隱惡，謙以交友，勤以濟衆，不以得喪二其心，所以光明碩大，照映今昔矣。

⑥白雲謂演祖曰：禪者智能，多見於已然，不能見於未然。止觀定慧，防於未然之前。作止任滅，覺於已然之後。故作止任滅所用易見，止觀定慧所爲難知。惟古人志在於道，絕念於未萌，雖有止觀定慧，作止任滅，皆爲本末之論也。所以云：若有毫端許，言於本末者，皆爲自欺。此古人見徹處，而不自欺也。

⑦晦堂一日見黃龍有不豫之色，因逆問之。黃龍曰：監收未得人。晦堂遂薦感副寺，黃龍曰：感尙暴，恐爲小人所謀。晦堂曰：化侍者稍廉謹。黃龍謂化雖廉謹，不若秀莊主，有量而忠。靈源嘗問晦堂，黃龍用一監收，何過慮如此？晦堂曰：有國有家者，未嘗不本此；豈特黃龍爲然，先聖亦嘗戒之。

晦堂謂朱給事世英曰：予初入道，自恃甚易。逮見黃龍先師後，退思日用，與理矛盾者極多，遂力行之三年，雖祁寒溽暑，確志不移，然後方得事事如理。而今咳唾掉臂，也是祖師西來意。

⑧朱世英問晦堂曰：君子不幸，小有過差，而見聞指目之不暇。小人終日造惡，而不以爲然。其故何哉？晦堂曰：君子之德，比美玉焉，有瑕生內，必見於外，故見者稱異，不得不指目也。若夫小人者，日用所作，無非過惡，又安用言之！

晦堂曰：聖人之道，如天地育萬物，無有不備於道者。衆人之道，如江河淮濟，山川陵谷，草木昆蟲，各盡其量而已。不知其外，無有不備者。夫道豈二耶！由得之深淺，成有大小耳！

晦堂曰：久廢不可速成，積弊不可頓除，優游不可久戀，人情不能恰好，禍患不可苟免。夫爲善知識，達此五事，涉世可無悶矣。

⑨黃龍曰：住持要在得衆，得衆要在見情，先佛有言：人情者，爲世之福田，蓋理道所由生也。故時之否泰，事之損益，必因人情。情有通塞，則否泰生。事有厚薄，則損益至，惟聖人能通天下之情。故易之別卦，乾下坤上則曰泰。乾上坤下則曰否。其取象損上益下則曰益。損下益上則曰損。夫乾爲天，坤爲地，天在下而地在上，位固乖矣，而返謂之泰者，上下交故也。主在上而賓處下，義固順矣，而返謂之否者，上下不交故也。是以天地不交，庶物不育。人情不交，萬事不和。損益之義，亦由是矣。夫在人上者，能約己以裕下，下必悅而奉上矣，豈不謂之益乎。在上者蔑下而肆諸己，下必怨而叛上矣，豈不謂之損乎。故上下交則泰。不交則否。自損者人益。自益者人損。情之得失，豈容易乎！先聖嘗

喻人爲舟。情爲水，水能載舟，亦能覆舟，水順舟浮，違則沒矣。故住持得人情則興，失人情則廢。全得則全興，全失則全廢。故同善則福多，同惡則禍甚。善惡同類，端如貫球。興廢象行，明若觀日。斯歷代之元龜也。

⑩黃龍謂王荆公曰：凡操心所爲之事，常要面前路徑開濶，使一切人行得，始是大人用心。若也險隘不通，不獨使他人不能行，兼自家亦無措足之地矣。

黃龍曰：夫人語默舉措，自謂上不欺天，外不欺人，內不欺心，誠可謂之得矣。然猶戒謹乎獨居隱微之間，果無纖毫所欺，斯可謂之得矣。

⑪黃龍謂隱士潘延之曰：聖賢之學，非造次可成，須在積累之要，惟專與勤，屏絕嗜好，行之勿倦，然後擴而充之，可盡天下之妙。

潘延之聞黃龍法道嚴密，因問其要。黃龍曰：父嚴則子敬，今日之規訓，後日之模範也。譬治諸地，隆者下之，窪者平之，彼將登於千仞之山，吾亦與之俱。困而極於九淵之下，吾亦與之俱。伎之窮，妄之盡，彼則自休也。又曰：姁之嫗之，春夏所以生育也。霜之雪之，秋多所以成熟也。吾欲無言可乎！

⑫水菴一和尙曰：易言：君子思患而預防之。是故古之人，思生死大患，防之以道，遂能經大傳遠。今之人謂求道迂闊，不若求利之切當。由是競習浮華，計較毫末，希目前之事，懷苟且之計，所以莫肯爲周歲之規者，況生死之慮乎！所以學者日鄙，叢林日廢，紀綱日墜，以至陵夷顚沛，殆不可救。嗟

乎！可不鑑哉！

（七）禪宗與中國文學

中國文化，從魏、晉以後，隨着時代的衰亂而漸至頽唐之際，却在此時，從西域源源傳入佛教文化，乃使中國的學術思想，突然加入新的血輪，因此而開展南北朝到隋、唐以後，佛學的勃然興起，而形成儒、釋、道三家為主流的中國文運。尤其在中國生根興盛的禪宗，自初唐開始，猶如黃河之水天上來的洪流，奔騰澎湃，普遍深入中國文化的每一部分，在有形無形之間，或正或反，隨時隨處，都曾受到它的滋潤灌漑，確有「到江送客棹，出嶽潤民田」的功用，我們就其顯而易見，舉出簡單概略的實例，試加說明，供給研究禪宗與中國文化演變關係的參考：

（1）隋唐以後文學意境的轉變與禪宗　從文學的立場而言中國文學，以時代做背景，以特殊成就的作品為代表，簡單扼要而歸納它的類別，便有漢文、唐詩、宋詞、元曲、明小說、清代的韻聯與戲劇等演變程序。中國的文學，自漢末、魏、晉、南北朝到隋、唐之間，所有文章、辭、賦、詩、歌的傳統內容與意境，大抵不外淵源於五經，出入孔、孟的義理，涵泳諸子的芬華，形成辭章的中心意境，間有飄逸出羣的作品，都是秉取老、莊及道家神仙閒適的意境，做為辭章的境界，如求簡而易見的，只須試讀「昭明文選」所收集的文章辭賦，便可窺見當時的風尚。在南北朝到隋、唐之間，唯一的特點，也就是歷來講中國文學史者所忽略的；便是佛教學術思想的輸入，引起翻譯經典事業的盛行，由名僧慧遠、道安、鳩摩羅什、僧肇等人的創作，構成別成一格的中國佛敎文學，後來的影響，歷經千餘年而不變，誠爲難得希有之事，只因後世一般普通文人，不熟悉佛學的義理與典故，遂强不知以爲知，就其所不知的爲不合格，諸般挑剔，列之於文學的門墻以外，遂使中國文學的這一朶巨葩，又被淹埋於落落無聞之鄉，正如禪師們所說：「我眼本明，因師故瞎」，甚爲可惜。

①詩：現在只就唐代代表性的作品，如唐詩風格的轉變來說：由初唐開始，從上官體（上官儀）到王（勃）楊（炯）盧（照鄰）駱（賓王）四傑，經武后時代的沈佺期、杜審言、宋之問等，所謂景龍文學，還有隋文學的餘波盪漾，與初唐新開的質樸風氣。後來一變爲開元、天寶的文學，如李（白）、杜（甫）、王（維）、孟（浩然）、高（適）、岑（參），到韋應物、劉長卿，與大歷十才子等人，便很明顯的加入佛與禪道的成分。再變爲元和、長慶間的詩體，足爲代表一代風格，領導風尙的，如淺近的白居易、風流靡艷的元稹，以及孟郊、賈島、張籍、姚合。乃至晚唐文學如杜牧、溫庭筠、李商隱等等，無一不出入於佛、道之間，而且都沾上禪味，才能開創出唐詩文學特有芬芳的氣息，與雋永無窮的韻味。至於方外高僧的作品，在唐詩的文學傳統中，雖然算是例外，大體不被正統詩家所追認，但的確自有它獨立價値的存在。現在略擧少數偏於禪宗性質的詩律，做爲說明唐代文學與禪學思想影響的體例，詩人如王維（摩詰）的作品，有通篇禪語，如：

「梵體詩」：一與微塵念，橫有朝露身，如是覩陰界，何方置我人，礙有固爲主，趣空寧捨賓，洗心詎懸解，悟道正迷津，因愛果生病，從貪始覺貧，色聲非彼妄，浮幻卽吾眞，四達竟何遣，方殊安可塵，胡生但高枕，寂寞誰與憐，戰勝不謀食，理齊甘負薪，子若未始異，詎論疏與親，浮空徒漫漫，汎有定悠悠，無乘及乘者，所謂智人舟，詎捨貧病域，不疲生死流，無煩君喻馬，任以我爲牛，植福祠迦葉，求仁笑孔丘，何津不鼓棹，何路不摧輈，念此聞思者，胡爲多阻脩，空虛花聚散，煩惱樹稀稠，滅想成無記，生心坐有求，降吳復歸蜀，不到莫相尤。

又如白居易：

「自解」：房傳往世爲禪客（世傳房太尉前生爲禪僧，與婁師德友善，慕其爲人，故今生有婁之遺風云），王道前生應畫師（王右丞詩：宿世是詞客，前身應畫師），我亦定中觀宿命，多生債負是歌詩，不然何故狂吟詠，病後多於未病時。

「讀禪經」：須知諸相皆非相，若住無餘卻有餘，言下忘言一時了，夢中說夢兩重虛，空花豈得兼求果，陽燄如何更覓魚，攝動是禪禪是動，不禪不動卽如如。

「感興二首」：吉凶禍福有來由，但要深知不要憂，只見火光燒潤屋，不聞風浪覆虛舟，名爲公器無多取，利是身災合少求，雖異匏瓜難不食，大都食足早宜休。

魚能深入寧憂釣，鳥解高飛空觸羅，熱處先爭炙手去，悔時其奈噬臍何，尊前誘得猩猩血，幕上偸安燕燕窠，我有一言君記取，世間自取苦人多。

唐代方外高僧如塞山子的詩，他的意境的高處，進入不可思議的禪境，但平易近人的優點，比之香山居士白居易，更有甚者，他完全含有於平民化的趣味。對於寒山子的詩，大概大家都耳熟能詳，所以想在下面少提一首，其他如唐代詩僧們的詩，確有許多很好的作品，如詩僧靈一：

「雨後欲尋天目山，問元駱二公溪路」：昨夜雲生天井東，春山一雨一回風，林花解逐溪流下，欲上龍池通不通。

「題僧院」：虎溪閑月引相過，帶雪松枝掛薜蘿，無限青山行欲盡，白雲深處老僧多。

「歸岑山過惟審上人別業」：禪客無心憶薜蘿，自然行徑向山多，知君欲問人間事，始與浮雲共一過。

又：詩僧靈澈：

「東林寺酬韋丹刺史」：年老心閑無外事，麻衣草履亦容身，相逢盡道休官好，林下何曾見一人。

「聞李處士亡」：時時聞說故人死，日日自悲隨老身，白髮不生應不得，青山長在屬何人。

此外如唐代的詩僧貫休、皎然等人的作品，都有很多不朽的名作，恕繁不舉。

受禪宗意境影響的詩文學，到了宋代，更爲明顯，宋初著名的詩僧九人，世稱九僧的風格（如劍南希晝、金華保暹、南越文兆、天台行肇、汝州簡長、青城惟鳳、江東宇昭、峨嵋懷古、淮南惠崇。）影響所及，便使醉心禪學的詩人，如楊大年（億）等人，形成有名的西崑體。名士如蘇東坡、王荆公、黃山谷等人，無一不受禪宗思想的薰陶，乃有清華絕俗的作品。南渡以後，陸（放翁）范（成大）楊（萬里）尤（袤）四大家，都與佛禪思想結有不解之緣，可是這都偏於文學方面的性質較多，不能太過超出本題來特別討論它，所以暫不多講，現在只擇其在宋、明之間，禪宗高僧的詩，比較爲通俗所接觸到的，略作介紹，如道濟（俗稱濟顛和尚）的詩：

幾度西湖獨上船，篙師識我不論錢，一聲啼鳥破幽寂，正是山橫落照邊。

湖上春光已破慳，湖邊楊柳拂雕欄，算來不用一文買，輸與山僧閒往還。

出岸桃花紅錦英，夾堤楊柳綠絲輕，遙看白鷺窺魚處，衝破平湖一點青。

五月西湖涼似秋，新荷吐蕊暗香浮，明年花落人何在，把酒問花花點頭。

以及他的絕筆之作，如：「六十年來狼藉，東壁打倒西壁，如今收拾歸來，依舊水連天碧。」若以詩境而論詩格，他與宋代四大家的范成大、陸放翁相較，並無遜色。如以禪學的境界論詩，幾乎無一句、無一字而非禪境，假使對於禪宗的見地與工夫，沒有幾十年的深刻造詣，實在不容易分別出它的所指。

如王安石的詩：

「無動」：無動行善行，無明流有流，種種生住滅，念念聞思修，終不與法縛，亦不著僧裘。

「夢」：知世如夢無所求，無所求心普空寂，還似夢中隨夢境，成就河沙夢功德。

「贈長寧僧首」：秀骨龐眉倦往還，自然清譽落人間，閑中用意歸詩筆，靜外安身比大山，欲倩野雲朝送客，更邀江月夜臨關，嗟予蹤跡飄塵土，一對孤峯幾厚顏。

「次韻舍弟賞心亭即事」：霸氣消磨不復存，舊朝臺殿祇空村，孤城倚薄青天近，細雨侵凌白日昏，稍覺野雲乘晚霽，却疑山月是朝暾，此時江海無窮興，醒客忘言醉客喧。

「懷鍾山」：投老歸來供奉班，塵埃無復見鍾山，何須更待黃粱熟，始覺人間是夢間。

「江寧夾口」：月墮浮雲水捲空，滄洲夜泝五更風，北山草木何由見，夢盡青燈展轉中。

又：落帆江口月黃昏，小店無燈欲閉門，半出岸沙楓欲死，繫船猶有去年痕。

「寄碧巖道光法師」：萬事悠悠心自知，强顏於世轉參差，移牀獨向秋風裡，臥看蜘蛛結網絲。

又：大梁春雪滿城泥，一馬常瞻落日歸，身世自知還自笑，悠悠三十九年非。

如范成大的詩：

「請息齋書事」：覆雨翻雲轉手成，紛紛輕薄可憐生！天無寒暑無時令，人不炎涼不世情，栩栩算來俱蝶夢，喈喈能有幾鷄鳴？冰山側畔紅塵漲，不隔瑤台月露清。

「贈壽老」：農圃規模昔共論，雲奎卜築又逢君。眉菴壽老長隨喜，好箇抛梁祈願文。

「偶箴」：情知萬法本來空，猶復將心奉八風。逆順境來欣戚變，咄哉誰是主人翁。

「徑山傾蓋亭」：萬杉離立翠雲幢，嫋嫋移聞晚吹香，山下行人塵撲面，誰知世界有清涼。

餘且再舉幾首唐、宋之間禪師們的佳作，藉此以見唐、宋詩詞文學風格轉變的關鍵。

唐代禪師：

「寒山大士」吾心似秋月，碧潭清皎潔，無物堪比倫，教我如何說。

「慧文禪師」五十五年夢幻身，東西南北孰爲親，白雲散盡千山外，萬里秋空片月新。

「慧忠禪師」多年塵土自騰騰，雖著伽黎未是僧，今日歸來酬本志，不妨留髮俟然燈。

「雪竇重顯禪師」（與時寡合）：居士門高謁未期，且限巖石最相宜，太湖三萬六千頃，月在波心說向誰。

又（五老師子）踞地盤空勢未休，爪牙何必競時流，天教生在千峯上，不得雲擎也出頭。

又（透法身句）一葉飄空便見秋，法身須透鬧啾啾，明年更有新條在，煩惱春風卒未休。

又（大功不宰）牛頭峯頂鎖重雲，獨坐寥寥寄此身，百鳥不來春又過，不知誰是到庵人。

又（晦跡自怡）圖畫當年愛湖庭，波心七十二峯青，如今高臥思前事，添得盧公倚石屛。

又（送寶用禪者之天台）春風吹斷海山雲，徹夜寥寥絕四鄰，月在石橋更無月，不知誰是月邊人。

又（寄陳悅秀才）水中得火旨何深，握草由來不是金，莫道莊生解齊物，幾人窮極到無心。

又（漁父）春光冉冉岸烟輕，水面無風釣艇橫，千尺絲輪在方寸，不知何處得鯤鯨。

此外，明代禪宗詩僧的作品，詩律最精，而禪境與詩境最佳的，無如郁堂禪師的山居詩，如：

千丈岩前倚杖藜，有爲須極到無爲，言如悖出青天滓，行不中修白壁疵，馬喻豈能窮萬物，羊亡徒自泣多歧，霞西道者眉如雪，月下敲門送紫芝。

亂流盡處卜幽棲，獨樹爲橋過小溪，春雨桃開憶劉阮，晚山薇長夢夷齊，尋僧因到石梁北，待月忽思天柱西，借問昔賢成底事，十年走馬聽朝鷄。

人間紅日易西斜，萬巧施爲總莫誇，剖出無瑕方是玉，畫成有足已非蛇，拳伸夜雨青林蕨，心吐春風碧樹花，世念一毫融不盡，功名捷徑在烟霞。

寥寥此道語何人，獨掩柴扉日又曛，六鑿未分誰擾擾，一爻纔動自紜紜，空林雨歇鳩呼婦，陰壑風寒虎嘯羣，毀桀譽堯情未盡，有身贏得臥深雲。

即今休去便休去，何事却求身後名，世亂孫吳謀略展，才高屈賈是非生，溝中斷木千年恨，海上乘槎萬里情，誰識枯禪涼夜月，松根一片石床平。

至於明代詩僧如蒼雪，不但在當時的僧俗詞壇上執其牛耳，而且還是道地的民族詩人，也可稱爲出家愛國的詩人。他又是明末遺老，逃禪避世，暗中活動復國工作的庇護者。他的名詩很多，舉不勝舉，現在簡擇他詩境禪境最高的幾首作品爲代表，如：

松下無人一局殘，空山松子落棋盤，神仙更有神仙著，千古輸贏下不完。

幾回立雪與披雲，費盡勤勞學懶人，曳斷鼻繩猶不起，水烟深處一閒身。

舉頭天外看無雲，誰似人間吾輩人，荆棘叢中行放脚，月明簾下暗藏身。

又：「寄訊錢虞山（謙益）絳雲樓火後專意內典」：好將世事較樗蒲，林下高眠任老夫，天意未容成小草，河清終欲見還珠，面非北向安知漢，望到東山只有虞，不盡奇書探海藏，人間文字可燒無。

我們讀了蒼雪大師送錢謙益的這首詩，如果對歷史有修養，瞭解錢謙益如何做二臣？如何搜羅明末遺老陰私事跡的資料，要著明史來要挾遺老們的後裔，以及他的藏書樓（絳雲樓）起火的情形，才專心轉而研究佛學的經過，那麼，對於蒼雪大師這首用禪語警策的詩，便覺得他匠心獨運，句句字字，語含玄機了。

以上的舉例，我們是爲了時間的限制，所以一說到唐代文學的詩境，是受到禪宗影響而演變爲動機，就趕快急轉直下，便一路講到宋、明以下，而且信口而說，只就其大要的提到一些，這都是爲了說明中國文學從隋、唐以後，接受融會禪宗的禪境，才有唐、宋以後的成就，是爲引起研究禪宗與中國文學關係者的注意。至於唐、宋以來佛教文學與中國文章辭境的關係，更多更大，也來不及多說了，青年同學們，須要注意的，例如大家都讀過蘇東坡的「赤壁」前後賦等，他與禪宗與老、莊的思想，有極其密切而明顯的關係，所以才有這種千古絕調的文章意境。

②詞曲：中國文學時代的特性，從唐詩的風格的形成與蛻變，到了晚唐、五代之間，便有詞的文學產生。在晚唐開始，歷五代而宋、元、明、清之間，禪宗宗師們，以詞來說禪，而且詞境與禪境都很好，也到處可見，祇是被人忽略而已。我們現在簡單的舉出歷來被人所推崇公認的詞人作品，以供參考，如辛稼軒的詞：

鷓鴣天（石門道中）

山上飛泉萬斛珠，懸崖千丈落鼪鼯，已通樵經行還碍，似有人聲聽却無。閒略彴，遠浮屠，溪南修竹有茅廬，莫嫌杖屨頻來往，此地偏宜著老夫。

又（睡起卽事）水荇參差動綠波，一池蚍影照羣蛙，因風野鶴饑猶舞，積雨山梔病不花。名利處，戰爭多，門前蠻觸日干戈，不知更有槐安國，夢覺南柯日未斜。

又（有感）出處從來自不齊，後車方載太公歸，誰知寂寞空山裡，却有高人賦采薇。黃菊嫩，晚香枝，一般同是采花時，蜂兒辛苦多官府，蝴蝶花間自在飛。

又（戊午拜退職奉祠之命）老退何曾說著官，今朝放罪上恩寬，便支香火眞祠奉，更綴文書舊殿班。扶病脚，洗頽顏，快從老病僭衣冠，此身忘世渾容易，使世相忘却自難。

又（登一丘一壑偶成）莫滯春光花下遊，便須準備落花愁，百年雨打風吹却，萬事三平二滿休。將擾擾，付悠悠，此生於世自無憂，新愁次第相抛捨，要伴春歸天盡頭。

◎瑞鷓鴣（京口病中起登連滄觀偶成）聲名少日畏人知，老去行藏與願違，山草舊曾呼遠志，故人今有寄當歸。何人可覓安心法，有客來觀杜德機，却笑使君那得似，清江萬頃白鷗飛。

又：膠膠擾擾幾時休，一出山來不自由，秋水觀中秋月夜，停雲堂下菊花秋，隨緣道理應須會，過分功名莫强求，先自一身愁不了，那堪愁上更添愁。

元曲如劉秉忠的：

（乾荷葉）：乾荷葉，色蒼蒼，老柄風搖蕩。減清香，越添黃，都因昨夜一場霜，寂寞在秋江上。

又：乾荷葉，色無多，不耐風霜剉。貼秋波，倒枝柯，宮娃齊唱採蓮歌，夢裡繁華過。

又如盍西村的：

（小桃紅）（雜詠）：市朝名利少相關，成敗經未慣，莫道無人識眞贋，這其間，急流湧進誰能辨，一雙俊眼，一條好漢，不見富春山。

古今榮辱轉頭空，都是相搬弄，我道虛名不中用，勸英雄，眼前禍患休多種，秦宮漢冢，烏江雲夢，依舊起秋風。

杏花開後不曾晴，敗盡遊人興，紅雪飛來滿芳徑，問春鶯，春鶯無語風方定，小鬟有情，夜涼人靜，唱徹醉翁亭。

又如鮮于去矜的：

「寨兒令」：漢子陵，晉淵明，二人到今香汗青。釣叟誰稱，農父誰名，去就一般輕。五柳莊月朗風清，七里灘浪穩潮平，折腰時心已愧，伸脚處夢先驚，聽，千萬古聖賢評。

清初有名的少年詞人，也便是滿清貴族才子的納蘭性德的詞：

「浣紗溪」：敗葉塡溪水已冰，夕陽猶照短長亭，行來廢寺失題名；駐馬客臨碑上字，鬭鷄人拂佛前燈，勞勞塵世幾時醒。

又：燕壘空梁畫壁寒，諸天花雨散幽關，篆香清梵有無間。蛺蝶乍從簾影度，櫻桃半是鳥啣殘，此時相對一忘言。

又：抛却無端恨轉長，慈雲稽首返生香，妙蓮花說試推詳；但是有情皆滿願，更從何處著思量，篆烟殘燭並回腸。

③小說：講到中國文學中的小說，它與唐代的戲劇與詞曲，也是不可分離的連體，而且它猶如中國的戲劇一樣有趣，將近一兩千年來，始終與佛、道兩家的思想與情感，沒有脫離關係，所以便形成後世民間，對於戲劇的編導，流傳着兩句俗話說：「戲不够，仙佛湊」的戲言了。現在，爲了貼切本題來講，我們姑且把中國小說寫作的演變，分爲兩大階段：第一階段，便是由上古傳說中的神話，到周、秦之

際，諸子書中的寓言與譬喻，以及漢、魏以後，道家神仙的傳記等，如穆天子傳漢武帝外紀、西王母傳等等，大多是屬於傳統文化思想，參加道家情感，神仙幻想成分的作品。第二階段，是由唐人筆記小說與佛經變文開始，到了宋、元之間的戲曲，以及明、清時代的說部與散記等等，大多是含有佛、道思想的感情，而且融化其中的，往往是佛家思想的感情，多於道家。值得特別注意的，無論是小說與戲劇，它的終場結尾，或爲喜劇，或爲悲劇，或是輕鬆散慢的滑稽劇，甚之，是現代所謂黃色的作品，它必然循着一個作家固有的道德規律去布局與收煞；那便是佛家與道家思想綜合的觀念、人生世事的因果報應的定律。舊式言情的小說與戲劇，我們用諷刺式的口吻來說，大都是「小姐贈金後花園，落難公子中狀元」的結局，然而，這也就是說明一個人生，因果歷然不爽的道理。唐人筆記小說中，因爲他的時代思想，受到禪宗與佛學的影響，固然已經開其先河，而眞正滙成這種一仍不變的規律，嵌進每一部小說的內容中去，當然是到了元、明之間，才集其滙流，成爲不成文的小說寫作的規範。

元、明之間，歷史小說的創作者如羅貫中，他寫作三國演義的開端，便首先用一首西江月的詞，作爲他對歷史因果循環的觀念，與歷史哲學的總評語，如「滾滾長江東逝水，浪花淘盡英雄。是非成敗轉頭空，青山依舊在，幾度夕陽紅。白髮漁樵江渚上，慣看秋月春風。一壺濁酒喜相逢，古今多少事，都付笑談中。」如果依哲學的立場而講歷史哲學的觀點，羅貫中的這一首詞，便是金剛般若經上所說：「一切有爲法，如夢幻泡影，如露亦如電，應作如是觀。」是爲文學境界的最好註釋。也正如皓布裩禪師的頌法身向上事說：「昨夜雨滂亭，打倒葡萄棚。知事普請，行者人力。撑的撑，拄的拄，撐撐拄拄到天明，依舊可憐生。」豈不是一鼻孔出氣的作品嗎？因此而引起後人根據這種思想，造作一本小說中的小說——三國因一書，來說明三國時期的局面和事蹟，便是楚、漢分爭因果循環的報應律的結果。除了羅貫中以外，施耐菴的名著水滸傳，祇從表面看來，好像僅是一部描寫宋、明時代社會的不平狀態，官府騙上矇下，欺壓老百姓，而引起不平則鳴共同心理的反應與共鳴，如果再加深入，仔細的研究，它在另一面，仍然沒有離開善惡因果的中心思想，隱約顯現强梁者不得其好死的觀念。後來又有人怕人誤解，才有蕩寇志一書的出現，雖然用心良苦，而不免有畫蛇添足，多此一舉的遺憾。至於西遊記、封神榜等書，全般都是佛、道思想，更不在話下。此外，如歷史小說的東周列國誌、隋唐演義、說岳全傳等等，無一不含容有佛學禪宗不昧因果的中心思想。也正如天目禮禪師頌楞嚴經的不汝還者，非汝是誰，云：「不汝還兮復是誰，殘紅落滿釣魚磯，日斜風動無人掃，燕子啣將水際飛。」

由此發展到了清代，以筆記文學著名的蒲松齡，所著聊齋志異，幾乎全盤用狐鬼神人之間的故事，襯托善惡果報的關係。尤其他醒世姻緣一書，更是佛家三世因果觀念的傑作，說明人生男女夫婦間的煩惱與痛苦，這種觀念，後世已經普及民間社會，所以杭州城隍廟門口，在清末民初還掛着一副韻聯：「夫婦是前緣，善緣惡緣，無緣不合。兒女原宿債，討債還債，有債方來。」便是這個觀念的引申。至於聞名世界，以長篇言情小說，反應老式文化中，貴族大家庭生活的紅樓夢一書；也是現代許多人，以一種無法加以解說的情感與心理，醉心於號稱紅學的一部名小說。它的開端，便以一僧一道出場，各自歌唱一段警醒塵世的警語與禪機，然後又以仙凡之間的一塊頑石，與一株「小草劇憐唯獨活，人間離恨不留行」的故事，說明許許多多，形形色色，纏綿反側的癡情恩怨，都記在一本似眞如幻的太虛幻境的賬簿上，隔着茫茫苦海，放在彼岸的那邊，極力襯托出夢幻空花，回頭是岸的禪境。作者在開始的自白中，便說：「滿紙荒唐言，一把辛酸淚，都云作者癡，誰解其中味。」以及「假作眞時眞作假，無爲有處有還無」的警句，這豈不是楞嚴經上，「純想卽飛，純情卽墮」，以及「生因識有，滅從色除」的最好說明嗎？所以有人讀紅樓夢，是把它看成一部幫助悟道的好書，有人讀紅樓夢，便會誤入風月寶鑑，紅粉迷人的那一面，其中得失是非，好壞美醜的問題，都只在當事人的一念之間而已，吾師鹽亭老人曾有一詩頌云：「色窮窮盡盡窮窮，窮到源頭窮亦空，寄語迷魂癡兒女，寥天有客正屠龍。」應是最好的結語。

（2）**禪與文學的重要性**　以上舉出有關唐詩、宋詞、元曲等的例子，有些並非完全以佛學或禪語混入辭章的作品，但都從禪的意境中變化出來，如果只從表面看來，也許不太容易看出佛學禪宗與中國文化演變的深切關係，事實上，我也只是隨便提出這些清華淡雅，有關禪的意境的作品，作爲此時此世，勞勞塵境中，擾攘人生的一付清涼解渴劑而已。禪宗本來是不立文字，更不用借重文學以鳴高，但禪宗與唐、宋以後的禪師們，與文學都結有不解之緣，幾乎有不可分離的趨勢，在此提出兩個附帶的說明，便可瞭解禪與文學關聯的重要了。

①孔子晚年，删詩書、定禮樂，裁成綴集中國傳統文化學術思想的體系，他爲什麼每每論詩，隨時隨處舉出詩來，做爲論斷的證明？秦、漢以後的儒家，爲什麼一變再變，提到五經，便以詩經作爲書、

易、禮、春秋的前奏呢？因爲中華民族傳統文化的精神，自古至今，完全以人文文化爲中心，雖然也有宗教思想的成分，但並非如西洋上古原始的文化一樣，是完全淵源於神的宗教思想而來，人文文化的基礎，當然離不開人的思想與感情，身心內外的作用。宗教可以安頓人的思想與感情，使它寄託在永久的遙途，與不可思議的境界裡去，得到一個自我安心的功效，純粹以人文文化爲本位，對於宗教思想的信仰，有時也只屬情感的作用而已。所以要安排人的喜、怒、哀、樂的情緒，必須要有一種超越現實，而介乎情感之間的文學藝術的意境，才能使人們情感與思想，昇華到類同宗教的意境，可以超脫現實環境，情緒和思想另有寄託，養成獨立而不倚，可以安排自我的天地。在中華民族的文化中，始終强調建立詩教價值的原因，這個特點與特性，確是耀古騰今了，古人標榜「詩禮傳家」，與「詩書世澤」，大多但知其然而不知其所以然的關係，就是沒有深刻研究詩詞境界的價值與妙用。過去中國讀書的知識分子，對於文學上基本修養的詩、詞、歌、賦，以及必要深入博古通今的史學，與人生基本修養的哲學，乃至琴、棋、書、畫等藝術，都是不可分離的全科知識，所以在五六十年以前，差不多成爲一個文人，自然也多會作詩塡詞，只有程度好壞深淺的不同，並無一竅不通的情形，因此過去中國的詩人，與學者、哲學家，或政治家、軍事家，很難嚴格區分，並不像西洋文化中的詩人，完全以詩爲生，而不一定要涉及其他學識的關係。禪宗，不但不立文字，而且以無相，無門爲門，換言之：禪宗也是以無境界爲境界，擺脫宗教形式主義，而着重佛教修證的眞正精神，昇華人生的意境，而進入純清絕點，空靈無相而無不是相的境界。我們爲了言說解釋上的方便，只好以本無東西而强說東西的方法，例擧世間的學問，可以譬喻禪宗的境界的，便有絕妙詩詞的意境，與上乘藝術作品的境界，以及最高軍事藝術的意境，差可與之比擬，所以自唐、宋以後，禪宗的宗師門，隨口吟哦唱道的詩、詞、與文章，都是第一流有高深意境的文學作品，因此流風所及，就自然而然，慢慢形成唐、宋、元、明、清文學的意境，與中國文學過去特有的風格了。

②宗教與文學，本來就是不可分離的連理枝，任何宗教，它能普及民間社會，形成永久獨特的風格，影響歷史每一時代，與社會各階層的，全靠它的教義，構成文學的最高價值，它從本有平民的俗文學中，昇華到文學的最高境界，才能使宗教的生命歷史，永遠延續下去。佛教教義，與禪宗的慧命，能够在中國文化中生根、發芽、開花而壯大的原因，除了它教義本身，具有宗教、哲學、科學、藝術與學術思想等，各方面都有豐富的內容，與高貴而平實的價值以外，它的最大關鍵，還是因爲佛教輸入中國以後，形成獨立特有的佛教文學，進而影響到中國文化全部所有中心的緣故。例如西洋文化中的新舊約全書（俗稱聖經），它在西方每一種不同文字的民族與國度裡，無論那種譯本，都是具有最高權威的文學價值，所以姑且不管教義的內容如何，就以它本身的文學價值而言，亦可謂「文章意境足千秋」了。我也時常對許多不同宗教信仰的朋友們說，要想千秋，便須多多注意你們的教義與文學；因爲我認爲宗教信仰儘管不同，每一宗教教義的深淺是非，儘管有問題，但是眞正够得上稱爲宗教的基本立足點，都是勸人爲善，都是想挽救世道人心的艱難，這個是幾大宗教共同具有的善事，用不着因爲最後與最高宗教哲學的異同，而爭執到勢同冰炭，那是人文文化過去的錯誤，與人類心理思想的弱點與恥辱，更不是中

華民族，中國文化的精神，希望大家多多注意與珍重。

總之，關於禪宗與中國文學的因緣，實在有太多深切的關係，我在匆促之間，略舉一些唐詩、宋詞、元曲、明小說等的例子，還是不够深刻的，只是偶然興之所至，但憑記憶所及，姑且一提，希望諸位舉一而反三，便可得到其中的三昧了。若講現代的舊文學，比較能够融會儒、釋、道三家的思想，用之於發抒情感的詩文學中，便要算鐲戲齋的作品，足以代表這一代，深得禪宗文字般若的結晶了。

肆　禪宗叢林制度與中國文化教育的精神

自魏、晉以後，佛教傳入中國以來，信仰佛教徒中的出家僧衆，獨坐孤峯，或個別的隱居水邊林下，過他隱居專修的生活方式，大概還保有印度當時佛教僧衆的形態。在南北朝至隋、唐之間，這種不事生產，以乞食自修的生活方式，不但不受以農立國，以勤儉持家的社會風氣所歡迎，甚之，引起知識分子與朝野的反感，同時，佛教徒中出家的男女僧尼，愈來愈多，勢之所趨，便自然會形成團體生活的趨勢。到了盛唐之際，經禪宗大師馬祖道一禪師，及他的得意弟子百丈懷海禪師的創制，不顧原始印度佛教的規範與戒律，毅然決然建立中國式的禪門叢林制度，集體生產，集體從事農耕，以同修互助的團體生活方式，開創禪宗寺院的規模，致使佛教各宗派與佛學，在中國的文化與歷史上，永遠植下深厚的根基。宋代開國以後，宋儒理學家們，不但在學術思想上，受到禪宗的影響，而建立理學的門庭，而且在講學的風格，書院的規範，與人格教育的規模上，無一不受叢林制度與禪宗精神思想的影響，甚之，唐、宋以來，帝王朝廷的經筵侍講與侍讀等職位的制度，也是受到佛教開堂說法制度的影響。所以禪宗叢林制度，對於中國文化與中國教育的書院制度，以及宋、明以後的教育精神，關係實在太大，而且最為密切，只要詳細研究禪宗叢林制度的所有清規，以及詳讀禪林寶訓與宋、元以後禪宗高僧的史傳，配合比較中國歷史上，有關文化思想，與教育史實的演變，便可瞭然知其所以了。現在為了節省時間，只有提出足供研究的資料，以供參考，不能更做深入的研究。關於叢林制度的大略，以前我曾有過一本「禪宗叢林制度與中國特殊社會」的書，述說其大要，現在只能摘取其中的一部份，做爲本題的總結。

（一）佛教原始制度的簡介

禪宗，是佛教的一個宗派，它以教外別傳，不立文字，直指人心，見性成佛爲宗旨，因爲不一定需要文字，所以傳到中國以後，就成爲中國文化式的佛教了。如果說它是佛教的革新派，那也並不準確，因爲它既沒有革個什麼，也沒有新興個什麼，它的宗旨和修行途徑，既沒有變更本來佛法的面目，也不是中國自己所創造的，祇是把印度傳來原有的佛教制度，確實痛快的改變一番，既可適合中國文化的民情風俗，又從此建立一個新型的中國佛教氣象，而且影響後世各階層的社會規範。可是它正如佛陀所教的寂默一樣，雖然在中國社會裏，作了一番偉大的事業，却仍然默默不爲人知，但就中國禪宗所創立的制度來說，它對佛法，果然作了一件不平凡的事，同時對於中國的各階層社會，也奠定了後世組織的規模。

釋迦出家以前的印度，本來也有很多其他宗教信仰，和離俗出世專修的人們，這些人都叫做沙門，等於中國古代避世的高士，我們普通稱他作隱士，史書上又稱爲隱逸的。不過我們的隱士們，不一定絕無家室之累的，至於印度的沙門，都是出家避世的人。釋迦創立佛教以後，凡是正式出家，皈依佛法的弟子們都須剃除鬚髮，身披袈裟，離情絕俗，絕無家室之累，男的，就名爲比丘、女的，名爲比丘尼；

比丘這個名稱，是包含有乞士，怖魔、殺賊等意義；所謂上乞法於佛、下乞食於人，便名乞士；同時含有能殺煩惱之賊，使魔衆怖畏的威德之意。所以嚴格遵守佛制的比丘們，大都是修習苦行，立志精勤的，其中專門注重苦修的，特別又稱爲頭陀行者。原始佛敎的比丘們遵佛的戒律和制度，同時也須修習頭陀的苦行，除了應當遵守心性修養，和行爲上等等的戒律外，他又定下個人生活上衣食住行的各種制度：

衣。不過三衣，多的就要佈施了，甚之，揀拾人們拋棄了的舊布和破布，一條一條的湊成衣服來穿，這便叫做糞掃衣。傳到中國以後，便改穿中國式的大袍，也有乞化百家衣布，補破衲雜而成的，就名爲破衲衣，或補衲衣。

食。日中一食，至多是早上、中午兩餐，過了午時，便不再吃了，因爲他把飲食，祇看作爲維持生命，和醫治餓病的藥物罷了。

住。隨遇而安，屋簷、廟廊、樹下、曠野、荒塚，舖上隨身携帶的坐具一領，或草織蒲團一個，兩足跏趺，（俗稱爲盤足）便心安理得的度此旦暮了。

行。赤足或芒鞋、光頭安祥而走，昔在印度，至多上面打了一把傘，晴遮太陽雨遮水，傳到中國，雨傘換了箬笠，所以文學家們，便有「芒鞋斗笠一頭陀」的頌辭了，除此一身以外，大不了帶一個淨水瓶，供給飲料和盥洗之用，一個鉢盂，作吃飯之用，其餘可能帶些經卷而已。

他們這樣的刻苦精勤，盡量放棄物慾之累，過着僅延殘命的人類的原始生活，就是爲了專志求道，表示盡此形命，揖謝世間了。雖然，他們還存有利世濟物之心，但在行爲上，却是絕對的離群出世之行，所謂頭陀不三宿空桑之下，就爲了避免對事物的留戀，這在佛學名辭上，也可以叫做捨，又可以叫做內布施，他形似楊朱的爲己，又同時具有墨子的摩頂放踵，以利天下之心。但是，也有些比丘們，同居在一起修持道業的，那便名爲僧伽，僧伽是僧衆團體的意義，其中足爲大衆師範，統率僧伽的就稱爲大和尚，或簡稱和尚，以後傳到中國，就把比丘們統名爲僧，以訛傳訛，又儱侗叫做和尚，其實一個僧與和尚，便概括了這些意義。

當漢明帝時，最初佛法傳入中國的和尚，是從印度來的兩位高僧，攝摩騰與竺法蘭，漢朝將他們安置在洛陽的白馬寺，所以中國後來的佛廟和僧居、就叫做寺和院了，其實在漢代，寺、本是朝廷（中央政府）所屬政府機關的名稱，漢書元帝紀注：「凡府廷所在，皆謂之寺。」例如鴻臚寺、太常寺等。漢、魏、兩晉、南北朝之間，西域傳道的高僧，源源東來，雖然不一定都是修習頭陀行的，但大都是嚴守戒律的比丘，嚴守戒律和遵守佛的制度，便得乞食於人，雖然也有靠信仰皈依徒衆們的供養，但是日久月長，到底還是一個問題：

①印度文化，向來敬信沙門，而且在中部南部一帶，氣候溫暖，野生菓木很多，乞食不到，還可隨地採而充饑，但在中國，便沒有如此容易了。②中國文化的民情風俗，與印度迥然有別，除了貧而無告，淪爲乞丐的，即使如隱士之流，還是靠自己躬耕畎畝而得衣食的。③中國素來以農立國，政府與社會，都很重視農耕，僅靠乞食生活，便會被視作懶漢或無用的人了。④古代傳統文化的觀念，認爲人們的

身體髮膚，受之父母，不可毀傷；比丘們旣已剃除鬚髮，已經犯了大不敬和不孝，一般的人，已經存有歧視之心，何況還要乞食於人，那就更不容易了。

由於上述的幾種原因，隋唐以前的中國僧衆，大半都靠帝王大臣們的信仰供養，才得維持其生活，同時其中有一部分，還須靠自已募化，或其他的方式維持，所以便包含有許多事故，引起歷史政治上幾次的大反感。不過，那時候中國的僧衆，因地制宜，已經不能完全遵照原來的佛制，有的已經建築寺廟，集體同居，祇有少數專志修持，一心求道，單獨棲息山林岩阿之間，過他的阿蘭若（淸淨道場）生活，其餘就需要變更方式，才能適應環境。

(二) 禪宗叢林制度的由來

到梁武帝的時代，達摩大師渡海東來，傳佛心印的禪宗法門，便是中國初有禪宗的開始，那時信受禪宗的僧人，並不太多，據景德傳燈錄所載，正式依止達摩大師得法的，也不過三、四人，其中接受大師的衣鉢，傳承心印，爲東土第二代祖師的，祇有神光一人而已。以後歷世的學人，雖然漸漸增加，但接受祖位，都是一脈單傳，傳到六代祖師慧能，在廣東曹溪大弘禪道。四方學者輻輳，禪宗一派，可謂如日之方東，光芒萬丈，衣鉢就止於六祖而不再傳了。從六祖得法的弟子很多，能够發揚光大的，有湖南南嶽懷讓禪師，江西靑原行思禪師二支；靑原一支，不數傳就漸呈衰落，南嶽一支，便單祧道脈，此後就有馬祖道一禪師，大弘禪宗宗旨，因他俗家姓馬，故稱馬祖。馬祖門下出了七十二位大善知識，可爲禪宗大匠的，也不過數人，其中尤以江西洪州百丈懷海禪師，稱爲翹楚，改變佛敎東來的制度，首先創立叢林制度的，就是馬祖和百丈師徒，而且正式垂作叢林規範的，尤其得力於百丈，所以相傳便稱百丈創立叢林，據禪門正統載：「元和九年，百丈懷海禪師，始立天下叢林規式，謂之淸規。」其實，百丈師徒，正當唐代中葉（約當西曆八、九世紀之間）。佛敎正式傳入中國，當在漢、魏兩晉時期，其中已經過四五百年蛻變，它被中國文化的融和，受到中國民情社會風俗的影響，制度的漸漸改變，也是事所必致，理有固然的。在百丈以前，梁僧法雲，住光孝寺，雖已奉詔創制淸規，但沒有像百丈一樣，敢明目張膽，大刀濶斧的毅然改制，定作規範，在百丈以後，更無完美的僧衆制度，能够超過叢林制度的範圍，所以說者便截定是百丈禪師，創建叢林制度了。

在百丈以前，禪宗的學風，大多衹在長江以南一帶流傳，最盛的區域，當在廣東、湖南、湖北、江西、福建、浙江、江蘇、四川等省，能够北入中原的還不太多，至於黃河南北，還是停留在初期東來佛敎的方式。禪宗以外的其餘宗派，以及專精佛敎學理，講習經論的法師，被稱爲義學沙門的，爲數還是很盛，大凡篤信硏究經論學理的人們，不是過於圓通，便是過於迂執，儘管他自己本身，也翻滾不出時代的潮流，如果有人要公開改變舊制，自然就會怱然動色的。所以當百丈創建叢林之初，就被人駡作「破戒比丘」，這也是事所必致的了。馬祖百丈等輩，都是氣度雄偉，智慧豁達之士，具有命世的才華，擔當立地成佛的心印，他毅然改制，固然由於見地定力的超羣，也是適應時勢機運的當然趨勢。

百丈以後，晚唐五代之間，禪宗本身，又有五家宗派的門庭設立，範圍僧衆的制度，大體還是遵守叢林的清規，可是在教授方法，和行爲儀禮之間，却因人、因地、因時的不同，就各有少許出入，這種不能算是異同，祇能算是出入的儀禮和教授法，便又名爲家風。所以後世各個叢林禪寺，各有家風的不同，一直流傳到清末民初，嚴格的說：禪寺叢林所流傳的規範，已經經過千餘年的變易，當然不完全是百丈禪師時代之舊觀了。而且江南江北，長江上游和下游，各寺都有各寺不同的家風和規矩，但推溯這個演變的源流，無論它如何變更形式，窮元探本，可以得一結論：

叢林禪寺的宗風，是淵源於叢林制度的演變。禪宗的叢林制度，是脫胎於佛教戒律的演變。

佛教戒律，是由釋迦牟尼佛所制定的，它爲了範圍僧衆集體生活，修證身心性命所建立，具有中國文化禮記中的禮儀，以及法律、與社會法規等的精神和作用。

（1）叢林的規模

①住持和尚：他是職掌全寺的修持（教育），寺務（行政），戒律和清規（法律），弘法（佈道），經濟財務等事權，等於政府的元首，社會的領袖。他在寺內住的所在，叫做方丈，也就是佛經上說，維摩居室，僅有方丈之意，所以普通便叫一寺的住持和尚作方丈，有時也叫作住持，就是佛經上住持正法之意。禪苑清規稱尊宿住持謂：「代佛揚化，表異知事，故云傳法。名處一方，續佛慧命，斯曰住持。初轉法輪，名爲出世。師承有據，乃號傳燈。」

②住持和尚的產生：住持是僧衆們推選出來的，必須具有幾個條件：第一、是禪宗的得法弟子，要確有修持見地，足爲大衆師範，而且形體端正，無有殘缺。第二、要德孚衆望，經諸山長老和其他叢林

的住持們贊助。第三、得朝廷官府（中央政府或地方政府）的同意。

他具備這些衆望所歸的條件，經過一次極其隆重的儀式，才得昇座作住持和尙，如果以上還有老師和尙的存在，在昇座的儀式中，還有付法、嗣法、入院、視篆等手續，才算完成接座的一幕，相等於現代的交替教育宗旨，和職位上的移交。

③退院的和尙：前任的住持和尙退位，便稱爲退院老和尙，他閒居養靜，再不問事，或者閉關專修，大體都是功高望重，修持與德操，達到圓滿的程度。他與新任接位接法的住持和尙之間，視如父子，必須極盡恭敬供養侍奉的能事，一直到了老死，務須盡到孝養，否則，會被諸山長老及僧衆們所指責的，甚之，還算是犯了淸規，受到責罰，但是唐宋時代的退院高僧，多半是飄然遠引，從來不肯作形似戀棧的事。

④和尙與政府的關係：以前在中國的政治上，關於僧道制度，雖然歷代都有過不大不小的爭議，但因中國文化的博大優容，最後決議，都以師禮待遇僧道等人，雖然朝見帝王時，也不跪拜，只須合掌問訊，等於只有一揖了事。東漢時，僧尼隸屬於鴻臚寺管理。唐以後，改變自姚秦、齊、梁以來的大僧正和大僧統，設祠部曹，主管天下僧尼道士的度牒和道籙等事。祠部與僧錄司，等於現代政府的宗敎司，唐代是隸屬於禮部的，唐會要稱：「則天延載元年五月十五日，敕天下僧尼隸祠部。」全國僧尼的戶籍，也隸祠部專管，並置有僧籍的專案，迨唐憲宗元和二年，在帝都長安的左右街還置有僧錄的職銜，相當於姚秦的僧正，後魏的沙門統，南齊京邑僧官的僧主，那是選拔聘請有道德學術修養的高僧，入都作

僧官，主管天下僧尼道士等的事務。元代有一時期，還專設有行宣政院，以管理僧俗喇嘛及邊情等事務。明洪武時，置僧籙司，各直省府屬置僧綱司，州屬置僧正司，清代因其職稱。度牒、是政府給僧尼的證件，等於現代的文憑和身份證明書，唐代又稱爲祠部牒，它自尙書省祠部發出。道士們的度牒，又名爲籙。

叢林住持的和尙，雖然由僧衆推選產生，但是也須得朝廷或地方官的同意聘任，如果住持和尙有失德之處，政府也可以罷免他的職位，甚至，還可以追回度牒，勒令還俗，便變成庶民，像平常人一樣接受政府法律的制裁。這種制度，一直到滿淸以後，才漸漸變質，不太嚴格。因爲淸代在精神上，乃異族統治，變相鬆弛，是另有他的政治作用。中國歷代政權，雖然沒有像現代人一樣，有憲法規定宗敎信仰的自由，可是向來都聽任自由信仰宗敎的，過去政府對於僧道的措施，並不是嚴格的管理，祇是嚴整的監督。

⑤住持和尙執行的任務：住持在職位上，是全寺首腦的住持，由他選拔僧衆，分擔各種執事的職務，但是却叫作請職，並非分派。請職，等於說以禮聘請，並不以命令行爲。各種執事的職位，雖然由住持所請，但一經請定了，便各自執行他的職掌，秉公辦理，卽使對住持，也不能循私，因爲他們有一最高的信仰，盡心盡力，一切都爲常住，才是功德；常住，就是指叢林寺院的全體代名辭，也就是佛經所說佛法常住之意。所以凡關於處理或決議全寺和大衆的事，住持必須請集全體執事公議以決定之，不能一意孤行，至少，也有兩序執事長老，或少數重要執事參加決定才行。因此，住持在職位上，並不像專

制時代政府的主官一樣，他却像中國舊式教育的全體弟子們的嚴師一樣，因爲他所負的重要責任，便是指導全寺僧衆們的實地修行，和品行的督導，關於這一方面，他却有無上的權威，也有無限的責任感，所以古代的叢林，有些住持，根本就不問事務，他認爲執事的職掌，已經各有所司，毋須他來多管，他祇須自己努力修行，隨時說法，行其身教就是，要能不使學者走入歧途，這才是他應負的責任。

⑥住持和尙請兩序班首執事：住持就位，就要選請全寺的執事，所謂執事，百丈舊規，稱爲知事。班首，舊規稱爲頭首。他要選拔僧衆中才能勝任，而且足孚衆望的出任各種職司，雖然不經過選舉，但是必是大衆所諒解同意的。他要發表各位執事職司的手續時，先要徵求本人的同意，再把各執事職司的名字職位，寫在一個牌上（等於現代的公告牌），掛了出來，大家就得遵守之，須在每年正月十五、或七月十五掛牌。在請職以前，先於三五天前方丈預備了茶果，就命侍者去請某某師等同來吃茶，經過住持向他們當面請託，得到了同意，才一一由書記寫好名字職位，掛牌示衆，然後在就職那一天，午齋的時候，先送到齋堂，依次就座用膳。飯後再遶佛經行，送到大殿上，依次排列位置，再禮佛就位。晚課以後，各新請的執事，便到方丈禮座就職，住持便當面加以訓勉，告誡盡心職務，遵守清規。退而再至各老職事房中，一一拜候，便叫作巡寮（巡寮這個名辭，在戒律上又作別論）。這樣便是簡單的請職程序。請職的時候，也有請二人同任一職，互爲副助，或數人同任一職的，偶也有之。但各職執事職司，雖由住持請出，却不像上下級官吏的組織，他是平行的，可以說：祇有圓的關係，既不是上下，也不是縱橫的隸屬，他們有弟子對老師的尊敬，却沒有下級對上級的班行觀念。

(2) 叢林的風規

①身份平等，集團生活：唐、宋時代，正當禪宗鼎盛的時候，大凡出家爲僧的，不外四種情形：㈠部分研究佛學經論的稱爲義學比丘們，有的是因政府實行佛經的考試既經錄取，便由朝庭賜給度牒出家的。㈡自動發心，離群求道，請求大德高僧剃度的。㈢朝廷恩賜，頒令天下士庶，自由出家的。唐時，政府有幾次爲了財政的收入，還有鬻賣度牒，聽任自由出家的。㈣老弱鰥寡，無所歸養而出家的。在這四種情形當中，如有未屆成年想求出家者，依佛的戒律，還須得父母家族的同意，才能允許出家。

既經出家受戒，取得度牒以後，就可往叢林討褡長住，討褡大約分作兩種，各有不同的手續：①普通少住數日或一短時期的，便叫做掛褡（俗作掛單或掛搭）。掛褡的僧衆，爲慕某一叢林住持和尙的道望，遠來參學，或是遊方行脚經過此處，但都須先到客堂，依一定的儀式，作禮招呼，依一定的儀式放置行李，然後由知客師或照客師依禮接待，並依一定的禪門術語，詢問經過，既知道了他掛褡的來意，便送進客房，招呼沐浴飲食。普通僧衆住的客房，術名叫寮房。接待遊方行脚僧的，又叫做雲水寮，唐宋時代，舊稱通叫做江湖寮。最普通的過路掛褡也要招待一宿三餐，等於歸家穩坐，絕無歧視之處。如遇參學遊方的，有些比較大的叢林，在他臨行時，還要送些路費，叫做草鞋錢。倘要久住些的，便要隨大衆上殿唸經，參加作事，雖然居在客位，勞逸平均，仍然不能特別。②要想長住的，便叫作討褡。要住進禪堂內修學的，便叫作討海褡。討了海褡、就算本寺的正式淸衆了，這必須要先掛褡，住些時日，經過知客師及各執事們的考查，認爲可以，才能討得海褡長住，舊制稱爲安褡。常住的僧衆，每年春秋兩次，各發一次衣布，或衣單錢，以備縫製衣服之用。除了施主的佈施以外，常住每季，還發一次零用錢，也叫做襯錢。

凡是已經受戒，持有度牒，而且是常住的大衆，身份與生活，便一律平等，上至住持和尚，下至執勞役的僧衆，都是一樣。對於衣、食、住、行方面，都要嚴守佛家的戒律，和叢林的清規。如果犯了戒律和清規，輕則罰跪香或執苦役，重則依律處罰或擯棄，便是俗稱趕出三門了。

衣。普通都穿唐、宋時代遺制的長袍，習禪打坐也是如此，作勞役時便穿短掛，這些就是留傳到現在的僧衣。遇有禮貌上的必要時，便穿大袍，現在僧衆們叫它爲海靑。上殿唸經，禮佛，或聽經，說法的時候，便披上袈裟。中國僧衆們的袈裟，都已經過唐、宋時代的改制並非印度原來的樣式，到了現在，只有在僧衆的長袍大掛上，可以看到中國傳統文化，雍容博大的氣息，窺見上國衣冠的風度。僧衆們的穿衣，摺疊，都有一定的規矩、都是訓練修養有素，就是千人行路，也難得聽到衣角飄忽的風聲。

食。依照佛敎的戒律，每日只有早晨、中午兩餐，爲了種種正確的理由，過午便不食了。食時是用鉢盂，以匙挑飯，並不像印度人的用手抓飯來吃，但到了中國，已經改用碗筷，和普通人一樣。不過，完全實行大乘佛敎，一律終生素食，而且是過午不食的，除了少數擔任勞役的苦役僧，因恐體力不濟，晚上一餐，還祇是作醫治餓病之想，才敢取食。凡吃飯的時候，一律都在齋堂（食堂），又叫作觀堂，是取佛經上在飯食時，作治病觀想，勿貪口腹而恣慾之意，這個規矩，大家必須一致遵守，雖上至住持和尚，也不能例外設食，這就名爲過堂。如有外客，便由知客陪同在客堂吃飯，住持和尚於不得已時，也可以陪同客人飯食。大衆食時都有一定的規矩，雖有千僧或更多的人，一聽雲板報響，便知已經到了食時，大家穿上大袍，順序排列，魚貫無聲的走入膳堂，一一依次坐好。碗筷菜盤，都有一定次序放置，各人端容正坐，不可隨便俯伏棹上。左手端碗、右手持筷，不得有飲啜嚼吃之聲，添飯上菜，都有一定的規矩，另有執役僧衆侍候，不得說話呼喊。齋堂中間上首，便是住持和尚的坐位，住持開始取碗舉筷，大家便也同時開始吃食了，等到全體飯畢，又同時寂然魚貫回寮。住持和尚如有事情向大衆講話，正當大衆飯食之時，他先停止吃飯，向大衆講說，這便名爲表堂。每逢月之初一、十五便加菜勞衆，或遇信衆施主齋僧布施，也要加菜的。

住。在禪堂專志修習禪定的僧衆，便名爲清衆，旦暮起居，都在禪堂，其餘各人都有寮房，有一人一間，或數人一間的。依照佛教戒律和叢林規矩，除早晚上殿唸經作功課，以及聽經聽法以外，無事寮房靜坐，不得趲寮閑談，不得閑遊各處，無故不得三人聚論及大聲喊叫。如遇住持和尚或班首執事，以及年長有德者經過，就必肅然合掌起立，表示問訊起居。

行。各人行走，或隨衆排列，必須依照戒律規矩，兩手當胸平放，安祥徐步，垂瞼緘默，不得左顧右盼，不得高視濶步。如要有事外出，必須到客堂向知客師告假，回寺時又須到客堂銷假，不得隨便出外。卽使住持方丈，或班首執事出寺入寺，也須在客堂說明，告假幾天，同時還須向佛像前告假和銷假。其餘生活各事，如沐浴，洗衣、各有規定。病時大叢林中，自有藥局處方，告假居房養息，不必隨衆上殿過堂。倘若病重，進住如意堂，便有自甘執役護病的僧衆來侍奉，如意堂，也就是舊制的安樂堂。

死了，便移入涅槃堂，舉行荼毘（俗名遷化），然後收拾骨灰，裝進靈骨塔（即俗稱骨灰塔）。

總之：眞正的叢林集團生活，絕對是作到處處平等，事事有規矩，由一日而到千百年，由管理自己的身心開始，並及大衆，都是循規蹈矩，至於詳細細則，還不止此。所以宋代大儒程伊川，看了叢林的僧衆生活，便嘆說：「三代禮樂，盡在是矣。」

②勞役平等，福利經濟：百丈創制叢林，最要緊的，便是改變比丘，不自生產，專靠乞食爲生的制度。原始的佛教戒律，比丘不可以耕田種植，恐怕傷生害命，那在印度某些地方，可以行得通，到了中國，素來重視農耕，這是萬萬行不通，而且更不能維持久遠的。所以百丈不顧別人的責難，毅然建立叢林制度，開墾山林農田，以自耕自食爲主，以募化所得爲副。耕種收穫，也如普通平民一樣，依照政府法令規定，還要完糧納稅，既不是特殊階級，也不是化外之民。平日於專心一志修行求證佛法以外，每有農作或勞動的事情，便由僧値師（發號司儀者）宣佈，無論上下，就須一致參加勞動，遇到這種事情，叢林術語，便名爲出坡，舊制叫作普請。出坡的時候，住持和尚，還須躬先領頭，爲人表率，百丈禪師到了晚年，還自己操作不休，他的弟子們，過意不去，就偷偷地把他的農作工具藏了起來，他找不到工具，一天沒有出去工作，就一天不吃飯，所以禪門傳誦百丈高風，便有：「一日不作，一日不食」之語，並且此以勉勵後世，由此可見他人格偉大的感召了，現代的虛雲和尚年屆一百二十歲，還是身體力行，終生奉此不變的。

叢林的經濟，一切收入與支出，要絕對公開，術名便稱爲公衆。收入項目，悉數都爲全寺大衆的生活，盡量爲大衆謀求福利，還有盈餘，便添購田地財產，希望供養更多的天下僧衆。一班執事等人，多半公私分明，絕對不敢私自動用常住一草一木，因爲僧衆們在制度以外，更是絕對信仰因果報應的，平時經常傳爲寶訓的，便有：「佛門一粒米，大如須彌山。今生不了道，披毛帶角還。」因此，他們對於在禪堂裏眞實修持的僧衆，都是極力愛護，不肯使他們受到絲毫驚擾，希望他們成道，以報天下、國家、社會上和施主們的恩德。從前有一位寶壽禪師，在五祖寺庫房執事，那時的住持和尚戒公偶然因病服藥，需用生薑，侍者就到庫房裏取用，寶壽便叱之使去，戒公知之，令拿錢去回買，寶壽才付給他。後來洞山缺人住持，郡守來信，託戒公找人住持，戒公便說：那個賣生薑的漢子去得，他便去作洞山的住持，所以後世有「寶壽生薑辣萬年」的句子，相傳爲禪門的佳話。民國三十年間。筆者在成都的時候，見過一位新都寶光寺的退院老和尚，其人如蒼松古柏，道貌岸然可敬，住持大寺數十年，來時祇帶一個衣裳包袱，退位的時候，仍然祇帶這個破包袱，對於常住物事從來不敢私用分毫，自稱德行不足以風衆，揹不起因果，相對數言，便令人起思古之幽懷，這便是叢林大和尚的風格。

③信仰平等，言行守律：所謂叢林，顧名思義，是取志在山林之意，其實，它具有此中明道修行者，有如蔴似粟、叢集如林的意思。他們都是堅定的信仰佛敎的佛法，尤其更信仰禪宗心地成佛的法門，要住叢林，便是爲了專心一志的修證心地成佛法門，所以他們除了恪守叢林的淸規以外，在寺內更篤守佛敎的戒律。相傳過去天台國淸寺有一得道高僧，已經有了神通，有一天晚上，在禪堂裏坐禪，下座的時候，他偸偸問隔座的僧衆說：你的肚子餓了嗎？大家不敢答話，有一僧說：餓了怎麼辦，規定大家過

午不食，誰又敢去犯戒？即使要吃，廚房裏都沒有東西，那裡有吃的呢？他說：不要緊，你要吃，我替你弄來，廚房裡還有鍋粑呢！他說了，便伸右手入左手的袖子裡，一會兒，就拿出一大把鍋粑來請這僧吃。這時，那個住持和尚也有神通的，他嚴守戒律，決不肯輕現神通，到了次日清晨，住持和尚便向大衆宣佈，昨天夜裡，禪堂裏有兩位僧人犯戒，依律擯斥出院，那個有神通的僧人便伸手拿起包袱，向住持拜倒，自己承認犯戒，由此就被趕出三門了。南宋時，大慧宗杲禪師，他未經得法時，依止湛堂禪師，有一天，湛堂看了他的指甲一眼，便說：近來東司頭的籌子，不是你洗的吧！他便知道師父是責他好逸惡勞，立即剪去養長了的指甲，去替黃龍忠道者作淨頭（清除厠所）九個月，由於這些例舉的一二操行，就可知他們的規矩和戒律，言行和身教，是多麼的自然和嚴整啊！

④衆生平等，天下爲家：佛敎的宗旨，不但視人人爲平等，它確要做到民胞物與，視一切衆生，都是性相平等的，爲了適合時代和國情，他創立了叢林制度，從表面上看，叢林的清規與佛的戒律，似乎不同。實際上，清規是以佛的戒律作骨子的，所以他的內部，仍以嚴守戒律爲主，旣如舉足動步，也不敢足踏螻蟲螞蟻，何況殺生害命。因爲他的信仰和宗旨，是慈悲平等的，所以叢林便有天下一家的作風，僧衆行脚遍宇內，不論州縣鄉村，祇要有叢林，你能懂得規矩，都可掛褡安居。此風普及，及至鄉鎮小廟，或是子孫私產也都可以掛褡。從前的僧衆們，行脚遍天下，身邊就不需帶一分錢，旣使無寺廟可住，大不了，樹下安禪也可過了一日。元、明以後，佛道兩家好像各有宗敎信仰的不同，在某些方面，又如一家，例如道士，到了沒有道觀的地方，可以跑到和尚寺裡去掛褡，和尚也是如此，必要時可以跑

到道觀裡去掛搭。每遇上殿念經的時候，也須隨衆照例上殿，不過各念各的經，祇要守規矩，便不會對他歧視的。僧尼之間，事實上，也可以互相掛搭，不過，其中戒律和規矩更要嚴些，例如男衆到女衆處掛搭，淸規嚴格的寺院，就祇能在大殿上打坐一宵。稍稍通融的，也祇能在客房一宿，決定不可久居。女衆到男衆處，也是如此的。俗人求宿寺院，便不叫做掛搭，佛門以慈悲爲本，有時斟酌情形，也可以收留的。唐、宋時代，許多出身貧寒的讀書人，大都是寄居僧寺讀書，例如鄴侯李泌等輩，爲數確也不少。至於唐代王播微時，寄讀揚州僧寺，被主僧輕視，故意在飯後敲鐘，使他不得一餐，便題壁寫詩云：「上堂已了各西東，慚愧闍黎飯後鐘。」後來他功名成就，復出鎭是邦，再過此處，看到昔日的題句，已被寺僧用碧紗籠罩起來，他便繼續寫道：「二十年來塵撲面，如今始得碧紗籠。」這些事情總有例外的，也不能以偏槪全，便視僧衆都是勢利的了。最低限度，也可以說：有了叢林制度以後，確實已經替中國的社會，做到收養鰥寡孤獨的社會福利工作，使幼有所養，老有所歸，這是不能否認的事實。宋仁宗看見叢林的生活，不勝羨慕它的淸閒，便親自作有讚僧賦。相傳淸代順治皇帝，看了叢林的規模，便興出家之想，他作了一篇讚僧詩，內有：「天下叢林飯如山，鉢盂到處任君餐。朕本西方一衲子，如何落在帝王家。祇因當初一念差，黃袍換却紫袈裟。」等句，也有人說，這是康熙作的，眞實如何，很難考證，但由此可見禪門叢林，是何等氣象了。

（3）叢林以修持爲中心的禪堂

①禪堂的規模：百丈創立叢林，最重要的，他是爲了眞正建立了禪宗的規範，由於這種制度的影響

所及，後世佛教的寺院，不論宗於何種宗派，大多數都有加上禪寺名稱的匾額，而且因為禪僧們的簡樸，一肩行脚，背上一個蒲團，芒鞋斗笠，就可走遍天下名山大川，大家景仰他們的苦行，所以青山綠水之間，不斷的建築起禪寺了。但眞正的禪門叢林，它的主要目的，不止在於創建寺院，都在於有一座好的禪堂，可以供養天下僧衆，有個安身立命、專志修行的所在。唐、宋、元、明、清以來，國內有的叢林裡的禪堂，可以容納數百人到千餘人的坐臥之處，每人一個鋪位，可以安禪打坐，又可以放身倒臥，各個鋪位之間，又互相連接，所以古人又叫它作長連床。但每一座位間，必須各記自己的姓名，張貼於坐席之間。全寺的僧人，常住經常也備有登記簿，俗名叫作草單，術名叫作戒臘簿，也等於現代的戶口簿。整個禪堂光線明淡，調節適中，符合簡單的生活起居，適應方便。只是古代的建築，不太注重通風設備，對於空氣的對流，比較差些。禪堂四面，都做成鋪位，中間完全是個大空庭，需要作大衆集團踱步行走之用，這種踱步，便是佛經所說修禪定者的適當活動，叫作經行，叢林裡便改作行香與跑香了。所以禪堂中心的空間，便要能够容納內部數百或千餘人的跑步之用，行香與跑香，都照圓形活動，不過必要時，還有分成兩個圈子或三個圈子來跑，老年體弱的，不可以走外圈。少壯健康的，就走外面的大圈子。

②禪堂裡的和尚：禪堂既然為禪宗叢林的中心，等於現代語所說的，是個教育的中心了，那麼，應該是最富於佛教色彩的所在，事實上，並不如此；它却正正眞眞表示出佛法的眞精神，不但完全解脫神秘和迷信，而且赤裸裸的表出達摩大師傳佛心印的宗旨。原來禪堂裡，不供佛像，因為禪宗的宗旨，「心卽是佛。」又是，「心、佛、衆生，三無差別」的，又，「不是心，不是佛，也不是物」的，那它究

竟是個什麼呢？可以說：它是教人們明白覺悟自己的身心性命之體用，所謂本來面目，道在目前，就在尋常日用之間，並不是向外求得的。後世漸有在禪堂中間，供奉一尊迦葉尊者的像，或達摩祖師的像。禪堂的上位（與大門正對的），安放一個大座位，便是住持和尚的位置，和尚應該隨時領導大家修行禪坐，間或早晚說法指導修持，所以住持和尚一定要選任曾經悟道得法的過來人，確能指導大家修證的大善知識了。心卽是佛，和尚便是今佛，住持也便是中心，所以有時稱他作堂頭和尚。如住持和尚因故不能到禪堂參加指導，輔助住持的督導修持，就是禪堂的堂主，與後堂西堂等，這幾個位置在排進門之首的。此外，還有手執香板，負責督察修持的，叫做監香，他和禪堂裡的悅衆，都是負責監督修持用功之責的。悅衆和監香，也有數人任之的。香板，古代乃是竹杖，一端包了棉花和布，做爲警策之用，這是佛的舊制，稱謂禪杖，後世改用爲木版，作成劍形，叫做香板。其餘，還有幾位專門供給茶水的執役僧，有時或由新出家的沙彌們任之。

③禪堂的生活：顧名思義，所謂禪堂，就是供給僧衆們專門修持坐禪的地方，他們爲了追求實現心地成佛的最高境界，一面離塵棄欲，決心絕累，一面又須苦志精勤，節操如冰雪，甚之畢生埋首禪堂，一心參究，縱然到死無成，仍然以身殉道而不悔者，比比皆有。凡是住在禪堂裡的人，飲食起居生活，一律都須嚴守淸規的紀律，淸晨三四點鐘就要起床，盥嗽方便以後，就要上座坐禪。因爲古代沒有時鐘，每次坐禪，就以長香一炷爲標準，大約等於現在時鐘的一點半鐘左右。下座以後，就須行香，大家依次排列，繞着禪堂中間來回行走，身體雖然鬆散，心神却不放逸，這樣又要走完一炷香，就再上座。飲

食、睡眠、大小便，都有劃一的規定。如此行居坐臥，都在習禪，每日總以十支以上長香爲度。如逢冬日農事已了，天寒地凍，更無其他雜務，便又舉行尅期取證的方法，以每七日爲一週，叫做打禪七或靜七。在禪七期中，比平常更要努力用功參究，往往每日以十三四支長香，作爲用功的標準，大約睡眠休息時間，晝夜合計，也不過三四小時而已，後世各宗，鑒於這種苦修方法的完美，也就興起各種七會，如念佛七等等。他們有這樣苦志勞形，精勤求道的精神，日久月長，無疑的，必能造就出一二超格的人才。每逢舉行禪七的時期，和尚要請職擔任禪堂裡的監香職位時，也和請叢林班首執事一樣的過程，茶聚商託以後，掛牌送位，都如請執事一樣的儀式，不過送位只是送禪堂裡的坐香位子，因爲重心在於禪堂。監香也有同時請七八位，輪流擔任，以免過於疲勞。禪宗雖然只重見性明心，立地成佛的頓法，並不重禪定解脫的修行法門。但是遠自印度的釋迦牟尼，以及傳來中國以後，從古至今，沒有那一位祖師和禪師，不從精勤禪定，專志用功中得成正果的。每年初夏，便依律禁足安居三月，又謂之結夏，到了舊曆七月十五日圓滿，或稱謂解夏。所以從前問出家爲僧的年齡若干，便請問他夏臘多少。所以叢林禪堂，制立如此風規，恰是佛法的眞實正途，俗話說：「久坐必有禪」，這也不是絕無道理的。到了兩宋以後，許多大儒，都嚮往禪堂規模和教育方法，抽樑換柱，便成儒家理學家們的靜坐、講學、篤行、實踐等風氣了。禪堂的門口，簾幕深垂，一陣陣的飄出嬝娜的爐香，當大家上座坐禪的時候，普通叫作收單，門口便掛上一面止靜的牌子，這時，外面經過的人，輕足輕步，誰也不敢高聲談論，恐怕有擾他們的清修。到了休息的時候，門口換掛一面放參的牌子，才可以比較隨便一點，普通又名爲開靜。

④禪堂內外的教育方法：叢林旣以禪堂爲教育的中心，那就天天必有常課了？誠然，他們的常課，便是眞參實證，老實修行本分下事，却不是天天在講學說法的，因爲在禪宗門下，認爲講習經論，那是屬於義學法師們的事，他們重在老實修行。遇到晚上放參的時候，住持和尙蒞臨禪堂，說些用功參禪的法門，或者有人遇到疑難，請求開示，便隨時說法指導，這樣就叫做小參。後世風規日下，有時住持和尙偸懶，便請堂主升座說法，這也叫作小參。倘有正式說法，在禪堂以外，另外還有一座說法堂，簡稱法堂，依照一定的儀式，禮請住持和尙昇座說法，這時大都是鳴鐘擊鼓，依照一定的隆重儀式，通知全寺的僧衆，臨場聽法的。儀式的莊重，和大衆的肅然起敬，恰恰形成一種絕對莊嚴肅穆的宗教氣氛。可是禪宗住持和尙說的法，却不如講經法師們，一定要依照佛經術語的法則來，也不是只作宗教式的佈道，他是隨時隨地，把握機會教育的方針，因事設教，並無定法的。弟子和書記們，老實記載他的說法講話，便成爲後世的語錄一類的書了。如果有時講解經論，又須另在講堂中舉行，對於專門講解經論的法師，便稱爲座主。叢林的修行教育，固然以禪堂爲中心，但作爲導師的住持和尙，對於全體篤志修行的僧衆們，却要隨時隨地注意他們修持的過程和進度，偶或在某一件事物，某一表示之下，可以啓發他智慧的時候，便須把握時機，施予機會教育，這種風趣而輕鬆的教育法，在高明的禪師們用來，有時會收到很大的效果，可能對於某一個人，便由此豁然證悟的。旣或不能達到目的，有時也變成很幽默的韵事了，後世把這種事實記載起來，便叫作公案。理學家們便取其風格，變稱學案。那些奇言妙語，見之於後世的語錄記載裡的，便叫做機鋒和轉語。由此可見作一位住持叢林的大和尙，他所負的教育責任，是

何等的重要，佛經所謂荷擔如來正法、正是大和尚們的責任所在，所謂荷擔，也就是說繼往開來，住持正法眼藏，以繼續慧命的事，唐、宋之間，有些得道高僧，自忖福德與智慧、才能和教導，不足以化衆的，便往往謙抑自牧，避就其位了。

⑤禪堂的演變：元明以後，所謂禪寺的叢林，漸漸已走了樣，同時其他各宗各派，也都照禪宗叢林的規矩興起叢林來了。在其他宗派的叢林中，禪堂也有變成念佛堂，或觀堂等，所謂眞實的禪堂和禪師們，已如鳳毛麟角，間或一見而已，令人遙想高風，實在有不勝仰止之嘆。民國以來，研究佛學的風氣，應運而與，所以禪門叢林，也多有佛學院的成立，禪宗一變再變，已經變成了禪學，或是振衰革弊，或是重創新規，唯有翹首佇候於將來的賢哲了。

(4) 叢林與中國文敎

叢林的制度，顯然是中國文化的產品，如果認爲佛敎傳來中國，便受到中國文化的融化，產生了佛敎革新派的禪宗，這事已略如前論，不必重說，嚴格的說來，佛敎經過中國文化的交流，却有兩件大事，足以影響佛法後來的命運，而且增强它慧命的光輝。第一，在佛學學理方面的整理，有天台、華嚴兩宗嚴整批判的佛學，天台宗以五時八敎，賢首宗以五敎十宗等，概括它的體系，這便是有名的分科判敎。第二，在行爲儀式方面，就是叢林制度的建立，它融合了傳統文化的精神，包括儒家以禮樂爲主的制度，適合道家樂於自然的思想。而且早在千餘年前，便實行了中國化的眞正民主自由的規模。它的制度，顯然不相同於君主制度的宗敎獨裁，祇是建立一個學術自由，民主生活的師道尊嚴的模範。

除了中國以外，接受南傳原始佛教文化的，如泰國、高棉、寮國、錫蘭和緬甸，傳續到了現在，雖然已非舊時面目，但多少總還存有一些原來方式。可是它所僅存的生命，不過是依賴政府與民間信仰的殘餘，與叢林制度比較起來，有識之士，便不待言而可知了。和這相反的，就如北傳佛教在我國西藏，它以神秘色彩，襯托出宗教的姿態，千餘年來，却贏得一個政教合一的特權區域，雖略有類同西洋教會和教皇的威權，而無西洋教會一樣，具有國際和世界性的組織，講政治，沒有博大悠久思想作基礎，講宗教，仍被封固在文化落後的地區。如果深切瞭解釋迦牟尼的全部教義，對於南傳佛教，和北傳佛教的兩種方式，便會知道不是他原來的初衷。祇有中國的叢林制度，確能與他的本意不相違背，由此可見無論南傳北傳的佛教，都沒有像東來中土的偉大成就，這是什麼原因呢？我們可以瞭解，凡是自己沒有悠久博大的文化之民族，縱然佛光普照，他的本身，仍然無力可以滋茂長大，所以說：當達摩大師在印度的時候，遙觀東土有大乘氣象，不辭艱苦，遠涉重洋，便放下衣鉢，把佛法心印傳留在中國了。

一個文化悠久的國家，歷史蹤遺在山川名勝的背景，已經足以表示整個文化的光輝，何況它的精神，還是永遠常存宇宙，正在不斷的繼往開來呢！僅以叢林創建的制度來說，它給全國的山光水色，已經增加了不少詩情畫意，表現出中國文化的風格，唐代詩人杜牧有詩云：「南朝四百八十寺，多少樓臺烟雨中。」這還祇是描寫南北朝以來的江南佛教事蹟，到了唐朝以後，因爲叢林寺院的興盛，可以說：率土之濱，莫不有寺，名山之頂，何處無僧，所以後人便有「天下名山僧占多」之詠了。加上以唐人氣度的雄渾，宋人氣度的寬廓，二者融會在寺院建築之中，我們在全國各地，到處都可見到美侖美奐，壯麗雄偉的塔廟，祇要你翻開各省的省誌，各州、府、縣的地方誌，要查名勝古蹟，僧道寺院，便已佔去一半。緬懷先哲，追思兩三千年的留傳至今的事物，豈能不令人痛恨這些一知半解，妄自蔑視中國文化的人們！須知一個根深蒂固的文化，建設起來，是經過多少時間，和多少哲人的心血所完成。要想改變，以適應世界的趨勢而爭取生存，那也要學而有術，謀定而後動，豈是淺薄狂妄，輕舉妄動所能做得到的嗎？

結論

中國傳統文化，素來是以儒家爲主流，儒家高懸大同天下的目的，是以禮樂爲主道政治的中心，由於禮樂的至治，就可以實現禮運大同篇的天下爲公的目的，但是經過數千年的傳習，一直到了唐代，才祇有在佛教禪宗的叢林制度裡，實現了一個天下爲公的社會。它在形式上，固然是一種佛教僧衆的集團，然在精神上，它是融合禮樂的眞義，和佛教戒律的典型，「禮失而求諸野」，如果講到一個眞善美的社會風規，恐怕祇有求之於叢林制度了；但是也還不能做爲治國平天下的規模，因爲國事天下事，與叢林社會相比，其艱難複雜，又何止百千萬倍。人是一個有情感和理性的生物，無論性和情，祇要偏重在那一面，就不能兩得其平，結果都不會安定人生的。叢林制度它能普及流傳，不外四個原因：第一、因爲出家了的僧衆，已經發自內心的，抑棄了世事人欲的情感牽擾，雖然住在叢林裡，過的是集團生活，又是絕對自由追求自我理想的境界。第二、宗教的信仰，和發自因果分明的觀念，已經不需要外加的法律管制。第三、各人由內心的自淨其意，發爲規矩，便是最高自治的原理。第四、維持生命生活的經濟制度，早已作到福利的要求，所以他們祇要管自己的身心修養，其餘的一切就都可以放下了。因此他們可以做到，像儒家禮樂最高目的，和墨家摩頂放踵，以利天下的要求，如果是普通人的社會呢？男女飲食和物欲的權利，祇有日益向外擴充和發展，人事和世事的推排，相互間便有爭執，許多在學理和教育上決定是正確的道理，一到人情和人欲的要求上，便完全不是那樣一回事了，即如完美的叢林制度，他在教導以外，再沒有刑責可行，假使沒有最高道德作爲依持，要想求其安然垂範達千餘年之久，決對是不可能的事。南宋時代，杭州徑山、大慧宗杲禪師，與溫州龍翔竹菴大珪禪師，恐怕後來叢林衰落，便合力記述歷來叢林住持的嘉言善行，留作後世的準繩，作了一部禪林寶訓的書，其中高風亮節，以及敦品厲行的典型，足以與宋儒學案，比美千秋，如果去掉它僧服的外層，做爲爲人處世的修養範本來看，一定別有無窮受用，可以啓發無限天機。

百丈禪師創建叢林以來，他的初衷本意，祇是爲了便利出家僧衆，不爲生活所障礙，能够無牽無掛，好好的老實修行，安心求道，他並不想建立一個什麼社會，而且更沒有宗教組織的野心存在，所謂「君子愛人以德」則有之，如果認爲他是予志自雄，絕對無此用心，尤其是他沒有用世之心，所以他的一切措施，自然而然的，便合於儒佛兩家慈悲仁義的宗旨了。如果他有世務上的希求，那便會如佛經所說：「因地不眞，果遭紆曲」，豈能成爲千古宗師，在他當時，一般人之所以責罵他是破戒比丘，祇因大家抵死執著印度原始佛教的戒律，認爲出家爲僧，便不應該耕種謀生。站在我們千秋後世的立場來看，如果他當時不毅然改制，還讓僧衆們保持印度原來的乞食制度，佛教豈能保存其規模，傳流到達現在嗎？禪宗最重人們確有見地，佛教稱佛爲大雄，時移世變，時代的潮流，由農業社會的生活方式，已經進到工商業科學化的今天，追懷先哲，眞有不知我誰與歸之歎了。

道家與道教講錄

南懷瑾講述

道教，完全是以道家的學術思想做內容的宗教，道家學術思想的內容，也就是中國文化的原始宗教思想、哲學思想、科學理論，與科學技術的總滙，籠絡貫串中國文化上下古今的大成。雖然道家與道教，在宗教色彩上，有時混淆不清，但在實質上，道教與道家，却大有異同之處；可是，一般習慣，對道家與道教的分野，區別不清，隨便就加它一頂迷信的帽子，把它送入海上三山，可望而不可及，列爲虛無縹渺之間了。

關於道家的學術思想，紀曉嵐曾經從好的方面來看，評定它是「綜羅百代，廣博精微。」當然，任何一種學術思想，正如天下事與物一樣，都有正反、好壞的兩面；道教學術思想，固然廣博精微的綜羅百代，但它留傳久遠，加上駁而不純的結果，便變成「支離破碎，怪誕雜亂」不堪，可是，我們不能因噎廢食，就拋棄一個傳統文化的無盡寶藏，那是非常荒謬的舉動。

現在爲了盡量簡化的介紹道家與道教，首先須要提出道教與道家的淵源：

道家學術思想的形成，把它簡單的歸納分類，約有四個來源所組成：①黃、老學術。②老、莊思想。③隱士思想。④方士學術。

道教宗教學術思想的形成，也簡單的把它歸納分類做四個來源：①淵源於道家學術思想。②發生於政治社會的演變。③促進於外來宗教的刺激。④基本於神秘學術的迷戀。

壹　道家學術思想與黃老、老莊的淵源

（一）道家與黃、老

講到道家的學術思想，在秦、漢以後，往往以黃、老並稱，或老、莊具列，做爲道家的宗祖。所謂黃，便是指黃帝；老，當然就是老子，但無論是黃、老並稱，或老、莊具列，我們普遍地都知道老子的確算是道家宗祖，如果拉上黃帝做爲道家的宗祖，在一般的習慣上，便有信與不信的了。凡是篤信道家的，㠯然毫無疑議，如果不信道家的，便訾議百出，笑他是不經之談。其實，篤信道教的，却也未必承認黃帝爲道教的創始者呢！究竟黃帝算不算道家的宗祖？而且他取得道家宗祖的資歷，又有何根據呢？一般引證古書，號稱爲黃帝的著述；如醫藥書籍的黃帝「內經」，以及道家流傳，用於兵法或謀略學的黃帝「陰符經」等，歷來學者，幾乎都公認是後世的僞書。除了在歷史上，承認黃帝是我們上古民族創建國家，比較有史料可稽的祖先以外，幾乎無法證實他有可靠的學術思想留傳下來。那麼，說黃帝便是道家的宗祖，又有什麼理由可以相信呢？其實，這就是我們對於文化歷史的觀念，向來易於忽略的問題。我們須要了解上古的學者，對於我們遠古歷史與文化的追尋，要想上溯黃帝以前，除了傳說的資料，值得存疑考據以外，實在缺乏文獻上比較可靠的證據，爲了學術上的謹愼忠實，所以便斷定以黃帝爲始祖。因此，凡是講到中國文化歷史的淵源，便也都從黃帝講起了。如果依照道家流傳的，所謂值得存疑的資料來講，我們的民族歷史，便可高推到一百多萬年前，至少也有十幾萬年的悠久，似乎有點那個？所以用史筆一判，便很客氣的斷定以黃帝爲開始。道家素以黃、老並稱，自認它的學術淵源，是遠紹黃帝，這就是表示道家的學術思想，是根據中國上古文化正統傳承的觀念，並非是故做玄虛的謊言。淮南子在修務訓中說：「世俗之人，多貴古而賤今，故爲道家，皆託之於神農、黃帝，而後能入說。」漢代著史記的司馬遷，他生在淮南子以後，比淮南子更了解這個意想，所以他在寫道家方士的鄒衍列傳中，便說：「先序今而上至黃帝，學者所共術，大並世盛衰。」這就是說明黃帝，是中國學術上共同所承認的文化共祖，豈但祇是道家如此而已。

(二) 道家與老、莊

提起老子，眞是一個千古絕妙的人物，我們首先提出司馬遷在史記上，關於孔子見了老子以後，孔子對於老子所加的評語，也就是後來號稱爲正統儒家所不肯承認的話，那便是孔子說老子「其猶龍乎？」讚嘆他是見其首不見其尾的妙人。

老子，是中國自古以來，隱士思想的總代表，他是一個博古通今，具有十分淵博的學問，而且富於超越塵俗的修養，不求名利的隱君子。所以到了司馬遷爲他寫傳記的時候，也是捉摸不定，祇好把那些有關於老子的傳說異聞，一概記載上去，做了一篇忠實的報導。至於老子，是否便是李耳、老聃，或老萊子，一概不加肯定。老子其人的妙處莫名，不但司馬遷在筆下，已經把他寫成神龍見首而不見尾，後來又被人推崇爲道家的宗祖，再被道教扯上做教主，登上太上老君的寶座，那就更是神乎其神了。

我們不要忘記，在中國文化史上，把道家學術思想，判歸老子的管領範圍，那統統是秦、漢以後學者筆下玩的把戲，我們只要留心歷史，便知在漢初有名的，用道家思想做政治領導的文、景時代，凡是講到道家的學術，都是用黃、老並稱的。到了司馬遷著史記，舉出他父親司馬談論六家要旨以後，跟着便有劉歆「七略」，班固「漢書藝文志」等的著述，不但把周、秦之際的學術分家，使其門庭對立，壁壘分明，而且把道家投懷送抱，確定歸在老子的戶籍之內，於是後世學者講道家，便有以老、莊具列的趨向。魏晉以後的道家者流，講傳承的系統，便有讀老子傳關尹子與庚桑子，庚桑子傳壺子，壺子傳列子，列子傳莊子等一列系的學術世譜出現了。

其實，無論後世的道家與道教之徒，首先都接受了太史公司馬遷父子的說法，先入爲主，輕輕的矇混過去，如果起司馬遷於九泉來對話，一定非常可笑。司馬遷著史記，及其自序之中，都說自己父子的思想，是宗奉道家的思想，而且也很推崇老子。後來班固父子刻意求工來著漢書，站在西漢以來儒家的觀念，也說司馬遷父子是道家的思想，推崇老子，而且有不以爲然的按語。殊不知他已忽略了司馬遷筆下微言大義的用意，他所說的道家，正是擡出來自上古，中國文化傳承「學者所共術」的道統，他只是拿老子來做正面的襯托而已；如果他認爲老子就是道家的宗祖，他爲什麼不專工羅織老子的事跡，爲他好好寫一篇偉大的傳記呢？他能够空前的破格創例，爲當世無赫赫之功，而素位而行的孔子寫世家，而且寫得那麼偉大精到，難道就不爲他父子所崇拜的老子也寫一篇類似世家的傳記嗎？結果呢？在他著的史記裏，他很公平的，祇把老子歸併在老莊申韓列傳裏去，就此一筆帶過罷了；這就是司馬遷用他習慣的史筆，要人在他全部的著述裏，尋出他當時的處世環境；他既不同意於西漢以來，實際是陽儒暗道，却自號稱爲正統儒家的人物，同時也不同意自秦、漢以後，實際是方士變神仙的假道家的作風。可惜我們後來的學者，既栽在司馬遷的筆陣裏，又受劉歆、班固等人一再暗示的影響，加上被魏、晉玄談的陪襯，便把道家的學術思想，扼殺在老、莊的戶籍之內，忽略了道家眞正的「綜羅百代，廣博精微」的內容。因此，我們提到道家，便會以老、莊做爲中心代表的觀念，就此因襲聯想而成了。

貳　隱士思想與道家

隱士思想，歷來佔據傳統文化精神最崇高、最重要的地位，祇是它如隱士的形態一樣，一向採取「遯世不見知而無悶」的隱逸方式，所以被大家輕易忽略，而容易忘記。如果强調一點來說：隱士思想，與歷史上的隱士們，實際上，便是操持中國文化的幕後主要角色。至於講到道家的學術思想，更與隱士思想，不可分離，與其說：道家淵源於黃、老，或老、莊，毋寧說：道家淵源於隱士思想，演變爲老、莊，或黃、老，更爲恰當。爲什麼我們提出隱士思想的重要至於如此呢？簡單地舉出三個理由，加以說明，便可易於明瞭其中的道理了。

（一）上古歷史傳說上的反證

我們的歷史，自上古以至秦、漢，可稱爲正史的，除了孔子著的「春秋」，以及春秋的三傳（左傳、公羊、穀梁）與「國語」以外，便是孔子和孔門弟子參加修整過的五經（易、禮、詩、書、春秋）。這後人有所謂六經皆史的說法，那便是說：我們所保留的五經資料，都是具有充分價值的史料，但是，這些都是屬於正史的題材；此外，如自古流傳，散見於民間及諸子百家的傳說當中，所記述有關的史料，是屬於歷史背景上反證的部分，也不能說毫無採信的價值。相傳歷史上的隱士，在三代之際，便有許由、巢父、卞隨、務光等人，這些人物，大多都是「視富貴如浮雲」，所謂：敝屣功名，薄視帝王而不爲的角色；同時，又說他們的學問、道德、人品，都是有超人的成就。正因爲他們浮雲富貴，敝屣功名，所謂「天子不能臣，諸侯不能友」，因此使我們歷史上所推崇的聖帝明王，如堯、舜、禹、湯等人，都爲之禮敬景仰有加；換言之：凡是上古的聖君名王，無論爲政爲人，最顧忌的，便是隱士們的清議與輕視。尤其在野的知識分子，和民間的心理，對於隱士們態度的向背，非常重視，到了秦、漢以後，司馬遷作史記，特別點出隱士一環的重要，把他和謙讓的高風，合在一起，指出中國文化，與中國文化人高尙其志的另一面目。因此他寫世家，便以吳太伯世家做點題；他寫列傳，便以伯夷列傳做點題，尤其他在伯夷列傳中，借題發揮，大發其歷史哲學與人生、世事哲學的議論，比他的自序，還要進一層，深刻透露出文化哲學的觀點，强調隱士思想的背景，與其崇高的價值。

(二) 孔子與隱士的思想

其次，如衆所公認我們大成至聖先師的孔子，大家都知道他是一個心存君國的救世主義者，他要面對現實，反對逃避責任，但在他的一生裏，却極力讚歎伯夷、叔齊和吳太伯等人的讓位逃隱，推崇他們的人格。他也講到「邦有道，危言危行，邦無道，危行言遜」的處世方法，同時提出「寗武子，邦有道則知，邦無道則愚，其知可及也，其愚不可及也」的觀感等等。這是說明孔子儘管自己具有入世救世的願望，但對於隱士思想「賢者避世，其次避地」的作法，仍然非常贊同，甚至、他有的處世方法，也不得不取與隱士思想雷同的態度。所以在他周遊列國的時期，遭到晨門者、荷蕢者的譏刺；碰到長沮、桀溺的批評；領會楚狂接輿的諷勸，他只有會心的歎息，明知其不可爲而爲之。祇有在桀溺對他批評說：「滔滔者天下皆是也，而誰以易之，且而與其從辟人之士也，豈若從辟世之士哉！」他曾莫可如何的加以按語，才有「鳥獸不可與同羣，天下有道，丘不與易也」的感歎。後來大家便引用他說「鳥獸不可與同羣」的一句話，認爲是孔子罵隱士們逃世消極的醜陋判語，其實，他說這句話，並非如後世人所想像的那樣醜陋與惡毒，他只是說出人各有志，彼此各行其是的感慨而已。因爲鳥是飛的，獸是走的，所謂遠走高飛的消極者，與積極入世者，彼此都可各行其是；表明他自己，決心走的是入世救世的路線。我們只要一讀司馬遷寫老莊申韓列傳中，由孔子對於老子的按語：「鳥吾知其能飛，魚吾知其能游，獸吾知其能走。走者可以爲罔，游者可以爲綸，飛者可以爲繒。至於龍，吾知其乘風雲而上天，吾今日見老子，其猶龍耶？」一段話，便可了解孔子所說「鳥獸不可與同羣」的語意何在了。並且由此也可以明白他對於隱士思想的估價，和推崇老子爲高隱代表者的表示。因此司馬遷寫在捉摸不定的老子傳裏，也就有了「老子，隱君子也」的結論。總之：孔子的思想，與秦、漢前後所號稱的儒、道兩家思想，他們在原始的本質上，對於「君子乘時則駕，不得其時，則蓬纍以行」的立身處世的態度，是完全一致的，尤其對於「蓬纍以行」的隱士們，和隱士思想，是具有「心嚮往之」的潛在情感的。

(三) 隱士與歷史政治的關係

講到歷史政治與隱士的關係，這在我們整個的歷史系統裏，是一個非常有趣味的問題，祇是大家都相沿因襲慣了，談到歷史，不是用一本正經的嚴肅面孔來讀，便抱着疑信參半的態度來研究；可是無論屬於那種方式，對於歷史政治上幕後隱士們的價值，都被忽略過去了。我在前面曾經强調的說，隱士思想與隱士們，是操持中國文化的幕後主角，但是自古以來，眞正澈底的隱士，已經無法確實得知他們的事跡，只有被道家的人們，蒐羅一部份，假託一部分，歸入若隱若現的神仙傳記裏去了。我們現在提出與歷史政治有關的人物，也只能算是「半隱士」的一羣；所謂「半隱士」，就是說他們的生平，或者在前，或者在後，過的是隱士的生活，其餘半截的生活，就出山入世，參與現實社會，和實際的政治有了牽連。關於「半隱士」與「隱士」，我們引用宋代詩人陸放翁的一首詩，做爲恰當的說明，放翁的詩說：「志士棲山恨不深，人知已是負初心，不須更說嚴光輩，直自巢由錯到今。」他認爲眞正的隱士，入山唯恐不深，避世唯恐不遠；而被人知道出了名的隱士，已經辜負了自己當初逃隱的動機了，姑且不說別有用意的嚴子陵們，就是許由、巢父他們，被人發現了踪跡，有了「高尙其志」的「隱士」聲名，也早就錯到底了。這雖是陸放翁有所感而發的話，然而也足以代表「半隱士」們的一般感歎！至於歷史政治有關的「半隱士」，例如伊尹、傅說、姜尙，以及間接有關的，鬼谷子、黃石公，與秦、漢以後的「半隱士」如張良、司馬德操與諸葛亮。南北朝以後，列入道家人物的，如王猛、陶宏景，唐代的魏徵，宋代的陳摶，元代的劉秉忠，明代的劉基、周顚，清代的范文程等等，都是其中的犖犖大者，爲一般比較容易熟悉的人物。**這便形成中國歷史政治上特有的情形；凡在撥亂反正的階段，或建國創業的時期，身爲中國文**

化幕後的「隱士」們道家的人物，就見危受命，挺身而出，代表一般山林在野的志士們的精神，輔翼命世之士而創造新的時代和歷史。到了治平的時期，便又沒沒無聞，把成果與責任，付之自命爲儒生們的手裏了。因此，我們要了解，中國歷史的演變，及其興衰成敗，與學術思想的關鍵，幾乎有一共通不易的定例；那便是凡當擾亂反正的時期，大多是道家人物與道家學術思想的功勞；到了天下太平，坐而論道，講究修齊治平之學的時期，就成了儒家的天下了。「隱士」的道家人物們，對於過去中國歷史政治具有這樣舉足輕重之勢，除了「通古今之變」，如司馬遷等少數人以外，一般人幾乎不明實況，所以把眞正道家的人物，與眞正道家的學術思想，就一直蒙在寃枉的檔卷中了。我們姑且舉出正反面一、二種歷史資料，以便有一新的認識，恕限於時間與篇幅，不能具體的詳細講明。

（1）歷史上畏懼「隱士」思想的反面　周代：「太公望（姜尙，字子牙，因功被周室尊稱爲太公），封於齊。齊有華士者，義不臣天子，不友諸侯，人稱其賢。太公使人召之三，不至。命誅之。周公曰：此人齊之高士，奈何誅之？太公曰：夫不臣天子，不友諸侯，望猶得臣而友之乎？望不得臣而友之，是棄民也。召之三，不至，是逆民也。而旌之以爲教首，使一國效之，望誰與爲君乎？」

這一歷史故事，便是說明姜太公得封爲齊君以後，要殺齊國的「半隱士」華士。他不臣天子，不友諸侯，請他三次又不出山，這便使「半隱士」出身的姜太公動了殺心了。因爲姜太公是行家，他懂得「半隱士」的利害，又加上他初到齊國，舊有的地方勢力，還沒有投誠，他決不容許這種不合作的作風養成。所以周公吃驚的問他，你何以隨便就要處決一個「高士」呢？他就說出他的意見，認爲假使像華士這種人，還要褒揚他，那麼，我還要做齊國什麼人的君王呢？這眞是痛痛快快的說明統治者的苦經，同時，也由此可以了解上古對「隱士」思想的重要性。

其次：在戰國末期，齊國派使臣到趙國去，趙國的女主趙威后，在接見齊國大使的時候，還沒有談到正題，趙威后便問了幾個有關齊國政治的問題，最後，便說：「於陵子仲尚存乎？是其爲人也，上不臣于王，下不治其家，中不索交諸侯，此率民而出於無用者，何爲至今不殺乎」？這個外交史上的故事，正和姜太公要殺華士的說法，是同樣的觀念，可見在春秋、戰國時期，當權者對於「半隱士」的畏懼，和懼怕俠義道的情形，是同樣的心理。其實，齊國的「半隱士」於陵子仲，已經大非姜太公時代的華士可比，趙威后挑撥齊國大使，也許正是懼怕這個「半隱士」於陵子仲的才能，對於齊國與趙國之間的外交政治上，是一個有暗中左右力量的可怕人物，所以他在急於去掉敵國賢人的心理意識上，便衝口說出這種政治心理作戰的話來了。

（2）歷史上尊重「隱士」思想的正面　帝堯想要讓位於許由，周初用姜太公的建議，尊重伯夷、叔齊的志節，這些都是大家所熟悉知道的事件。秦始皇一怒而坑不聽命、不合作的儒生，因此又大失人心，漢高祖要想換立太子，結果呂后用了張良的建議，把那高隱在商山的四皓，素來不理漢高祖的四個「半隱士」，死拉活扯的拖下山來，做了太子的老師。這樣，便使漢高祖不能不屈服，只好變更計劃，也就不敢再談換立太子的事了。此外，如歷代帝王向山中的「隱士」，動問國家大計的，也例不勝舉，有名的如陶宏景，稱爲山中宰相。因此，在歷史文化的著作上，便有上古的「隱士」，秦、漢以後的「

神仙」，唐、宋時代的「高士」與「處士」等無位而得高名的稱號產生。尤其在宋代，有一類的「處士」，以「半隱士」的姿態而得到一舉成名的光榮，致使後人笑他們有「功名捷徑在烟霞」的譏刺。以及後來兩宋理學家們，講學不仕的作風，都由於這種傳統文化幕後主角的「隱士」流風所造成的。滿清入關以後，英明的康熙，屢開博學鴻辭科來網羅不稱臣，不投降的漢族智識分子，也便是對付「隱士」的一個政策。

我們爲了說明道家學術思想的淵源，稍微多加牽扯了有關於隱士的問題，暫且到此爲止。至於「隱士」思想，在中國文化史上的價值與利弊，一時很難詳細來說明，總之：姑且拿老、莊做代表的道家「隱士」思想，與孔、孟做代表的儒家思想來說，他們最高的目的，和最基本的動機，所謂救世治平的宗旨，其實並無兩樣。所不同的，就是採用的方法與態度，各自別有主張。儒家的孔、孟，他的作法是積極的强行入世，冀圖挽救世道人心；道家「隱士」們的主張，是因勢利導，處之於無形。所以道家的方是用「弱」、用「柔」，結果往往被用錯，而致於柔弱不堪，這是它有害的一面。但在好的，有利的一面來講，他正是易經乾卦上「用九」的精神，所謂「見羣龍無首，吉」。「龍德而隱者也」。因爲他不在任何的那一個爻位上，所以他能够絕對的冷靜，絕對的客觀，在幕後領導九五的變化。倘使他也入了爻位，當然便被變道所拘，自身難免不受其變，而無補於時艱了。我們研究道家的應用，必須先要了解這個精神，才能談道家對於中國文化的利弊和價值。

參　方士的學術與道家

在這個時代來講道家，正當一切的學術思想，都被沉埋在科學的浪潮中旋轉，所以一提到「方士」，便使我們有無限的感慨。首先我要爲歷史上的「方士」們提出一個聲辯，所謂眞正的「方士」，也就是我們古代眞正的科學家，後來由於被傳統文化另一觀念所影響，便受歷來自命爲儒家的學者，根據有關於「方士」們不利的資料，而被造成是一個輕薄鄙視的名辭。因此我們歷史上的「方士」，與「方術之士」、「方技之士」等的稱號，一直被讀書的知識分子，視爲江湖末技，與跑馬賣解（做把戲、變魔術）、走江湖、混飯吃的觀念，混合在一起了。其實，退一步說，假使「方士」便是走江湖，混飯吃的一流人物，雖然多少含有混騙的成份，但也不過是「衆庶馮生」，爲了生活，與那些欺世盜名者相比較，也無什麼慚德之處。但最不幸的，正因爲我們歷史文化，過去對於「方士」有了這種偏見，就使我們上古發現的原始科學研究，在這種輕視的觀點之下，永遠被沉埋在「方外」的角落裏了。

關於「方士」名稱的來源，比較可靠的資料，首先見於戰國時代的學者們，特別提出這個名稱，但在那個時候，這個頭銜，並不含有輕視的意思，只是做爲學術技能的特稱而已，莊子曾經提出「方術」的名稱，也正是說明「方士」是一種有特長學術的人士。秦、漢以後，「方士」之名，漸已通用，尤其在司馬遷的史記裏，寫到秦始皇的迷信「方士」而求神仙，漢武帝受到「方士」們的欺騙而到海上求仙，封禪書中，用微言大義的筆法描述漢武帝的愚癡與迷信，以及「方士」們詐欺的醜態，於是後世對於醜陋可鄙的「方士」，就因襲觀念，不屑一顧了。其實，在司馬遷的筆下，對於具有價值的「方士」，只要他的學說與方術技能，足以影響人心，有利於社會的，他並不輕視，更不放過，都分別的爲他們一一列傳；如屬於陰陽家的騶衍，屬於醫家的倉公與扁鵲，屬於遊戲人間，以滑稽見長的東方朔，屬於占卜的龜策列傳中的敍說，乃至後來與「方士」合流的游俠等等，無一不盡情描述，擇要說明他們的特長與篤行。至於有關於天文、曆象研究的專家，更加悉心記載，備極重視。甚之，司馬遷自己，正是醉心於天文、曆法的研究；換句話說：他的學問的長處，是想秉承儒家孔子的精神，與道家的宗旨，而他淵博的知識，與學術的修養，却很注重天文與曆法的探索。我們如果用强調一點的風趣口吻說：像莊子與司馬遷一流的人物，才有資格算做中國傳統文化中的正牌「方士」呢！當然囉，這只能說是偶發而借做比喻的話，不足爲訓。

（一）有關原始自然科學

由於前面我們簡略的講過「方士」的內情，現在再來歸納一下自周、秦以來「方士」學術所包括的內容，大概便可知道歷史上所謂的「方士」，是些什麼人物。上古的天文與史官，史官與占卜，本來是屬於同一學識範圍的職務，到了秦、漢以後，便愈分愈專，慢慢形成專家，凡是沒有聲名較著，或者對於這些學識還未完全博通深造的，便演變流衍爲「方士」了。於是在後來的「方士」學術中，便包括天文學、曆法學、星象學、占卜術等等；關於占卜一門，後來又經分家，有數理推算的占算法，有用卦象或其他方法斷事的卜法，所以秦、漢以後，便有龜與策分用的區別，同時也有龜策合一的方法。因為有關天文、曆法、星象等學術，必須要以數學做基礎，因此，便有數學學術的發展。同時，因為天文、曆法、星象等學科，不單是屬於技術性質的學識，而且必須要有理論的根據，於是高談宇宙物理的理論學科的陰陽家們，也就勃然而興了。這些學術，在秦、漢以後，凡有高明研究的，就顯仕於朝廷，正如司馬遷所謂：帝王以俳優畜之。凡是聲名不彰於世，便流落民間，一一歸入「方士」之流了。

(二) 有關陰陽家演變為人文科學

我們若要知道在上古時代，有關於天文、曆象等的原始科學，何以不能發展，那便是我們自古至今，一貫傳統的文化精神，一切都要偏重於人文本位與人生的修養。所以過去的讀書人，對於科學的學術，向來便抱有不堪重視的陋習，大家認為那是「奇技淫巧」，不足為法的學術。雖然沒有明文規定，類如天文學上的技術等，也與「奇技淫巧」有關，但因研究天文而發展為宇宙物理理論的陰陽家思想，就此斷送在這種觀念之下，不能在實際的技術才能上，充分加以實驗與證明。我們只要明白騶衍倡宇內有九州之說，曾被學者們哄然訕笑的事實，其他也就可想而知，於是由陰陽家的理論物理之學，勢必要轉入有關人生的研究了。根據陰陽家理論物理的道理，認為人的生命，可以做到不受自然物理規律的支配，能夠自己自由地控制生命，或自己再造新的生命；於是便慢慢發展，對於物理變化的尋求，而研究到心物一元的控制方術，因此，便有利用物理的本能，而產生「方士」修煉神仙法術，再綜合物理學與化學的研究，便有醫藥學煉丹術的發明。我們姑且不管「長生不老」的神仙，是否眞能做到？至少對於因此目的出發，而形成養生學、生理學、藥物學、物理治療學等的雛形，實在是生命科學的先進，也是爲好古者所自豪的了。至於後世與現在爲什麼反不如其初也？那是我們不長進，不爭氣的中華民族子孫的責任，千萬不要把罪過一齊加在古人頭上。同時順便提起注意，我們所謂的養生學，在它的命名和內容的觀念上，却不盡然同於現在的衞生學，所謂衞生，還是消極的抗拒，養生，才是積極的培本；尤其現在的生理學，是根據從死人身體上的解剖，和動物生理的研究而來，因此，它的流弊所及，用在對人體生命的醫學觀點上，與醫事的修養上，看待一個人，也如對待一個動物一樣，甚之，把他看成一個唯物機械的死人一樣，這正是因爲在醫藥學的本身上，缺乏哲學理論修養的結果。舉凡這些觀念的轉變，如何才能與中國文化的精神合流，都在等待着我們這一代，和後代的努力，承先啓後，也是義不容辭的中國文化傳統精神的要點。

(三) 有關理論物理科學

我們上古文化，有關於理論物理的學說，那便是五行、十天干、十二地支，乃至後來配合歸納，成爲易經八卦術數一系的納甲學說；這是先由天文、曆象學識的關係發展，到了兩漢、魏、晉以後，形成爲專門的理論法則。無論天文、曆法、星象、醫藥、煉丹、農業、工藝、占卜的龜策，與選揀陰陽順逆的「日者」，以及人文科學的種種，或多或少，統統都受到陰陽家術數思想的影響。即如宋儒理學家們，如程頤、程灝兄弟、朱熹等人，儘管排斥佛老，但也始終仍在陰陽家的範圍內沐浴悠遊。可是，最可惜的，我們過去始終無法跳出這個傳統習慣，把它擴而充之，付之於物理與人生的實際體驗，用來追究宇宙物質的自然科學上去。因此，許多不懂這些學問的人，不是罵它爲迷信，便是罵它爲不科學，雖然科學的精神，在於實際的求證，是要把理論見證於事實之間，但如果連這些法則與理論還不懂，就輕易的遽下斷語，這正是一種大大的迷信，而且不合於現代科學的求證精神。我個人對於這種觀念的答覆，非常簡單，第一：凡是一種學識，留傳幾千年，還沒有被完全推翻，其中必然有它存在的道理與價值，況且古人不一定都比今人愚笨，凡是研究這些有成就的古人，也都是第一流的聰明人，難道我們「强不知以爲知，」遽下斷語，也比古人聰明嗎？第二：既使這些學識，完全是騙人的，它能騙了幾千年來的聰明人，雖然確是騙術，其騙也相當可觀了！你爲什麼不去摸摸它的謎底，便下此斷語呢？求學問的態度，最重要的，是虛心學習，「知之爲知之，不知爲不知，是知也。」我們應當深自反省。

總之：有關於周、秦之際「方士」學術的內容，我們可區別爲廣義和狹義兩種，如果從廣義的範圍來講「方士」的學術內容，除了前面所列舉的種種以外，凡是春秋、戰國時期的陰陽家、農家、醫家、乃至雜家，都可歸納在「方士」的學術內容裏去。倘使祇能從狹義的「方士」學術來講，那便屬於專以研究神仙丹藥，冀求人我生命的長生不老，乃至進而做到「羽化而登仙」的一些專門學術。不過，我們不要忘記，這種專門學術，也正是世界文化史上，最早期的，對於物理與化學等自然科學，與藥物學的創始者，若是妄加輕視，未免太過遺憾了。

肆　關於道家方士學術思想的淵源

過去一般研究歷史文化學術的習慣，一提到道家，不是想到老子與莊子，便是想到神仙與「方士」，甚之，把老、莊、神仙、「方士」三位一體，構成一個「迷離撲朔」的道家形態。每當大家一提到「方士」，就很自然的依循傳統的觀念，認爲他是在戰國時期，燕、齊之間，產生了一批「方士」，大談其陰陽不經之說，與燒煉神仙丹藥之術。因此，流傳下來，至於秦、漢之際，對於「方士」的丹藥，服之可以成爲神仙，做了神仙，便可以長生不死的觀念，就普遍的深入人心了。對於這種觀念的信仰，與追求神仙丹藥的風氣，一直或明或暗地，籠罩着中國歷史社會，達兩千年之久，上至帝王，下至平民，歷來都很普遍的受到這種「迷信」觀念的影響，大家儘管「口說無憑」，其實都是「心嚮往之」。在歷史觀念上，我們都人云亦云，旣然認爲「方士」是戰國時期燕、齊之間的產品，可是，大家都忘記了問一問，爲什麼在那個時間，祇有燕、齊之間，才會有「方士」的產生呢？他們學術思想的根據，難道完全沒有可靠的來源，都是憑空揑造，專爲欺世盜名而騙人的嗎？倘使眞是如此，這些所謂的「方士」欺世騙人的謊言與技術，也非常足以自豪了。因爲他們不但欺騙過去歷史上都屬於第一流的聰明人，同時他們欺世騙人的遺風，居然能够一直維持了幾千年，這豈不是一件大有可疑的怪事嗎？因此，我們就需要把戰國時期，燕、齊之間出來的這些「方士」的根源，反復追查一番了。

(一) 上古傳統文化與周代的道家

講到上古文化與道術，自魏，晉以後直到現在，始終存在着兩種觀念，一是相信傳統的歷史，絕對崇古而信古的。一是懷疑古代歷史的傳說，盡量想在古人留下的文化遺跡裏，尋找證據，推翻舊說的。時代愈向後來，距古愈遠，疑古的觀念也愈加濃厚與興盛。文化與歷史，事實上本來是不可分離的一體兩面，我們自古以來，素來傳說的上古歷史，往往是與遠古史合一的。但是對於遠古史只有傳說，有關遠古正確的資料太缺乏，所以抱着「述而不作、信而好古」的態度如孔子，他在整理遠古與上古文獻的時候，十分謹慎地删定「書經」，斷自唐虞開始。關於唐虞以上五帝的傳說，只有散見在「大戴禮」與「春秋」的附帶敍述之中了。那便是雖然好古而不疑，到底還是需要採取可以徵信的資料，因此以虞，夏做爲斷代的開始。後人再退而求信，便以夏、商、周三代做爲標準可信的史料。不過，到了近代和現代，有的採用西洋文化與史學的觀點，對此也表示懷疑了，那是另一問題，在此暫且不加討論。但從孔子開始，雖然斷自唐虞爲準，而在周、秦之際，諸子百家的傳述著作中，仍然存疑存信，保留許多自遠古與上古相傳的歷史資料，後來就爲道家與道敎的思想，全盤接受。而且自兩漢以來，從事傳經注釋的儒家學者，在他的註經觀念中，也有許多地方，是明貶暗褒的保存這種傳統的思想，究竟我們的遠古與上古的文化史，應該確定是如何若何的，我現在站在道家思想的觀念來講，實在很難說。

那麼，我們現在再來看看自稱爲繼孔子著「春秋」後，五百年來的第一人，而且還是極其崇拜孔子的歷史文化哲學思想家司馬遷，在他的著作——「史記」的思想系統中，了解一下他對於上古文化史的看法。他雖然在伯夷列傳上提到：「夫學者載藉極博，猶考信於六藝。詩書雖缺，然虞夏之文可知也。」但非常顯然的，他在孔子所傳述的六藝以外，仍然不能忘情於其他「極博」的古藉上的傳說。所以他在寫帝王的世系時，就要爲五帝作本紀，而且首先提出黃帝，比起孔子保存三代可以徵信文獻的觀念，又是另一的態度與看法。所以，他在五帝本紀的贊裏說：「學者多稱五帝，尚矣！然尚書獨載堯以來。而百家言黃帝，其文不雅馴，薦（與搢通）紳先生難言之。孔子所傳宰予問五帝德及帝繫姓，儒者或不傳。余嘗西至空峒，北過涿鹿，東漸於海，南浮江淮矣。至長老皆各往往稱黃帝、堯、舜之處，風敎固殊焉。總之不離古文者近是。予觀春秋、國語，其發明五帝德、帝繫姓，章矣！顧第弗深考。其所表見，皆不虛，書缺有間矣。其軼乃時見於他說，非好學深思，心知其意，固難爲淺見寡聞道也。余並論次，擇其言尤雅者，故著爲本紀書首。」在他的五帝本紀贊裏，我們可以看出以他考察所得的結果，「長老皆往往稱黃帝，堯，舜之處，風敎固殊焉！」，是說明民間老前輩們的傳說，處處都提到黃帝，同時，堯與舜的地方，文化風俗的敎化遺跡，也各有不同之處，並不完全一致。其實，不但堯、舜的風敎，各自代表不同的時代與地方的背景，就是堯、舜、禹三代的風敎，也各自不同，並非完全是一貫的傳統的，何況夏、商、周呢！

司馬遷在「史記」裏，雖然提高了歷史文化年代的觀念，然而後人崇信上古傳說的，還是覺得不滿足，所以在唐代，便有司馬貞爲「史記」作補苴，根據道家傳說，又寫了一篇三皇本紀，更從黃帝以上，一再向上高推。如果再看更晚的歷史學家，他們採用道家對於歷史文化演進的觀念來講，從三皇以下，至伏羲畫卦，再降到五帝的開始，少說一點，已經有十二萬年的歷程，多說一點，可以遠推到一百多萬年前。後來宋代的邵康節，著「皇極經世」，創立對歷史演變的一種新算法，便用他自己得自道家思想的律例，截定自三皇到唐堯甲辰年止，共該爲四萬五千餘年。我們如要了解道家的文化思想，要了解中國文化歷史舊說，請看這些所例舉的少數資料，不知大家作何感想？當然囉！你也可以說它爲荒謬不經之談，這是你個人思想上的自由，誰也不能隨便說一個「不」字。

好了，現在我們可以回轉來採用司馬遷的辦法，雖然「載藉極博，猶考信於六藝」的精神，再來大體而廣泛的討論一下六藝——五經的資料，便可了解上古文化思想，與道家學術的淵源了。不過，我們現在祇就六藝有關的五經現成資料來講，既不管它內容考據的眞僞問題，也無法仔細討論，只是講其大略而已。有關五經文獻的文化思想，最主要的兩部書，就是「易經」與「書經」。自漢、魏以後，提到五經與文化史，大體都以「易經」做爲「羣經之首」。因爲歷來傳統學者，認爲中國文字與文化學術的起源，都以伏羲畫八卦，爲有書契的開始，「易經」就是從八卦的演變，進爲文化學術思想的一部書，它與醫藥等術書一樣幸運，在秦始皇燒書時期，被認爲是屬於卜筮一流的術書，所以沒有把它燒燬。「易經」學術思想的發展，據歷來傳說，有連山、歸藏、周易等三種易學的流派，然而連山易與歸藏易，原始確切的陳跡久已難尋，我們所留傳的易經，祇有周易一書，那麼，沒有被秦始皇所焚燒的，就是這部周易？或是三易統統未燒？其中又是一大疑問了。現在暫時不講這些問題，只是根據「周易」來講伏

羲畫八卦以後，上古文化演變的路線。

八卦，原是以八個符號來表示物理宇宙的圖記。其中含有陰陽互變，用來歸納萬事萬物變化的跡象，因而產生八八六十四卦，做爲分析歸納人事物理的法則。它與黃帝時代所發明天文上的天干、地支符號，與唐虞以後而歷夏、商、周的五行術數一樣，由上古伏羲時代而經五帝至三代，都是各自有其獨立的系統，各自代表上古氏族社會的地區文化，與時代文化的異同，原來並不一致。把八卦、五行、天干、地支，完全綜合融會起來，加上天神與人事合一的觀念與計算方法，因此演變爲中國原始的物理理論科學，同時又變爲神秘而類似宗教性的學術，實在都是兩漢學者與道士們的傑作。復因此而成爲占卜、讖緯等術的泉源，更使易學半明半晦，永遠入於秘笈之林了。可是，我們根據「周易」的研究，却又另外發現一個問題，那便是由上古聖人伏羲所畫八卦的易學，經過周文王的造辭，與他兒子周公的解釋，把這類原始宇宙物理理論性的學術內涵，取用了它大部分的內容，變爲發揚人文道德，奠定倫理標準的人文思想了。後來歷經五百年左右，孔子又繼文王、周公以後，研究「周易」，更加融會貫通的，用它來說明人事哲學的原則。於是，後世言「易經」，便有理、象、數的分途之學；以專講人事道理的通義的，就歸之於易理的範圍，以專究天文、物理、生理等陰陽變化的，就歸於象，數的範圍；講象、數、獨推道家，言事理，兼及儒家，這便成爲魏、晉以後道家學術思想，與修道理論的哲學根據。換言之：秦、漢以後道家學術思想，由科學而哲學的根據，實在是從「易經」學術的源流而來，也可以擴大的說：是上接伏羲、三皇、五帝的傳統。但是，我們在「書經」（尚書）所載三代以來的文獻中，除了一篇洪範，提到五行的思想以外，實在再找不出更多有關於「易經」的資料，這又是什麼道理呢？這也就是在討論春秋，戰國時期學術思想，必須要追蹤尋求周代以上文化來源的問題了。

我們都知道中華民族文化的發源地，先由西北高原開始，逐漸向黃河下游發展，到了三代以下，便形成中原文化。這一系統文化的老祖宗，大致都上推自伏羲畫卦做開始，以黃帝軒轅爲中心，終以文王演繹八卦的「易經」哲學，奠定自伏羲，經黃帝，至於文王一系的學術思想，發源於西北高原，展開於黃河流域中心地區的文化。我們姑且假定一個名辭，叫它爲「易經」學系的文化學術，或者稱它爲中國上古西北高原的文化思想：前者的名稱，是以經學做中心，後者的名稱，是以地理歷史做代表，它與孔子所搜集編著三代政治歷史資料的「書經」（尙書）文化，儼然是兩個系統。因爲「書經」所保留政治歷史文化的資料，自唐、堯、虞舜、夏禹，到商湯而至於周代的文化，除了經過周公的融會而集其大成，制定周代的禮、樂、文教，刑政以外，從三代以至於商湯，大致都是起自黃河中心流域東北方的文化思想，所以我們也可以叫它爲「書經」學系的文化學術，或者稱它爲中國上古黃河中心流域東北方的文化思想。

我提出這個對於上古文化，經歷三代而到周、秦之際的兩大觀念，也便是說明在春秋、戰國時期，雖然諸侯各國的文化學術思想，是宗奉周室的周制，而因各自秉承宗族文化的傳統不一，仍然有各自爲政的精神存在。再由周代而遠推上古，前從唐堯、虞舜更加上溯，後從夏禹一直到周代建國，顯然是各有它承繼的體系，因此更可了解中國文化的統一，都是秦、漢以後的事實。至於周、秦以後道家學術思想的內容所屬，與燕、齊「方士」學術的根源，却與上古西北高原文化，自有息息相關的關係。如果忘了這個歷史演變的陳跡，對於道家學術思想，當然就有陌生或無因而突起的感覺了。至於後世以孔子做代表的儒家學術思想，偏重於人文道德倫理的文化，實在是受周公禮、樂、文教、刑政思想的影響，淵源於「書經」的三代文化而來。這在孔子之孫子思所著的「中庸」裏，也很明顯的說：「仲尼祖述堯舜、憲章文武，上律天時，下襲水土。」便是很好的說明。孔子的晚年學易，大體仍然納於人文的規範，依然是循文王，周公的思想路線而發展。

講到這裏，我們順便一說伏羲，黃帝等，有關於上古文化學術思想的資料？以供研究的注意：

根據舊史的記載，伏羲生在「華胥之渚」，後來定都於陳。所謂「華胥」，就是陝西西安附近的藍田縣。所謂陳，就是河南開封區域。伏羲以後的神農，舊史稱為炎帝的，他出生在姜水，後來便繼伏羲而都於陳，再遷山東的曲阜。所謂姜水，就在陝西的岐山縣西。伏羲是漁獵社會時代的領導者，神農是農業社會時代的領導者。漁獵社會的生活，是由西北高原向黃河上游流域發展的過程。農業社會，自然必須步入平原地帶為適合，這便是由伏羲到神農時代，文明進化的必然情形。

至於黃帝軒轅時代，文化文明，已經進入初期集成的時期，也就是後世判斷歷史文物，裁定上溯始於黃帝的原因。黃帝生於「軒轅之邱，因名軒轅。」所謂軒轅，就是河南新鄭縣西北，後來因蚩尤的作亂，炎帝神農氏族的衰敗，黃帝首先發明訓練動物，如熊、虎等猛獸作戰，我們借用一句現代化的術語來說：他建立一支動物的機械化部隊，在（阪泉）河北保安縣，先打垮了暴虐無道的「榆罔」，又在察哈爾涿鹿縣東南的涿鹿之野，再打垮了蚩尤，因此便受諸侯的推尊為天子，繼炎帝神農氏族而治天下。

中華民族文化共祖的黃帝，在草昧初創的時代，眞有無比的偉大，他不但征服了蚩尤，平定天下之亂，在他的手裏，還建立了中國原始自然科學的規範，他發現磁場的功能，做了指南車，建立中國天文、數學的規律，爲古今中外自然科學史上古發明的先鋒。他創造占星術、天文儀規，作蓋天儀，測定風向以候氣象，創建曆法，以定時間與日月在天體運行的標準，同時命大撓作甲子與奇門遁甲之術，建立天文與宇宙物理理論的學術，他研究醫藥，作內經，作交通工具的舟車，制定衣服的制度，以及確立建築、貨幣，與畫分土地，確定地方政治制度等工作。講到自然科學，便使我們有無限的感慨，我們要知道，在科學史上，以及科學的學識上，向來便以天文學爲先鋒，數學爲基本；而我們由老祖宗黃帝手裏發明天文與數學以來，素來在科學史上，被認爲是科學的先進，但到了近代和現在，不要說國內高級學府，沒有一個像樣的天文系，同時也沒有一個眞正能够趕得上時代的數學系，致使我們身爲天文、數學的原始先進國家，變成完全外行而無知的落後民族，使我們面對列祖列宗，眞有無地自容之處，更何況對於中國固有，而後來屬於道家學術範圍的天文等知識，試問眞知道的能有幾人？豈不令人興嘆嗎！黃帝不但建立了中國原始科學文化的體系，他同時創造文字，發明正音樂樂律的律呂，制作度、量、衡，建立政治體制，而且首先設立「史官」的制度。總之：黃帝的功德太多，凡是上古一切文化文明的好處，根據舊史上記載的觀念，統統都歸之於黃帝，此所以司馬遷所謂：「黃帝、學者所共術」確有原因的。

我們對於黃帝，除了根據現成的史料，簡單地作了上面的介紹以外，且看道家方面，對於黃帝的傳說，更可了解道家的學術思想，是如何的秉承上古傳統文化的來源了。道家者言，除了如上述所說，對於黃帝的偉大，備加推崇以外，他們還說黃帝曾經拜過七十二位老師，遍學各種學問，最後西上甘肅的崆峒山，問道於廣成子，後來又到四川峨嵋，廣成子才傳他的道，因此便普遍傳說黃帝問道於崆峒，得道於峨嵋。但要記住，由於這個傳說，黃帝的功業，是起於黃河平原的東方與北方，而他的文化學術思想，主要的，是得之於西北高原的系統。所謂廣成子，是道家共奉的上古神仙？究竟有無其人，姑且不談，然而道家人物的名號，也和佛家菩薩的名號一樣，往往名號是代表一種內容的，那麼廣成子，便是集其中國文化大成的意思，這與「黃帝、學者所共術」的觀念，就不謀而合了。

黃帝自得道以後，活到一百十一歲，共計在位的期間一百年。後來因修道有成，便在鼎湖白日飛昇，上天而做神仙的共祖了。他是乘飛龍而上天的，所以有許多臣子，都攀住龍鬚，跟着飛昇，也有少數攀不牢的，便在半空中，還墜人間了，因此，後來便有「攀龍附鳳」的術語，用之於君臣風雲際會的頌稱。我們聽了道家傳說這則神話故事式的黃帝史，當然是「礙難置信」。而且司馬遷在史記上，又明明記載「帝崩於荆山之陽」，「葬橋山」，就是陝西「橋陵」。可是史書上又說：「帝採首山之銅，鑄三鼎於荆山之陽，鼎成，崩焉。其臣左徹取衣冠几杖而廟祀之。」如果照此一說，對於黃帝的死，又是一個謎了。這些我們都可不管，無論如何，道家這種傳說，向來便是對於功德永垂人間者的尊崇與封號。凡是德在人心，功垂千古的，他們大多都把他列入神仙範圍，因此影響後世儒家對於忠臣孝子，節婦義夫們的廟祀，乃至傳統文化觀念所謂「聰明正直，死而爲神」的精神，透過這個觀念，我們便可了解道家說黃帝是「鼎湖仙去」，作爲天上神仙共祖的說法，是具有無比的崇敬與仰慕的深情，豈可一律視爲謬論嗎？

我們由伏羲畫卦，講到神農而至黃帝，已經大體說明上古西北高原的文化系統，那便是屬於「易經」學系的學術思想，由宇宙物理的科學而到哲學的，也正是中國原始文化的這一系，後世道家學術思想淵源的系統。時代再向下來，便是堯、舜、禹三代的文化了，這個時期的學術思想屬於「書經」學系，也便是黃河中心流域的東方與北方的思想系統了。

帝堯，是黃帝的曾孫，生在丹陵，後來遷移到山西太原附近的祁縣。十三歲，便佐帝摯封植，有功而受封在山東的定陶。到了十五歲，復封於河北保定附近的唐縣，所以後世便稱唐堯。十六歲，踐天子之位於山西的平陽。根據尚書的堯典，帝堯爲政的第一政務，就是整理天文與曆法，也便是形成後世文化與歷史「正朔」的觀念。換言之：帝堯爲政的方針，在針對農業社會的基礎上，仍然着重於天文、曆法等屬於自然科學的建設，用它與人文文化的建設，同時並進的。當時輔助帝堯行政的，便是他所選拔的虞舜。虞舜輔助帝堯，整理天文、曆法，創建禮、樂、文教、刑政等許多規模與制度，同時又整理自上古以來的自然科學，與人文文化有關等要務，相似史書所載的，黃帝許多施政的方針。可是在這個時代，中國有了洪水之患，所謂「浩浩懷山襄陵」的狀況，是慘不忍睹的局面，先後連續約達一、二十年之久；所謂「懷山」，就是說把高山擁抱在大水的懷裏；「襄陵」，是說淹沒地面，至於高原的丘陵地帶。這樣大，而且連續多年的水災，給予中國三代以上的災禍，它的慘酷，不待言而可知。後來經過夏禹的努力，開山濬川，才將洪水的災患，變成全國的河渠水利，於是夏禹的成績，不但功在當時，而且德及萬古。因爲眞正中國文化歷史，由上古到大禹治水的成功，才算正式奠定中華民族以農業立國的堅強基礎，有了原始農業經濟的成就，才能完成夏、商、周三代確實建立中國文化的系統。雖然，古代歷史的記載，以無上崇敬的筆調，寫出堯、舜奠定文治的功勳，但詳細研究堯、舜史蹟，以尙書的堯典、舜典做爲中心的史料，自然可以看到都是由於大禹治水的成功，才能完成堯、舜相承文治的大業。所以孔子說：「禹，吾無閒然矣！」他的確够得上如孔子所說的是無話可說的聖人了。講到大禹治水，以及中國的水患與水利，順便提醒一句：中國幾千年來帝王時代，首要的大事，便是對於黃河水患的防治，與長江水利的開發。尤其是黃河水患，在歷史上，小的水災，至少不出十餘年，大的水災，至多不外三十年，必定會造成黃河下游流域的中原地帶等區域的災害，歷代眞正具有救國救民之心，抱有經綸濟世之志的學者，都想繼續大禹治水的功業，要完成大禹未奏全功的建設中華民族的大計。宋代以後，號稱儒家的理學家們，屬於事功學派的，他們都想在全國的河渠水利上下工夫，做爲實際治平學問的目的。然而河患與水利的開發，畢竟沒有完成大禹的志業，希望我們這一代的青年同學，凡做事業，應當效法大禹的精神，留心這種歷史上的大業，將來反攻復國以後，眞能做到爲國家民族建立一番偉大的事業與功勳。

大禹，是黃帝的玄孫，因有平定全國的水災，整治水利的大功德，便受舜的禪讓，繼承天子之位於戰國時的韓國，就是山西平陽附近的安邑。這便是上古史上有名公天下的禪讓時期，也就是堯、舜、禹三代的豐功大德。同時，也自大禹以後，便形成夏、商、周三代文明的開始。由伏羲畫卦，經神農、黃帝而到堯、舜以後，大禹是中國上古建國史上劃時代的人物。非常遺憾，也很不幸的，在民國初年以後，有些學者，無形中受了外國人有意造成侮辱中國歷史文化的觀念，否認堯、舜、禹的史蹟；認爲堯、舜、禹等並無其人其事；堯，是香爐的象徵；舜；是蠟燭臺，禹是一個大爬蟲，像這樣自己對祖先歷史文化，自加侮辱的新觀念，使我們講起來，實在大有「親者痛而仇者快」的感慨。殊不知中國人的點香用香爐，點燭用蠟燭臺，那是漢、魏以後，隨佛教傳入印度習慣的轉變，三代以上，香爐與蠟燭臺，根本沒有發明，我們所看到的香爐與蠟燭臺的形式，都是唐、宋以後的形態，甚之，還要遲一點，怎麼可以把堯、舜、禹三個字的象形，硬拉下到千載以後，比做宗教儀式用的工具呢！現在我們約略講過「書經」文化系統，堯、舜、禹前後的簡介，也就是說明這個時期的文化源流，都在中原地帶，流布在黃河中心流域的東方與北方的情形，並且便是附帶而簡要地說明中國上古人文文化建立的系統。

至於大禹如何畫分九州，自有「書經」所保留禹貢篇等歷史資料，我們不去管它，現在要講的，是道家學術思想，如何與三代以上的文化接流的問題。大家都知道，當堯、舜建國初期的大事，首先的工作，除了建設天文、曆法等具有如現代所有科學建國的精神外，同時，對於人文文化的建設，也正如「易經」所謂，建立一種「聖人以神道設教」，類似宗教而富於哲學的規模，後世道家、儒家的「天人合一」思想，都是由這種歷史文化的資料而形成。尤其在大禹治水的階段，除了「書經」等屬於正史傳記的說法，只是列述許多可徵可信的史料外，對於怪誕不經的傳說，早被刪除，概不採納，可是在上古的民間相傳，後來成爲道家與道教的傳述裏，便大有不然了。道家從「易經」文化系統的立場，傳述大禹治水的成功，因爲他接受上古仙人（隱士）的傳授，還得自黃帝所傳的河圖易學，眞正善於運用陰陽八卦、五行、干支等天文、物理的學問，才能治平了亘古以來的水患，所以認爲大禹的事功成就，也便是道家正統學術精神的結晶。他們相信千古疑書的「山海經」，而且也推崇「山海經」上所記載，山林川澤的神異怪物，確是具有神聖的神秘東西，這些半類妖魔鬼怪的事物，都被大禹的道力所降伏，而且聽命於他，被他所用，因此他才能奏此大功。總之：道家認爲大禹的成功，「此乃天授也」。到了道家的學術，再轉變而落到道教的手裏，那就更不同了，道教除了全盤接受道家對於大禹的說法以外，認爲他即是繼承天命的聖人，同時，也是黃帝以來先聖留傳下來，所有神仙法術的繼承人。大禹治水的成功，是因爲擅長符籙等法術，他能遣使六丁、六甲等天上神將，他能呼風喚雨，撒豆成兵，凡是一切極盡神秘、怪誕、荒謬的能事，也都一齊套在大禹的頭上，因此而形成大禹與道家、道教的因緣，特別深厚。這便是說明春秋、戰國以後，道家的學術思想路線，是上接伏羲，黃帝以後，「易經」文化系統，與「書經」文化系統，融會有關的淵源。

其實，自大禹治水之後，使夏代後裔，延續天下的治權，達四百餘年之久的文化，那便是夏代以貞正農業立國的文化。因爲他是秉承上古以天文、曆法等原始宇宙的學術思想，用金、木、水、火、土五行變換的物理原則，配合農業社會的人文文化，因此而形成夏代的文化精神，是崇尚樸素篤實的本質，這便是歷史上有名的「夏尚忠」的文化精神。到了成湯革命，滅掉夏朝末代的暴君桀以後，建立商湯六百餘年的文化，一變夏代文化樸實的形態，偏向於天道的觀念，走入「以神道設教」，類似宗教的精神，因此便形成殷商時期，歷史上有名的「殷尚鬼」，崇信鬼神意志的文化精神。這個屬於「書經」文化系統，一變再變，一直到了西周文王興於陝西，他承繼西北高原傳統，「易經」文化的系統，參酌古今之宜，演揚易學而成「周易」一書的基本學術思想以後；再經過他的兒子周武王的革命成功，周公旦的擴充「易經」學系思想，融會三代以來人文文化，與部份承繼殷商天道鬼神等的思想，才得完成周代禮、樂、文教、刑政等人文文明的大系。換言之：到了周代，才算是綜合上古以來，所有文化的大成，是後來為孔子所讚頌的「郁郁乎文哉，吾從周」的文化精神。因此，我們可以在「易經」、「書經」以外，看到「禮記」、「春秋」中許多屬於「易經」學系，也就是後來儒道兩家共同宗奉的學問，如「禮記」月令篇等——春秋王制、月令、曆法，與災異、天象示變等的觀念，有關於易經象數的學術思想。

但是，我們這裏所謂的周代文化，是專指中央天子的周朝文明而言，後來在春秋、戰國時期，是屬於魯國文化的系統。如果研究諸侯各國的文化學術思想，那就各有異同，並不一致，彼此之間，都自保留有他祖先氏族傳承的文化精神。例如：神農的後裔，封在河南的焦城。黃帝的後裔，封在山東濟南附近的祝（長清縣）。帝堯的後裔，封在河北的薊（就是清代的直隸順天府的大興縣）。帝舜的後裔，封在河南開封附近的陳（陳州）。大禹的後裔，封在開封附近的杞。殷商後裔的賢人微子，受封在宋。另一殷商後裔的賢人箕子，因獻洪範而被尊為不臣之敬，受封於朝鮮。這些諸侯的分封就國，都是上古與三代的後嗣，並非一律都是周室的功臣，而受到分封的爵賞；這是周朝文、武、周公的德政，也便是中國歷史文化傳統的精神，所謂「興滅國，繼絕世」偉大的文化思想。其次，周室所分封功臣，從其師尚父（太公呂望）為首，封於齊，周公封於魯等等，所謂「兄弟之國，十有五人，同姓者四十餘人。」這樣便是周代分封諸侯而建國的「封建」局面，大有不同於歐洲上古的「封建」制度，如果把東西兩方「封建」不同的觀念，混爲一談，必須要加甄辨。而且我們不要忘記，由周初分封建國，直到春秋戰國的七八百年間，中華民族的文字、言語，並未統一，諸侯各國的文化學術，也各自保有他的傳統，等於我們幾千年的文化，雖然國家一統，而各地方的風俗、習慣、方言，在其同中也各有其異；所謂「書同文，車同軌」的混同局面，在秦、漢之間，才得正式完成。

因此我們讀周、秦之際的諸子百家之言，凡有關於道家學術思想的典籍，大多都如司馬遷所謂：「其文不雅馴，薦紳先生難言之」，便是因爲方言的不同，文學的格調沒有統一，所以便被秦、漢以後自稱爲儒家的文人，一筆勾銷，認爲不値一顧了。其實，道家的學術思想，是偏向於自然科學理論的成分居多，不像儒家的學說，是偏向於人文思想的成分爲主。凡是近於自然科學的著作，必然缺乏文學修辭優美的情調，有關人文學術的，無論如何淺薄，它與文學畢竟不可劃分。道家「方士」學術思想，以及諸子百家有關於原始科學理論的學說，就在這個原因之下，被斷送埋沒在「異端」的學術罪狀之中，達兩千餘年之久，我們只要留心歷史文化的史料，這個問題，就會容易明白。例如比孔子還早一點的管子，在現在所留傳他的著作之中，不論眞假的成分有多少，即使認爲十分可靠的幾篇，仔細讀來，仍然不同於魯國文學的筆調，這是代表齊國人文學術思想的一部書，猶如晏子春秋一樣，都具有齊國文學的筆調。在另一方面，司馬遷說齊民「闊達多匿知」，莊子在逍遙遊上，也提到齊國的學術思想中有一本怪書，叫做「齊諧」，他又自加一句註解說：「齊諧者，志怪者也。」換言之，齊諧這本書，是齊國人專門集記希奇古怪的奇譚。由此可見齊民「闊達多匿知」的地方性，是由來如此，因此後來中國文化，用來批判不經之談的評語，便有齊東野語的名辭了。其次，例如墨子一部書，因為墨翟本人，生活長大在宋國，他受宋國的學術思想影響最深，所以他有類同宗教信仰的崇尚「天志」，而同時又相信鬼神的權能，這些便是受到宋國傳統，殷人尚鬼、信天、文化等思想影響的關係。至於他的苦節勞形、摩頂放踵以利天下的學說與作風，那是繼承夏代大禹的精神，可能也有受到宋國的鄰封，夏禹之後杞國思想的感染。當然，我說這些，都是十分可能，而且是有理路可尋的事，並非就是定案，因為生在兩千餘年的今天，高推古代的情形，時間、空間的環境變遷，絕對已非當時的面目，雖然大家採用書本的資料作考證，也是不免出於臆測。「盡信書，不如無書」，所以不能完全作為肯定的理由，至於曾子、子思、孟子、荀卿一系列的思想，當然是孔門以後的魯國文化，與魯國文學的正統。其他如老、莊，是南方楚國文化的情調。兵家著作如孫、吳兵法，是戰國時期齊國的傳統學術思想，與齊國文學的進步與昇華。另如縱橫家、法家、名家等學，大多都是秦、晉之間後起的思想，司馬遷所說：「三晉多權變之士，夫言從橫彊秦者，大抵皆三晉之人也。」雜家的學術思想，與秦、晉、齊、楚有關，也可以說：便是秦、晉、齊、楚學術思想雜集的迴漩。陰陽家言，當然就是燕、齊「方士」學術的源流。我們瞭解了這個春秋、戰國文化學術的大勢以後，對於其中如何形成為中國文化主流的儒家，姑且另作講說。其餘如陰陽、兵、農、醫藥、老、莊、楊朱、墨子、名、法、從橫、雜家等，綜錯交羅，互相為用，便成為戰國到秦、漢以前，統統歸入道家學術思想的範圍了。

我們講述道家的文化學術思想，不厭其煩的由周、秦以前，再向上溯，大而言之，是爲了說明中國文化的傳統淵源，以及追溯道家文化思想，實爲源遠流長的主旨；小而言之，也便是說明周、秦以前，儒、道本不分家的關係。另一方面，也就是說明道家的文化學術，乃是繼承夏、商、周三代以上，中華民族發源於西北高原的「易經」文化學系。至於戰國前後，變成南方楚國文化的老、莊思想，是其餘波的流蕩而已。自孔子一系的儒家文化學術，是傳承三代以下，起於中原與東方、北方的「書經」文化學系，到了戰國、秦、漢以前，便成爲魯國文化，孔、孟思想的中心，所謂繼承堯、舜、禹、湯、文、武、周公的傳統。總之，用於人文社會，有關禮、樂、文教、刑政的學術，儒家「書經」文化系統，猶如堂堂之陣，正正之旗的正規軍。用於因應時變，藉以撥亂反正的，道家「易經」文化系統，才是出奇制勝的奇兵，這也便是中國文化歷史上有名的「外示儒術，內用黃老，」君師之道扼要的說明。

(二) 戰國時期北方齊魯燕宋的文化背景

首先要鄭重聲明，凡是要研究秦、漢以上的歷史文化，千萬不要忘記，那個時期的歷史背景。我們粗看起來，周、秦以上文化學術的形態，固然是繼承三代以下的一貫傳統，到了周朝，才算完成建立一個人文文化具體的成形，但是我們總要不忘歷史的發展，不是空中樓閣，無因而來的。當春秋、戰國時期，所謂分封建國的諸侯之邦，因爲各有歷史淵源的背景，與地理環境的不同，所以凡是有關構成各國文化的條件；如言語、文字、風俗習慣、政治方式、財經措施、交通形勢等等，大體都是各自爲政，並沒有像秦、漢以後的統一。我們只要大概沒有忘記歷史上的記載，自從秦始皇開始，才漸使「書同文，車同軌」，才有廢邦國而建郡縣的統一制度，就不至於把秦、漢以上的地理文化不同的觀念，隨便忽略過去。而且那個時候，所謂中央政權的周天子，他爲共主的帝王制度，旣不是秦、漢以後帝王體制的形態，也不是三代以前的情形，祇要大家研究一下三禮（周禮、儀禮、禮記），便自然會明白了，現在我們要討論的，是專對有關於燕、齊之間「方士」學術來源的問題，因此，先從齊國說起。

凡是讀過歷史的，都知道齊國是太公呂望（姜尙）之後。姜太公呂望，是三代以前炎帝神農氏的後裔，到他的時候，已經算是東海上人。他與祖先的傳統文化，與他的學術思想，是屬於周、秦之際「隱士」思想的道家一系。他在困窮的環境中，過了幾十年的苦難時間，到了八十歲左右，才遇到文王，後來以兵謀奇計輔助武王，完成周室革命事業的成功，他是周初道家學術思想的代表者。周武王爲了酬謝他偉大的功勳，封他在齊建國，史記封禪書說：「齊之所以爲齊者，以天齊。」但是那個時候的齊國，並不是好地方，不是春秋、戰國時期的齊國可比，而且還存在着原來的地方惡勢力。所以太公望在受封就國的路上，也有懶得到差接事的意思，好在靠一位旅店的老闆，啓示他一番話，他才馬上趕去，建立了齊國；當然，這個旅店老闆，也應該算是隱士之流的人物。他到齊國施政的首先要務，便是開發經濟財政的資源，發展濱海一帶的魚鹽之利，所以我們要講鹽務財政史，姜太公呂望，應該算是一位祖師爺。至於有關太公呂望的學術思想，在此不必多講，我們只要研究一下兵家，與謀略家所宗奉的韜略一類的書，與道家、兵家共同推重的「陰符經」等，大概就可以得其眉目了；不管那些典籍是否爲後人假託太公之名而著的僞書，但「事出有因，查無實據」，兵家思想，系出於齊，這是大概不會有問題的。齊國的文化學術，旣是秉承太公呂望的道家學術思想而來，所以他與魯國傳承周公學術思想的系統，就大有異同了。司馬遷說過，他曾經遊歷過齊國，以他觀察的結果，便說：「自魯適齊，自泰山屬之瑯琊，北被于海，膏壤二千里，其民闊達多慝知，其天性也。」他所謂慝知，應有兩種解釋，其一：等於現代語所說有深沉保留的智慧。其二：也可以說富於神秘性的知識。所以戰國時期的「方士」，如名動公卿，諸侯爭相迎致的鄒衍等人，都出在齊國，秦漢時期的「方士」神仙們，也多數出在齊國。同時因爲齊國，自太公望開始，發展了漁業與鹽務，所以它在春秋、戰國的時期，隱然便是當時中國經濟、商業的中心地區，等於唐代的揚州，清末民國的上海。

文化與財經，本來便有不可或分的關係，所以到了春秋時代，便有齊相管仲經濟政治的思想出現，大講其「倉廩實而知禮節，衣食足而知榮辱」的至理名言了。齊國因爲經濟的繁榮，文化學術也特別發達，因此而成爲諸侯各國之間，彼此文化交流的重鎭，所以戰國時期的名儒學者，大多數都到過齊國，想求發展，猶如現在世界各國學者，多數都想到美國求出路，「天下熙熙，皆爲利來。天下攘攘，皆爲利往」，古今中外，如出一轍，這也是賢者難免的事。例如孟子、荀卿，都與齊國有過莫大的因緣，這豈是偶然的事嗎？而且孟子與莊子，都是先後同一時代的人物，他們的學說理論上，都大談其養氣、煉氣的道理；孟子的思想，顯然與曾子、子思以後的儒家學說，大有出入，孟子在公孫丑與盡心章上的養氣之談，儼然同於「方士」煉氣的口吻程序，你能說學術思想，可以完全不受歷史背景，與地理環境的影響嗎？因爲孟子有養氣之說，與「夫志，氣之帥也」的立論，才引出宋儒理學家的理氣二元論，如果溯本窮源，放開氣度來看，那麼，對於戰國時期燕、齊「方士」的流風遺韻，便不能不使人爲之悠然神往了。

至於魯國，人盡皆知是周公的學術思想，是秉承他父親文王的庭訓，集成夏、商以來的人文化思想，因循改革而形成周代「郁郁乎文哉」的文明。因此，形成魯國在春秋、戰國時期的文學，也是駕陵諸侯各邦之上，因爲文學與人文學術，必然是同命的鴛鴦，但自然科學與文學，就會大相逕庭了。魯國的文化學術，既然是周公的直接傳統，在春秋戰國時期，仍以代表周代文化的，祇有魯國算是正統的中心，魯國的諸生，保留魯國的文化，雖然經過秦灰楚火的斷滅，但是還能傳到漢朝立國的初期，可見周公與周代文化的流風遺韻，它的源遠流長，垂諸後世的價值，實在相當偉大。孔子生長在魯國，他由衷的欽佩周公，全盤接受周公的人文文化思想，和魯國的文學造詣，但是他是殷人的後裔，他在潛意識中，又承受有殷人崇拜天道的成分。可是，他到底是恢弘博大的智者，他的認識，見解與興趣，都是綜羅多方面的，所以他也崇拜虞、夏的文化思想，因此他有禮運篇等所記的感言，提到三代以下文化的變遷跡象，和「論語」上的對話，涉及齊、魯之間的文化關係，而有「齊一變，至於魯，魯一變，至於道」的幾句話；不過，這裏所引用孔子所說的道，可不是道家的道，他是指人文文化的儒者所宗的仁道，這是不可以牽强附會的。至於他提到當時文化思想的轉變趨勢，由齊一變而至於魯、魯一變而至於道，形成齊、魯文化融會的結果，產生人文文化的仁道之道，那是很好的研究佐證。我們也可由此而窺見文化思想中心地區轉移的趨勢，甚之，對於研究「易經」、「禮記」等有關於儒、道學術思想的通途之學，都可求出它在文化歷史上演變的關鍵。

其次，我們要討論的，便是燕國文化思想的根源了，因爲歷來提到道家的「方士」，很自然的，就會聯想到燕、齊之間，在戰國時期，突然出現許多「方士」的問題。燕國，在周朝，是處在北方窮邊的地區，古代幽燕並稱，往往用來表示北方邊境的稱號。燕國，是周初分封諸侯而建國的，他是與周同姓召公奭之後。召公在周代的歷史上，留傳有名的甘棠樹下聽政的美德，成爲歷來政治上歌頌與效法的榜樣，我們可以想見召公有豁達大度的胸襟，和慷慨不羈的風度，他是一個具有政治道德的大政治家。他的德化與政風，加上燕國的地理環境，因此便造成燕趙古多慷慨悲歌之士，在戰國時期，就成爲產生游俠、刺客的名都了。游俠是隱士的化身，任俠使氣，與道家「方士」的煉氣、煉劍等方術，又是不可分家的技術。又加燕國的地理形勢，本來就與齊、晉交雜相錯，所以他們吸收融會齊國的學術思想，那是順理成章的必然趨勢，司馬遷作燕世家的結論，便說：「燕，北迫蠻貉，內措齊、晉，崎嶇强國之間，最爲弱小，災滅者數矣。然社稷血食者，八九百歲，於姬姓獨後亡，豈非召公之烈矣。」瞭解了燕國歷史地理的環境，那麼，對於燕、齊之間多「方士」，燕、趙之間多俠士的原因，也便可以瞭然於胸了。

再次，我們附帶的一談宋國，便可以瞭解戰國時期陰陽與天道思想發展的成因，以及後世道家認爲也是神仙的墨子，和他思想的來源了。宋國，是在周初分封諸侯而建國的時候，因爲周室秉承中國傳統文化「存亡興滅」的至德，爲了尊崇殷商的後裔，便封殷的賢人微子在殷的故墟，宋國因此而建國，同時，也因此而保存殷商文化思想的部分陳跡。殷商的末代皇帝紂王，固然殘暴而不仁，但是，殷商的文化，也是中國上古文化演進中的主流，確是源遠流長，尙書所保留的一篇洪範，便是留下殷商文化思想的一部分精神。殷人的文化，具有濃厚的宗教氣息，他們崇尙天道，相信鬼神，而且將陰陽、五行的學說上神秘的外衣，拿他與天道、鬼神並論，或者以陰陽、五行做爲天道、鬼神的註解，那是生有自來，傳統悠久，在殷人的心目中，是牢不可破的；一變再變，因此形成後來道家「方士」陰陽學說的一系。他與杞國一樣，在春秋時期，都有保留他們祖先文化一部分的傳統。歷史所載，武王革命建國以後，將近百年間，還有殷的頑民，並不十分降順，由此可以想見上古氏族宗法社會的精神，與信仰的力量了。孔子爲了研究殷商文化，曾經到過祖籍之邦的宋國，雖然他很遺憾，感歎宋國有關於殷商文化的文獻資料，已經無法找到，然而他對於「易經」乾坤之理的瞭解，以及他對於天道與鬼神觀念的思想，多少還是受了殷代文化的影響。至於墨子類同宗教觀念的思想，如相信天有意志，相信鬼神有獎善罰惡的權能等等見解，那完全由於他生活長大在宋國，承受殷人崇尙鬼神的文化思想所致，同時他著作的文字章法，既不同於魯國文學，如孔子、孟子的文章，而且也不同於齊國文學，如管子的文字，近世有人懷疑他是印度人，或來自中東的阿拉伯人，那是可資疑笑的一得之見，未必可徵以爲訓。

此外，在戰國時期，秦、晉的歷史文化，和地理環境，便孕育出法家、名家的學術思想，以及產生縱橫家捭闔權詐，造成謀略之士的溫牀。鄭、衞介乎大國之間，環境促使頹廢，富於風流浪漫的文學情調。齊國由於太公呂望道家思想的影響，又受時代的刺激，便多產生軍事哲學思想，與軍事學術的兵家。凡此等等，所謂春秋戰國諸子百家文化思想的根源，都是各有因緣，互爲影響，並非無因而生，儱侗一列的。

由於前面的簡介，我們簡單地分別舉出春秋、戰國時期，各國文化學術思想的淵源與環境，何以後來會造成這些學術思想，一變再變，融會交流，就統統入於道家？那是秦、漢時期的時代趨勢，現在還來不及爲它作結論。我們前面所說的，也祇是列舉當時的情勢，由中國西北部的秦、晉以下，直到東部齊、魯、燕、趙、宋的文化大勢，歸納起來，都屬於當時黃河南、北的文化區域，勉强可以叫它爲春秋、戰國時期，北方文化學術思想的槪略。可是必須不可忘記的，這個時期的中國文字和言語，猶如諸侯邦國一樣，並未統一，所以我們要讀秦、漢以上，諸子百家的書，便需要留心瞭解當時著作的方言音辨，以及地方術語，與不同章法的文字結構的形式，才會淸出眉目，大致不會致於盡信書，反被書瞞的過失。可惜後世讀書的人，多半都受我們偉大的聖人，孔子的著作文章所影響，所以多以魯國文化的文學觀點，來衡量其他諸子的著述，因此便疑情大起，處處力加否定。殊不知這樣讀書，已經忘記了當時歷史文化的肯景，與當時地理環境的異同了，如果一律納入於魯國文章與學術思想的標準，眞有迷失「雲月是同，溪山各異」的過誤，雖然畢生力學，極盡疑猜考證的能事，而學術見解異同的爭端，永無休止，實在使人有低徊惆悵，傷感這個斷送一生的牛角尖之可怕了。

(三) 戰國時期南方楚國的文化思想

已經講過春秋、戰國時期北方文化，與道家方士學術思想的大勢，現在再來討論當時南方楚國的文化思想，我們需要透過這個關鍵，便可瞭解老子，莊子所代表的道家思想的背景。同時，我們不要忘記，楚國在春秋，戰國的時期，不但有他獨成一格的文化系統，而且國勢與力量的壯大，也是與時俱增的，到了戰國末期，足以與秦國抗衡的便是楚國，後來雖然被秦滅了，而楚南公的預言：「楚雖三戶，亡秦必楚，」也並非是無因而發的，結果亡秦的，果然都是楚人。在那個時期，楚是一個新興的力量，它的文化學術思想，與南方之强的民風，都是富有青春新生的氣息，比之文化傳統悠久而古老的杞、宋，實在不能相提並論。它與齊國有過密切的聯盟，更有過文化的交流，齊國不若魯國的保守，所以齊、楚兩國在政治、外交、軍事的關係上，一直都有聯繫，因此聯帶而有文化學術思想的交流，那也是必然的趨勢。

楚國，在周成王時，才受封有子男之田，本來微不足道，它在春秋戰國以前，因其祖先不滿周室的輕視，便開始自稱爲南面王，他正當北方多故，中原多事之秋的夾縫中，坐以長大，由此漸漸建立而成爲大國，便造成後來在戰國末期，有舉足輕重的勢力。雖然他的立國稱王，並不如齊、魯、晉、鄭那樣的順理成章，但是他祖先的來歷，的確是大有來頭的。他們是帝顓頊高陽之後，高陽，是黃帝之孫，昌意之子。在帝嚳的時代，曾經命其祖先重黎做過火正，住在南方的祝融，後來因爲命他征誅共工，沒有完成任命而受到誅戮，因此，便由其弟吳回繼承其後，這便是他上古家世的簡歷。吳回生陸終，陸終生六個兒子，因爲他的夫人是難產，所以這六子都是剖腹而生的，其中的老大，叫昆吾氏，在夏代，曾經做過侯伯，地位相當崇高。老六，叫季蓮，芊姓，楚國便是他的後裔。在周文王時，他的祖先鬻熊，曾經做過文王的老師，而且鬻熊的兒子，曾經跟文王作過事。司馬遷說季蓮一系：「其後中微，或在中國，或在蠻夷，弗能記其世。」最有趣的，是其中的老三，叫彭祖，他在殷朝，也作過侯伯。據說就是孔子、莊子他們所提過那個長壽八百歲出名的彭祖，也就是後來道家神仙們所推崇的彭鏗，孔子曾經引他來自嘲說：「竊比於我老彭」。莊子說他：「以久特聞」。換言之：就是說他是活得特別長久而聞名的上古名人。我們瞭解了楚國的家世以後，知道他在戰國時期的各國世家中，實在是極其神秘，而且是最富有傳奇性的世家。

因爲楚國是春秋、戰國時期新興的南方諸侯，而且不滿周天子對他的微薄，早已有不臣之意。他不受約束的逐漸擴張土地，自立規模，並且隨時有問鼎中原的意圖。春秋時期，第一霸主齊桓公稱霸的時候，有第一流的政治家管仲爲輔，可是對於楚國，也只能分庭抗禮，訂盟而去，還不敢輕攖其鋒。正因爲楚國是新興的年青國家，他的文化思想，沒有太多的傳統壓力，所以他在學術思想方面，也很年輕而富於飄忽的氣氛，因此而產生言語文字與北方大有異同的楚國文學，處處具有飄逸、空靈、而富於情感，於是連帶他們的學術思想，也如文學一樣，磅礴不羈，思想新穎。但是我們不要忘記，楚國的文化，仍然具有他祖先祝融後裔的傳承，遠紹五帝之首，黃帝學術思想的餘風，加上南方地理環境的關係，有滾滾長江，與滔滔漢水的天險，阻住了北方的勢力，有無數未經開發的深山峻嶺，處處富有神秘而好奇的誘惑，於是在春秋、戰國期間，有老子、莊子等道家，屬於南方楚國系統的文化思想，便應運而生了。老、莊的文辭格調，與後來屈原的「離騷」，都是楚國文化同一類型的文學，至於有關老、莊思想，由傳統道家與南方文化思想結合的問題，就在老、莊的書本中，到處可見，在此無暇多談。

總之，我們化了許多時間，討論齊、魯、楚、宋等文化的淵源和關係，都是爲了解決歷史上所慣稱：燕齊之間方士的學術思想，並非是戰國時期，無因而生，突然而來，實在是從上古傳統文化的演變而成的。

伍　道家與道教學術思想的內容

道家與道教，但從外表看來，好像不可分離，而在實質上，却大有不同，秦、漢以前，道與儒，本不分家，甚之諸子百家，也統統淵源於道，這個「道」的觀念，只是代表上古傳統文化的統稱。儒、道分家，與諸子百家分門別戶的情形，是由戰國末年到秦、漢之間的事，尤其漢初有了司馬談論六家要旨的觀念以後，相承因襲，愈來愈加明顯。漢、魏、南北朝以後，道教改變道家的學術思想，用與佛教抗衡，乃使道家與道教，涇渭難辨，唐、宋以後，儒者並斥佛、老，更使道家含寃不白。其實，秦、漢以前道家的學術思想，是承受三代以上，繼承伏羲、黃帝的學術傳統，屬於「易經」原始思想的體系，也是中國原始理論科學的文化思想。漢、魏以後的道教，是以道家學術思想的內容做中心，採集「書經」系統的天道觀念，加入雜家學說與民間的傳說信仰，構成神秘性的宗教思想，現在為了講述的方便，把兩者混為一談，在其緊要的界說之處，加以分別，俾使大家容易瞭解。

(一)道家與道教的天人宇宙說

中國文化思想，對於宇宙的定義，是由漢代道家代表性的著作——淮南子所提出，其實，嚴格的說，淮南子一書，也不是純粹的道家，大半還是雜家思想的成分。淮南子說：「上下四方曰宇，往來古今曰宙。」換言之，所謂宇，便是空間和太空的代名辭；宙，便是時間的代名辭。在他以前，戰國時期的莊子，曾經從道家和陰陽家的觀念，提出「六合」的名稱，所謂「六合」，便是指四方上下的空間而言，並不包含時間的觀念，易經繫傳上的「六虛」，一部份也含有「六合」的意義。

人類對於宇宙世界與人生的來源，無論古今中外，都具有好奇、懷疑，要想尋求答案的要求，於是世界人類的文化，便有宗教，哲學的建立，對於這些疑案，各自構成一套理論的體系。然在大體上，不外有神造論，自然說，物理自然論等幾個原則。再由這幾個大原則，產生一元論、二元論、多元論、有神論、有因無因、唯心唯物等等許多支離差別的理論。這些屬於後世所謂宗教，或哲學的學說，現在正在自然科學的祭壇上鬪法，欲知後事如何，且聽將來分解。我們的立場，只是說明道家原始的宇宙世間的觀念和理論的基礎而已。道家對於原始宇宙世界的學術思想，也便是原來中國自己的文化思想；在周、秦以前，不用宇宙的名稱，只有天地的觀念，便足以代表後來宇宙的含義，道家的思想，認爲天地未開以前，只是一種渾沌的狀態，既不管有主宰無主宰的事，也不問是前因或爲後果。這個渾沌，既不能叫它爲物，也不能叫它爲精神，正如老子所說：「無狀之狀，無名之名。」在易經學系，原始理論科學的陰陽家們，認爲這個渾沌，便是陰陽未分，混合狀態的現象，後來根據八卦的法則，叫他爲一畫未生以前，六鑿（六爻）未動之初。在儒、道未分家的理念上，叫它爲天地未判之先，在老子，便叫它爲「有物混成，先天地生」。老子所謂的混成，並不是純粹的物理作用，只是說物的作用，正在孕育含混在其當中，經過相當時期，這個渾沌便分開陰陽，就有天地的開始了。所以我們過去五六十年前，在舊式文學中，有少年必讀的一本書「幼學瓊林」，劈頭一句，便說：「渾沌初開，乾坤始奠。」等到渾沌初開，形成乾坤的天地以後，這個地與天的情形，便如鷄蛋一樣而存在，地球像鷄蛋的蛋黃，地球的大氣層與太虛，像鷄蛋的蛋清，天在這個地球的鷄蛋外殼以外。早在三千年以前，我們的道家思想，始終認爲地球和天體一樣，都是有生命的機體，正如我們生命的擴大情形是一樣的，因此，便形成後世道家神仙家的學說，認爲人身便是一個小宇宙。有了天地的開闢，人與萬物，就自然產生了，可是我們首先要介紹道家與道教對於天地生成以後的思想理論，再來繼續說明其他種種。道家與道教對於人類來源，與萬物生成的觀念；屬於道家思想的；便是天地開闢以後，最初的人種，是由天神下降而開始的。既不屬於另一力量所創造，也不是生物的進化而來，至於天神又從何來？他是到此止步，再也不加追究。後來神人之間的變化，是因天上下降的天神，忘記了來源，貪戀世間的快樂，愈來與天的距離愈遠，便形成人間世的現狀了。當開天闢地之初，原始的人類，是與天神之間，隨時互通往來，地與天，也是隨時接近在一起的，從此時代愈降，人類愈加墮落，因爲人類的墮落，地與天也相隔愈遠了。

此外，屬於道家老、莊學派的說法，也有兩種思想：依照列子所說，屬於「方士」思想的觀念；認爲天地萬物與人類，都是一氣的變化，這個氣，究竟是什麼東西？是心？是物？以後再說，不過列子所謂天地氣化的生成，是有四個程序與原因的，如說：「夫有形者生於無形，則天地安從生？故曰：有太易，有太初，有太始，有太素。太易者，未見氣也。太初者，氣之始也。太始者，形之始也。太素者，質之始也。氣形質具而未相離也，故曰渾淪；渾淪者，言萬物相渾淪而未相繼也。」至於莊子，更妙了，他以寓言的方式，故事的口吻，對於天地開闢而有萬物，人類的原始者，加以無限的譏刺與惋惜，他說：中心之帝，名字叫作渾沌，因與四方之帝一商量，覺得中心之帝的渾沌太好了，可惜的祇是渾沌不分，爲了報答他的好意，便每天爲他開一個竅，開了七天，便開出了七竅（七竅在人身上，便是代表五官機能的七個洞）；但是，非常可惜，七竅開而渾沌死。最富於哲學幽默感的，便是莊子說的這個故事，與易經卦象名辭的另一趣味來講，如出一轍；「易經」的卦象，稱天地爲否卦，反稱地天叫泰卦，在天翻地覆的情況，叫它做泰，把天地正位的現象，却叫它做否，這與莊子的七竅開而渾沌死的觀念一樣，都是對世界形成的紊亂，與人生妄做聰明而庸人自擾的情況，含有無限惋惜的感言，幾乎同有一唱一和的趣味。

道家思想，對於開闢以後的天地，屬於精神世界與物理世界理論的原理，即是上古與三代文化思想的淵源，那就是「易經」學系的陰陽，八卦學術，與「書經」洪範五行思想的集合，上接黃帝傳統的天文，（天干，地支）等學術。可惜我們後來，有些不明白這些原始理論科學的價值，便用一句「迷信」的口號，來爲自己遮羞，並且作爲扼殺傳統文化的擋箭牌，實在過於輕率。現在我們先把這些構成道家學術思想的內容，大略稍作介紹，以免大家盲目地否定它的價值：

（1）關於陰陽的觀念　陰陽這個名辭，在上古文化學術裏，出現最早，比之五行，八卦，天干，地支等名稱，應該還要古老。在五經文化的系統裏，是組成「易經」學術系統的中心思想，「書經」果然也有提到，但並不像在「易經」學系那樣重要。陰陽是上古以來，對於天地萬物，與人事物理的觀察，發現萬有互相對立，互相消長的法則，因此，便在現象界中，和人事物理以上，定立陰陽互變的定律，用以統率說明萬有變化的原則。在「易經」的繫傳上，提到「一陰一陽之謂道」，便是用它來說明道體流行演變而成爲萬有規律的，都不外一陰一陽的互變作用，陰陽是個抽象的觀念，用它來說明對待流行的代表符號的名稱，決不可以完全把它當作實體來用；它在物理的作用上，是代表動靜，在物質的作用上，是代表剛柔，在宇宙的現象上，是代表天地，在天體的運行上，是代表日月，在人類的觀念上，是代表男女，在動物的世界裏，是代表雌雄，在理念的領域中，是代表反正。總之：它是抽象的代表了對待的一切，可以活用到任何事物與理念上去，它是天地開闢以來，萬有對待流行的總代表，所以後來的儒、道兩家，根據「易經」學系的思想，便把天地未開的渾沌，特別抽出易經繫傳上所提出「太極」的名辭，換作渾沌的代號。於是「太極」動則生兩儀（陰、陽），兩儀再動又生四象（少陰、少陽，太陰、太陽），四象生八卦的觀念，便從此建立。同時老子也提到「萬物負陰而抱陽」的說法，後來儒道思想與他交相演變，便形成萬物各有一「太極」，「太極」各有一負陰而抱陽的陰陽理念了。

陰陽是中國上古文化，對於自然物理理論科學的先趨，用處最多而最普通的學術名辭，上古的天文學家與星象學家，他們用陰陽互變的原理，藉以說明理論物理的觀點，並且用它使科學進入哲學理念的橋樑。戰國時期的陰陽家們，也便是當年原始科學形態的理論科學家，秦、漢前後的占卜家，所謂使用龜策的術者，以及後來的卜筮術數，與選擇時間的「日者」，乃至魏、晉以後的堪輿家（俗名看風水，或看地理的），唐、宋以後的星命家（俗稱算命的），統統都是從戰國時期陰陽家的系統分化而來，然而，陰陽畢竟還是抽象的名稱，比較具體說明抽象的陰陽變化法則，便是五行的觀念了。

（2）關於五行的觀念　五行這個名辭，在五經的文化裏，最初出現在「書經」的大禹謨，與洪範篇中提到；洪範是箕子述說殷朝人文學術思想的哲學基礎，而且具體的說明，是根據物理的五行思想而來，也是夏禹承接堯、舜文化傳統觀念的中心思想，但在「易經」學系的學術思想裏，並不多見。五行這個名稱的內涵，大家都知道它是包含金、木、水、火、土的五個成分所組成，拿這五樣物質的東西，加上一個行走的行字，叫它做爲五行，簡直如同兒戲的名辭，那還有些什麼意義？所以都認爲它是古代迷信傳統的名辭而已，加以後世占卜吉凶禍福的休咎等人，如看相，算命等的口頭語，動輒便稱五行，使人更覺它的可笑。其實，五行是上古原始的科學思想，對於宇宙物理理論的哲學基礎，所謂五行，便是同於「易經」乾卦象辭「天行健」的行字一樣，都是用來說明宇宙天體，永無休止，運行不息的道理，行就是行動，運動的古義。所以「天行健」與五行的行字，便是說明中國文化，對於宇宙的觀念，始終認爲它是動態的宇宙，因此對於人事、物理等現象世界的觀念，也始終認爲它是「變動不居」的變化世界。那麼，用這五個金、木、水、火、土的物質，做爲代表的意義，那是因爲原始的科學觀念裏，凡做爲科學依據的，都是採用人類耳、目等感官、知覺、輕而易見的東西做代表；中國上古的文化是如此，希臘、埃及、印度上古的文化也是如此，時代環境不同，站在後世的立場，輕易譏笑前人的淺薄，也同樣會被後世所笑的。

金，是代表固體的性能，凡物生長以後，必會達到凝固的狀態，所以用金的堅固性做爲符號，等於印度上古文化用地做爲凝固的符號是一樣的。木，是代表生發力量的性能，在這個物質世界中，生命延續不斷的功能，最明顯輕而易見的，便是草木等植物，所謂：「野火燒不盡，春風吹又生」，只有草木生發的生機，可以表示宇宙萬有的生命，具有生生不已的功能。水，是代表凍結含藏的性能。火是代表生發力量的昇華，到達光輝而有熱力的性能。土，是萬有與人類立足點的基本，包括代表這個地球的符號。我們所有的文化文明，都是立足在地球上的成果，所以在後世陰陽家的思想中，便說：「四象五行皆藉土」，就是這個意思。道家的陰陽家們，提出了五行的觀念，又從五行的變化法則中，說明它具備有互相生長，互相尅制的生尅作用，都是根據陰陽消息，互相盈虛消長的對待理論，用來分析物理與人事的變化作用，詳細講解起來，太多太繁，所以到此爲止。總之，五行的觀念，與陰陽的學術思想一樣，是道家形成陰陽家等的基本理論中心之一，用它在天文上，是說明天體太陽系統五星的代號；用它在地理上，是說明東、西、南、北、中的五個方位；用它在氣象上，是說明春、夏、秋、多四季的狀況；用它在生理醫藥上，是說明心、肝、脾、胃、肺、腎的別名，甚之，到了秦、漢以後，許多陽儒暗道的學者，以及由道家者流與陰陽家支派相結合，便有專講讖緯（預言）的術士們，把五行的變化理論，用在政治思想上去，做爲歷代帝王政權變更的理論根據，發生歷史治權「五德相始終」的說法，藉以取媚於人主，可謂五行之用大矣哉吧！宋代理學家周濂溪，得自道家的太極圖說，仍然沒有超過道家陰陽五行思想的範圍，這種陽儒暗道的作風，而又用以排斥佛，老，實在有點不合禮義的精神，未免有些遺憾。

（3）關於天干和地支的甲子觀念　至於甲子的學術思想，根據散佚的上古史料所記載，創建在黃帝時代，用它來說明天體日月運行的規則；一年分四季，十二個月；一月三十天，每天十二時辰，錯綜交互而成一年二十四個氣節。這種天地自然的規律，與日月運轉的軌則，黃帝命大撓研究觀察的結果，認爲由於天的五行，自分陰陽的功能，而且有直接「干擾」、「干與」地球的作用，便定天干爲十位的名稱，叫作「甲乙丙丁戊己庚辛壬癸」，做爲太陽五星與地球物理關聯規律的符號，唐、宋以後的陰陽家，把天干叫「天幹」，這個意義便略有不同了；同時，認爲地球物理的變化，由於承受天干的功能，自身又有陰陽互變的作用，便定出十二地支的名稱，叫作「子丑寅卯辰巳午未申酉戌亥」，做爲太陰月亮的盈虧出沒，與太陽及地球關係的規律符號。至於十二地支的觀念，在印度上古的天文學說，約當中國周、秦前後時代，也有同樣的意思，不過，他們不是用抽象名辭的觀念作代表，他們是用十二個動物來表示，後來到了漢代，印度學術思想，隨着佛學而傳入中國，彼此互相融會，就有用十二生肖來代表十二支的作用，因此成爲「鼠牛虎兎龍蛇馬羊猴鷄犬豬」等十二生肖。地支這個名稱，本來的意思，是說地球物理本身，既然承受了天干的關係，又互變而產生地球自身支持萬物生命的功能；後來術數家們，又改稱它叫「地枝」，便與「天幹」相配，因此在觀念上，便把它的作用，變成像一顆樹的枝幹一樣了。

上古對於天干地支的學術，正如五行、八卦一樣，都是數理邏輯、符號邏輯的結晶，以科學的精神，對於自然現象的數理觀念，然後歸納爲一個理念，便創立這種抽象的邏輯符號，使人們對於錯綜複雜的宇宙，和萬事萬物變化的法則，多到大如天文數字的無限量，小到細入無間的不可知，都能够在歸納這些抽象的名辭之中，求出答案，而且容易記憶，也可以普及；後來大家不知道這些學術思想的背景，就流爲江湖末技的術數，所以便把它的價值，落到零度以下去了。古人把天干、地支的數理觀念，綜錯起來，構成一套代表時間、空間、統計象數的方式，便叫做甲子，那是把天干十位，和地支十二位的單數（陽數），和雙數（陰數）聯合起來，由第一組「甲子」的開始，循環輪轉，便有了第六十位數「癸亥」的總和。宇宙萬有事物的開始，它的內涵，都具有如草木生發的力量，欣欣向榮的功能，那便是「甲子」的理念，最後的歸結，猶如水性凍藏凝結的作用，那便是「癸亥」的理念，這種六十位數輪轉的法則，構成一個整套的觀念，便總名它爲「甲子」，後世也有人把它叫做六十花甲。漢代的道家與儒者，把它和陰陽五行，八卦等術數的數理觀念聯合起來，統統歸納到以「易經」的卦象做代表符號，於是，便有易學象數「納甲」的名稱了；用它來解釋中國歷史哲學，用它來統計人事世事過去的情形，推測未來的演變，便形成兩漢的讖緯（圖讖）之學，後來愈演愈繁，而且各家的計算方法又不相同，所以便把它的價值，被一般躁失者，輕輕送進荒唐的檔案裏去了。

此外，在道教方面，取用古代傳承的陰陽、五行、八卦、天干、地支的六十「甲子」，加上宗教性的天神天將、九宮數學等，便構成「奇門遁甲」的神秘術數；把六丁、六甲、六戊等數理邏輯的符號，加上天文二十八宿的觀念，穿上玄女天童的法服，就形成騰雲駕霧，憧憧往來於不知其所以然的幻想裏，造成旁門左道，套進畫符唸咒的符籙，從此一人傳虛，十人傳實，搖身一變，便變成呼風喚雨、撒豆成兵的幻術了。然而不管道家與道敎，對於原始科學而哲學的天人宇宙觀，怎樣的轉變，它的原始本質，是從天文物理，與地球物理的研究觀察而來，毫無疑義，決非向壁虛構，徒託空言而已。

漢、魏以後，由道家學術思想的內容，演變而成爲道敎以後，對於天人之際，與宇宙萬有的法則，仍然以這幾套羅織而成的「納甲」思想做基礎。但是道敎對於天庭與人間世的關係，在漢、魏以後，受到印度佛敎傳入的影響，便自創立另一個世界的天人觀念了。由東漢開始，自張道陵創建五斗米道，便把戰國、秦、漢以來的「方士」學術，一變而成漢末的「道士」思想。起初他們把漢代現行政治地理的區域，指定名山洞府做中心，重新自作主張，畫分天人管轄區域，隱然含有宗敎政治的革命作用，這在三國時期，由張道陵的後裔，東川張魯手裏，已經普遍展開。他們把中國畫分爲三十六個名山，爲神仙的洞天，七十二個名勝，爲仙人的福地，每一個洞天福地，都畫分與自古以來的隱士與方士們，也就是後來被道敎所追認的神仙手裏；認爲那一區域中的天曹、地府所屬的鬼、神，都受這一管區的神仙所管轄。例如江淮所屬的句容山，便是屬於漢初神仙三茅眞君的管區，山有三臺，又分屬其兄茅盈，與其弟固與衷的所屬，因此，後世道家的法派，便有茅山派的一支，大茅山有華陽洞，也就是後來梁朝有名的隱士神仙陶弘景隱居的所在地。他們把這些主管的隱士神仙們，自由地加以封號，不管他出身爲平民或將相，有的稱爲眞君，有的稱爲眞人，由此可以了解東漢末年紊亂的局面中，在民間社會與知識分子結合的另一面，早已隱然有宗敎政治革命的思想；他們由逃避現實而想超越現實，要想建立一個自由天地中的精神王國，猶如西方自羅馬帝國建立前後的敎廷組織差不多，如果仔細研究東西方文化演變的跡象，處處發現有東西南北共同循環的法則，好像日月的運行，在時間的影響上，略有先後的不同；也像山川風物的異樣，在空間上，各自構成一副不同的畫面而已，這也是題外文章，不去說它。總之，這種天人思想的背景，仍然淵源於上古文化，「書經」學系中，類似宗教思想的來源，他們把上古重視「封禪」，尊敬天地鬼神，與祭祀山川神祇，以及對於自然萬物崇敬的心理，擴而充之，向上提昇，便變成漢、魏以後，道敎天人之際的組織思想了。不過有一點須特別注意的，無論他們如何的變，如何的佈置天地鬼神的局面，仍然以人道文化爲本位，只是提高人道的價値功能，由修善道而上昇爲神爲仙，由修惡道而下墮爲鬼爲厲。

到了魏、晉以後，由北朝北魏的寇謙之等道士開始，爲了抵抗當時外來宗敎，如佛敎的關係，便多方設法，積極建立道敎，於是，把道家原始關於天人的物理思想，變成氣化天地的觀念，後世所謂：「氣之輕清上浮者爲天，氣之重濁下凝者爲地」，便是這種理論所形成。再加集合各方道士關於天人的信念，綜合起來，便有昊天上帝、元始天尊等天庭的主宰名號出現。這種天庭的組織，是從「書經」學系與「禮記」思想而來，依照周官的體制，與古代天文學上三垣、二十八宿的觀念，組成一個完整的上帝天庭。本來在兵家所用的星象學上，主屬軍事和戰爭的太白星，又變成與太白長庚星的關係，化爲一個慈眉善目，白髮蒼蒼的天上和事老。老子與釋迦牟尼所管的敎務，等於天上的三公元老院（顧問），各自另有自由的區域。由穆天子傳與漢武外紀等所說的西池王母（後世也有混稱爲西方聖母的），後來又變爲玉皇大帝的母子關係，做爲天上人間，孝道事親的模範。南斗星君主壽主生，北斗星君，主死主殺等的觀念，難以盡說。

唐、宋以後，對於道教教主的太上老君（老子），又仿照佛教教主如來有三身的說法，便變爲老子一氣化三清，成爲玉清、太清、上清的三身。總之：如要詳細清理自漢、魏以後道教的天庭組織，神帝神鬼的戶籍，與天上政治體制的系統，也如我們歷史的帝王政治體制一樣，歷代都有變更，難以細說，但也很富於傳奇的趣味。後來加上天有三十三天，最高的天主爲玉皇大帝，地獄有十八層，而分屬於十八地閻王所管理。人間世的帝王，介於天帝與地府的閻王之間，他死後的靈魂，先見閻王，由閻王陪同去覲見玉帝，再來審判他一生的善惡，受到賞罰的判決等等觀念，都是由於佛教天人思想的傳入而建立的，例如：閻羅王的名稱，便是印度梵文的外來語。可是到了元、明之間，民間社會小說，如封神榜等出現以後，便拿周朝武王伐紂的歷史故事做中心，編了一套姜太公（呂望）封神的劇本，玉皇大帝與山川鬼神，以及厨房、厠所，一一封了主管的神祇。因爲姜太公的大公無私，最後忘記了自己，沒有神位可封，結果，只好把自己封爲社稷壇的壇神。我們由這個歷史故事，牽上天人關係，在非常有趣的神話中，始終可以看到中國人道文化深厚的一面，即如道教建立以來的宗教學術思想，也始終沒有離開人文文化的本位。

至於現在民間所流行對於鬼神的信仰，嚴格的說來，非常複雜，往往神佛不分，神道不分，始終在封神榜、西遊記兩部小說中過活，要分別中國民間的眞正信仰，也正如中國文化一樣，很難嚴加區別，即如現在民間的一般迷信，究竟要那一個宗教來負責？他們所信仰的神，應該屬於那一宗教？都很難說。不過，在這裏，我們可以了解中華民族另一面的偉大精神，因爲在我們的歷史觀念上，過去雖然沒有憲法明文規定「宗教信仰自由」，事實上，已早在五千年來，便不成文的承認「信仰自由」，我們不管是外來的宗教信仰，或自己的宗教，只要道理是教人爲善，有益於世道人心的，一概請上座，受恭敬，從來沒有因爲宗教信仰的不同，而變成仇恨，只有互諒互助、相輔相成的維護人道的教化。爲宗教而大動干戈，爲宗教而傷及情感，決非中國文化本來的精神，希望我們後世的子孫，應該多多諒解這種偉大的胸襟。例如現在流行的某一派道門，姑且不管他的教義是否準確，但是他是把孔子、老子、釋迦、耶穌、穆罕默德，統統供奉在上，擴充唐、宋以後三教同源的口號，成爲五教同源的呼聲，這種表現，只有中國文化的氣度做得到，這才是眞正自由民主思想的象徵，我希望青年同學們，値得注意，事實上，這一作風，已經傳到美國去了，近年以來，在美國，已有這樣類同的新興宗派出現，我認爲二十一世紀的宗教，必定要走聯合宗教陣線，大概不會太遠了。

同時，在這裏附帶的說明，中國文化，對於人倫道德善惡價値的賞罰，在民間社會，自有一套自由民主的主張，自有是非的公論，這是受道教思想的影響，例如：對於鄉村社會的善人，死後値得紀念的，便自由封他爲土地神，一個好官死後，便自由封他爲城隍神（等於人世陽間縣長，行政區域首長的職位）。例如：一生以道義義氣爲重的關公，後來便自由封他爲神，一生以精忠報國爲重的岳飛，也封他爲神，做官而公正廉明的如包文正，也便封他爲閻羅王，凡此等等，只要多讀歷史，與地方誌（省誌、縣誌等），到處可以找出民間社會，對於善惡賞罰封神的公論，這是中國文化，自周制以來，評定帝王官吏與讀書人等，死後功過的判例「諡法」的另一面，是屬於民間的封諡思想，非常值得重視。因此，它影響我們過去社會教育的思想，對於做人處世，倫理道德的觀念，不要主管官的管理，就自動存有生死榮辱的警戒，也是由於這種天人如一的多神思想而來，其中的成敗得失，是非因果的關鍵，與教育政治的關係，究竟價值如何，很難下一斷語。

（二）道家神仙修煉的學術思想

在前面已經講過，道家的學術，淵源於上古文化的「隱士」思想，而變爲戰國、秦、漢之間的「方士」，復由秦、漢、魏、晉以後的神仙，再變爲道教的道士，到了唐、宋以後，便稱爲「煉師」；這一系列的學術思想，但從表面看來，有了幾個階段的改變，而在實質上，却是一脈相承，並無多大的變更，只有循歷史文化發展的途徑，吸收其他外來的學術方法，擴而充之而已。道家學術思想的中心，便建築在這一系列修煉的方法上，道教因襲道家的內容，也就是用這一系列的學術思想做根基，現在讓我們做綜合性的介紹，俾可稍知舉世所認爲神秘難測的道家，他的葫蘆裏，究竟賣的是什麼藥？

（1）道家與道教對於人生意義的估價　我們在平常，只知道中國文化，代表儒家的孔、孟學術，盡量在闡揚人文道德的思想，提倡以人文爲本位，構成五經六藝人文哲學思想的體系；但是忘記了，由上古歷史文化的傳統，與五經學系的關係，及諸子百家散佚保留着。我們祖先留給後代子孫的人生科學的學術思想，而且被任意隨便拋散，實在非常遺憾。

大家都知道，古今中外的哲學，都在研究宇宙人生的問題，想在其中求得使人類得到永久平安的對策，然而哲學思想，正如宗教信仰一樣，都是基於對人生的悲觀，對世界的缺憾而發出，雖然哲學與宗教一樣，也都爲現實人生，與現實世界問題而努力，可是它的最終要求，與最高目的，大體都是爲了研究生死問題。尤其在宗教思想上，正如一般人所說，都爲死的問題做工作，鄙棄人生，而否定現實，果然他們也在盡力善化人生，美化現實，但它的目的，仍然是把現實人生努力的成果，做爲死後靈魂超脫的資本，換言之：宗教與哲學，大致都站在死與滅亡的一邊喊話，呼喚靈魂的昇華。只有中國文化，根據「易經」學系的思想，與這種精神，大有不同之處；因爲生與死，存在與滅亡，只是兩種互相對待的現象，等於一根棒的兩端；也猶如早晨與夜晚，如果站在日薄崦嵫，黃昏衰草的一方，看到那「白日依山盡，黃河入海流」的情景，一切只有過去，沒有未來，實在充滿了無限淒涼的悲感。然而站在晨朝的東方，「樓觀滄海日，門對浙江潮」的一面，看到那「野火燒不盡，春風吹又生」的生命源頭，永遠會有明天，永遠有無盡的未來，實在給予人們有無比的生氣，無窮的遠景。中國文化「易經」學系的思想，便是從生的一端，觀看宇宙萬有和人生，因此而建立「生生不已之謂易」的觀念。

上古兩大文化的主流，道家與儒家，便從這個生命無窮的哲學基礎上出發，認爲人本生命的價值與人類智慧的功能，對於缺憾的天地，悲苦的人生，生滅的生命，都可以彌補天地物理的缺憾，於是便確立人生的目的與價值，是有「參贊天地之化育」的功能。換言之：人、這個生物，有無窮的潛能，如果自己把它發掘出來，就可以彌補天地萬有的缺憾；道家的學術思想，基於這種觀念而出發，認爲人的生命，本來便可與「天地同修(齡)，日月同壽(命)」，而且還可以控制天地，操縱物理，可是爲什麼不能發揮這種潛能？爲什麼自己做不到呢？①由於人類自己不能認識生命的根源，被外物所矇蔽，被七情六慾所擾亂，隨時隨地自己製造麻煩，自己減減壽命。②由於不知道延續補充的原理，只知道減少的消耗，不知道增加的妙用。到了戰國時期，因爲時衰世亂的刺激，因爲自由講學風氣的盛行，因爲民間研究學術思想，漸爲上流社會所重視，於是燕、齊之間，篤信這種思想觀念的方士們，有的從天文物理、地球物理的研究，認爲人身生命的規律，是與天地運行不息的規律相同的，便建立一種養生的原則和方法。在這種方法的總則之下，有的做物理、生理的研究，有的做化學藥物的研究，有的做鍛鍊精神、頤養神氣的研究，有的做祭祀、祈禱、淨化思想信仰的研究，花樣百出，各執一端。可是，這只是舉出他們對於人生修養的方術觀念而言，他們從這種方術觀念出發，至於立身處身，用在對人對事的觀點，也各有一套思想和理論，就構成諸子百家異同的學說了。我們姑且不管這種絕對而崇高的現實理想，是否眞能做到？至少，這種對於人生價値，與生命具有偉大功能的觀念和理論，實在在世界文化思想史中，是史無前例，只有中國一家——道家首倡其說；過去中國醫學的理論基礎，完全由道家這種學術思想而來，因此，在魏、晉以後，醫家不通「易經」、「內經」、「難經」與道家學術的，便在醫理學上，大有欠缺了。

（2）方士思想的影響　春秋、戰國時期，這種新興流行的「方士」思想，在只知窮經讀書的學者，除了坐以論道，討論人文的思想以外，完全缺乏科學興趣，不加重視，甚之，笑爲荒謬不經，一概鄙棄，而在通人達士的上流人士，也與愚夫愚婦一樣，便多多少少受其影響。於是，當時流行的「養神」

、「服氣」、「餌藥」、「祀禱」等風氣，便逐漸普及，等於這個科學時代，不管懂不懂科學，原子冰淇淋、原子理髮，也隨科學的風氣，隨口亂喊一氣，尤其如美國，科學的幻想小說，猶如封神榜一樣流行。現在我們只把當時道家方士思想有關的著名學說，分類舉例加以說明：

（甲）養神論者的理論與方法：當然首推老子，例如老子所說養神論的原則，便有：「谷神不死，是謂玄牝。玄牝之門，是爲天地根。緜緜若存，用之不勤。」老子講出這個谷神，後世有些旁門左道的道士與煉師們，便把它生拉活扯到醫學的範圍，弄到身體的生理上去，認爲這個「谷」字，便是「穀」字，「穀神」，一種解說是脾胃的神（道士們稱它叫中宮的部份），一種解說是穀道（大腸與腎臟的啣接處），於是便忍屁不放，緊撮穀道，認爲便是合了老子的道法，修煉「谷神」的妙術。其實，老子所謂的「谷神」，只要細讀老子的「致虛極，守靜篤」的道理，便可知道他所說的：「夫物芸芸，各歸其根，歸根曰靜，靜曰復命」的方法論，便是「谷神」的註解了。能把心神寧謐，靜到如山谷的空曠虛無，便可體會到「空谷傳音，虛堂習聽」、「緜緜若存」的境界了。魏、晉、隋、唐以後，道家「存神養性」的方法，配合道家醫學的「內經」，與道教所造的「黃庭經」，就又產生「內視返照」、「長生久視」的理論。所以「內視」與守肚臍眼的方法，都是後世道家修煉的事，並非禪宗的術語，如果有人弄錯了，應當注意。

那麼，道家所說的神，究竟又是什麼呢？這在戰國時期的子書中，存有很多同異的說法，姑且舉幾個例來說明：易經繫傳：「神无（無）方，而易无（無）體。」後來司馬談論六家要旨中說：「凡人所生者神也，所託者形也。」「神者，生之本也。形者，生之具也。」司馬遷在律書中，更加發揮的說：

「神使氣，氣就形。」「非有聖人以乘聰明？孰能存天地之神，而成形之情哉！」司馬氏父子所說的形神問題，與黃帝「內經」太素本神論篇中，歧伯所說的形神論，原則一致，如：「形乎形，目冥冥，問其所痛，索之於經，慧然在前，按之不得，復不知其情，故曰形。」又：「神乎神，不耳聞，目明，心開，爲志先。慧然獨悟，口弗能言，俱見獨見，適若昏，昭然獨明，若風吹雲，故曰神。」這些有關道家思想所說的神，都不是宗教性質所謂的神，而且這些神的理論，是科學的，也不是純粹哲學的，但是它不是物理的唯物思想，他是神能馭物，做爲生命根源心物一元的思想。到了道教「黃庭經」的手裏，這種原始道家生命的神論，便被他穿上道袍法服，繪上鬼神的臉譜，站在人身五臟六腑、四肢百骸的每一穴道裏去了，於是，依照「黃庭經」思想的觀念，我們這個生理的身體，簡直成了一個神的神秘世界；如果用它來解釋儒家思想、「大學」、「中庸」戒愼恐懼的理論，培養誠敬的心志，倒是最好的註解，倘使從純粹道家原始科學思想的觀念看來，這種貫串生理與宗教性質的學問，實在爲世界宗教思想史上獨一無二的境界，在此不及細說。

（乙）養氣與煉氣論者的先聲：在周穆王之後，到東周開始，至於春秋期間，道家方士們的修養方法，是偏於養神的，到了戰國時期，因爲醫藥的進步，藥餌、煉丹的方術盛行，因此道家修煉的方法，從專門主張養神的階段，便進入兼修「形神俱妙」，偏重服氣、煉氣的階段了。在這個時期，爲道家代表者的莊子，便隨處並論「形神俱妙」的方法與理論，所以同爲道家宗祖的老子和莊子，他們的學術思想，雖然脈胳相承，而在理論的旨趣與方法上，便有異同之處了。莊子說的養神原理，大致不外忘物忘身、視生死爲一貫，齊物吾於無形；而在方法上，却特別提出「齋心論」與「坐忘」論，爲養神合道的根本，使其能够到達「虛室生白，吉祥止止」的境界，然後才可以「乘天地之正，而御六氣之辯，以游無窮者。」比起老子的道妙理論，已經演進得相當具體。可是他在養神以外，又同時提出養氣的方法，說明：「眞人之息以踵，衆人之息以喉」，以及：「緣督以爲經，可以保身，可以全生，可以養親，可以盡年」等理論，隨處說明氣機存在的作用，與生命關鍵的道理。莊子這種學術思想的發展，顯然是受到「方士」思想的影響，不但莊子是如此，與他先後同時，認爲是直承孔子，行仁由義，當今天下，捨我其誰的孟子，在他的學說之中，講到修養的方法，也顯然是受到道家「方士」養生思想的影響，與孔子原來平實的學說，已經大異其趣，與曾子的「愼獨」與「誠意」，子思的「誠明」和「明誠」的養神方法，也大有不同。孟子在修養方法上，乾脆提出養氣的言論，所謂：「夫志，氣之帥也。」乃至特別提出由養其夜氣而至於平旦之氣的氣象，然後可養到至於浩然之氣，而充塞於天地之間，而且更具體的說出養氣進修的程序，如：「可欲之謂善，有諸己之謂信，充實之謂美，充實而有光輝之謂大，大而化之之謂聖，聖而不可知之謂神」等言論，無論如何，在孔子、曾子、子思傳承的修養方法理論中，實難找出類似這種線索的。

經歷兩千年來的道家煉丹學說，始終不出氣的範圍，一般想求「長生不老」，效法修道的人們，吞吐呼吸，熊經鶴伸，天天在吐故納新而煉氣，做爲修道的張本，那麼，道家所謂的氣，究竟是什麼東西呢？也經常有人問我，服氣，應該歸納到那裏才對？或爲下丹田（臍下）？或爲中宮（胃腔部份）？殊不知這個身體，猶如一副內外通風的皮袋，裝進許多骨骼，腑臟，全部神經系統，血液與內分泌，牽一髮而動全身，到處都是流行無礙的；譬如一個皮球，當你打氣進去的時候，你想把氣集中停留在皮球的某一固定處所，是可能的事嗎？如果不可能，那麼，吐納呼吸的煉氣術，等於是通風作用，藉以做到吹掃清潔的運動而已，那裏可以積氣煉丹，而得「長生不老」的成果呢？印度一部份瑜伽煉氣術的理論，認爲空氣當中，充滿了日光能，以及許多不可知的物理養分，可以增加人的壽命。殊不知血氣當中，固然存有許多營養人身的作用；譬如氧氣，如果過分吸收得多了，它也會變成有害無益的，日光能吸收得太多了，也是會改變人體的形質，乃至可以引起不良的後果。總之：這些理論，都是似是而非的妄語，實際上，都被「依文解義」所矇蔽，並不眞能瞭解道家的意義，所以魏、晉以後的神仙家們，生怕大家誤解氣字的意義，更獨創一格，把這個氣字，改寫成「炁」字，這樣便是後世道家另一派的旁門，專以拆字方式傳道的一種先趣。這個從旡（無）火而組合成的「炁」，也就是道家，用來說明此氣非空氣的道理。另有一種觀念，把氣，气，炁三個中文的字，做了三層解釋，認爲有米的這個氣，是指呼吸的氣，不加入米字的氣，是指空氣的气，只有旡火的炁字，才是道家所講的氣。什麼才是道家氣字的眞正含義呢？那便是專指生命本有的一種潛能，並非是電，也非原子的作用，我們站在現代的觀念，借用現代的知識，只能爲它借用一個物理學上抽象的名辭——「能」，做爲暫時的解釋而已。由此而知，所謂吐故納新等煉氣的方法，並非說它對於健康養生沒有用處，只能說道家用吐故納新的呼吸術，不過像是借用一根火柴，靠它來點燃自身潛能的一種方法而已。

我們對於這些太涉專門的解釋，爲了節省時間，不能多說，現在繼續說明戰國時期的道家，由「方士」們提出「形神俱妙」的服氣、煉氣的修養方法以後，便由「方士」的觀念，提昇到「神仙」的境界，其中開始劃時代的信念的，又是莊子；在傳統的信念中，對於道高德妙，成爲君子，大人，先生，的聖人，無形中把它變爲人位當中的至高標準。莊子由此標準再向上提昇，便創立了「至人、神人、眞人」的名號，如說：「至人無己，神人無功，聖人無名。」後世道家與道教，用以稱呼得道的神仙，叫他爲「眞人」的，便是從莊子的觀念開始。我們要知道，在莊子全部思想的觀念裏，如果一個人達不到這種神人的境界，便是做人沒做到頂，所以不能稱之爲至人，因爲做人既做不到人的最高境界，所以芸芸衆生，統統都是假人，也就是後來道家思想所謂的「行屍走肉」而已，並非「眞人」。莊子這種對於人生價值，和人格昇華的標準，陳義實在太高了，在一般人而言，可以說祇有可望而不可卽的成分，所以大家便認爲他和所有道家的思想一樣，祇是一種理想主義。其實，把人生生命的觀念，提到和宇宙的功能一樣，何嘗不對，只是人類既要自尊自大，又不够偉大，所以就自卑而不敢承當而已。那麼，他提出「眞人」、「神人」的境界是什麼呢？如說：「藐姑射之山，有神人居焉，肌膚若冰雪，綽約若處子，不食五穀，吸風飮露，乘雲氣，御飛龍，而遊乎四海之外，其神凝，使物不疵癘，而年穀熟。」莊子像這樣描述「神人」的話，屢見不鮮，有的地方便說「神人」，是乘日月以遊行，比乘雲氣還要擴大，因爲他提昇了人的境界與價值，所以居高臨下，憑空鳥瞰，便自然而然的鄙棄世俗，卑卑不足道也，所以他說，像這一類的「神人」，只要用他的殘渣廢物，就可以製造出許多聖人，其他還有什麼可說的呢？

如云：「之人也，物莫之傷，大浸稽天而不溺，大旱金石流，土山焦而不熱，是其塵垢粃糠，將猶陶鑄堯、舜者也，孰肯以物爲事！」

(丙)服餌者的理由：說到服餌者，在古代道家學術中，也有叫他爲「服食」或「餌藥」等等名稱，總之，這是道家「方士」演變而成後世丹道派的「煉丹」，與服食丹藥而成神仙，道家物理科學而哲學的正統派；也便是中國上古原始的科學知識，對於物理的觀念，引用到生物生命學的理想，企圖以藥物改變身心生理的氣質，延伸人的壽命，至於羽化而登仙的要求。他們是世界上打開化學紀元的先趨者，也是初期藥物學研究的主流，這種以藥物服餌爲主的道家流派，才是戰國時期所稱爲正牌的「方士」，同時也包括了醫學的人士。因爲在中國古代歷史上，從儒家思想的觀念出發，對於從事濟世活人醫藥的人們，一概叫做「方伎」之士，向來把他與「方士」並待，他們在儒林中，並無地位，也不受重視，有時還把他們列入佛，道一樣，鄙視他爲江湖末技，因此，在明、淸以後，有許多學者從醫的，便特別標榜自己爲「儒醫」的招牌，以爭取學術的地位。關於服餌方士派的理論，約有兩個理論，三項種類，三個程序：

(子)所謂服餌丹藥的兩個理論：①他們認爲人身便是一個細菌的世界，四肢百骸，五臟六腑，都充滿了細菌的生命活動，他們以原始的觀念，命名這種細菌的種類，都叫它爲蟲。在中國古代相傳的醫藥觀念上，素來便把人的身體分爲上、中、下三焦；大約由頭部至肺部，爲上焦；自胃部到橫隔膜，爲中焦；從橫隔膜以下，包括腎臟系統及大小腸、膀胱等爲下焦，這三焦所有的寄生蟲，便統統命名它爲

「三尸蟲」，而且還爲「三尸蟲」的種族，取了名字，叫做彭琚、彭質、彭嬌。後來道教，比較客氣點，又稱它爲「三尸神」。又例、如說：「上蟲居腦中，中蟲居明堂（眉眼的中間），下蟲居腹胃。上尸蟲伐人眼，中尸蟲伐人五臟，下尸蟲伐人胃命。」綜合起來，便叫它爲「三彭」。所以他們煆煉礦物藥品，如水銀（硫化汞）、砒霜、硫磺等五金八石的毒藥，經過化學的提煉而凝結成丹，吞服求仙，也就是爲殺死「三彭」的殺菌作用。我們姑且不論這種理論是否正確，但在二千多年前，根本還沒有現代科學影子的時代，公然有了這種醫學的理論出現，你能說他是絕對沒有科學思想的根據嗎？②除了服餌丹藥，消滅「三尸蟲」的觀念以外，第二個思想，便是認爲這個血肉骨骼系統的五臟六腑，是容易感受外界物理作用的損害而生病，如寒、溫、暑、濕與傳染病的侵襲，如果把這個人身生理所有的機能，換成黃金、白銀一樣的體質，當然就可以活得長久了。因此他們研究礦物藥物的化學，把銅鐵製成黃金，（因爲秦、漢時代，所謂黃金；大都是赤銅，眞正的天然黃金很少，所以要化學製造，因此中國的煉金術，也是世界科學史上最早發明的治煉技術，後來由阿拉伯人，輾轉傳到歐洲去的。）再用某一種天然植物的成分，把純淨黃金化爲液體，漸漸吞服下去，使它慢慢吸收，久而久之，便把所有生理的機能，整個換成黃金的體質，當然就可以長生不老了。你說這種思想，多麼可笑？然而眞可笑嗎？不然，凡是科學的發明，都是等同兒戲的幻想而來，我們在沒有證據以前，只可以取保留存疑的態度，可是，你一定會說，吃了黃金不會中毒嗎？會的，黃金中毒的成份還不太嚴重，如果不把黃金化成液體，腸胃穿孔的情形，隨時可以造成，「方士」們對於解救黃金中毒的藥物，早在兩千多年前，已經研究出幾種，可惜有的已經失傳而已。至於煉鐵成金的方法，在後世還有留傳，據說：現代有人試過，果然可以煉成，可是現在天然的黃金太普遍了，用這種化學煉成的黃金，成本比天然的黃金還貴，所以沒有用處，這是見之於現代人研究道家修煉報導的事實資料，隨便一提而已。我們聽了這種道家「方士」學術的思想，看來非常可笑，同時也很有趣，當然不會使人相信，但是現代的人，想用血清等藥物挽回人身壽命的理想，到今天還未正式試驗成功以前，豈不是同樣值得懷疑嗎？科學家的精神，是由幻想、理想中尋求理論的根據，然後再拿理論來求證實驗的，所以我們對於這種道家「方士」求「長生不老」的理想，姑且把它當作科學小說的觀念來看，不加可否爲妙。

講到這裏，我們順便說明一個問題，那就是在我們過去的歷史上，許多帝王、名人；例如漢、唐、明、清幾位篤信道術，服用丹藥的帝王，以及名人如韓愈、蘇東坡、王陽明等人，都是服用道家「方士」的丹藥而促成速死的，這是什麼理由？在這裏，我要忠誠告誡各位迷信現代成藥，盡量服用補藥，與專打補針的朋友們，應該同在這個問題上，予以相當注意。「方士」們發明煆煉五金、八石等礦物質的藥品，在醫藥的價值上，與在人身上做物理治療的用劑，只要用的適當，不但沒有錯誤，而且極有價値，但是，這類從礦物質提煉出的藥品，都是躁性的，而且具有强烈的揮發生理生命機能的功效，與現代某一類多種維他命等的成藥，有殊途同歸之妙。在眞正道家「方士」們的服用方法上，第一重點，必須要在心理行爲上，澈底的做到「清心寡欲」，對於男女性行爲，與貪吃濃肥、富於動物肉類等食物的欲望，已經絕對不生貪戀的作用，才能開始服食。否則，這種藥物，一吃下去，具有强烈的壯陽作用，必然促進性機能的衝動，這對於那些帝王，與名公巨卿們，終日沉緬在聲色場中，與醇酒美人打滾的富貴生活中人，無疑的便成爲催命劑了，那有什麼值得大驚小怪的呢？第二重點，道家對於服用這一類丹藥的條件，必須先要煉到神凝氣聚，可以避穀而不吃人間烟火食的程度，才能吸收融化，否則，或因食物相反而中毒，或因藥而得病死亡了。總之：一般服用丹藥的人，不能斷絕「男女飲食」的欲求，相反的，還想靠丹藥的功效，以達到「男女飲食」玩樂的要求，那麼，「服藥求神仙，反被藥所誤」，這是必然的結果，大可不必把這些爛賬，一律記在「方士」們的名下，你說對嗎？

（丑）關於服餌丹藥的三種類：自戰國以後，經秦、漢、魏、晉、南北朝，到隋、唐之間，丹道服餌派的種類，大體可以把它分爲三類，也就是後世道家所謂的：天元丹、地元丹、人元丹三種：

①天元丹約有兩類：一是指天然的礦物而成丹的，如五金、八石等天然化學藥品。一是指不需自己的辛勤煆煉，接受已經煉丹得道者的賜予。

②地元丹：是專指採用植物性的藥材，研究提煉而成丹的一種，從秦、漢以後，中國藥物學的發展，與講究修煉地元丹的道家，實有不可分離的關係，例如民間相傳服食成仙的靈芝草、何首烏等等故事，都是由於地元丹的思想而來。道家對於靈芝草的研究，存有專書，包括靈芝的種類，有礦物化石、動物化石的靈芝等等，大多是見所未見，聞所未聞，我們普通在臺灣所採到野生的靈芝，並非神仙煉丹的一種，這是屬於菌類的靈芝，有的是有毒的，卽使無毒的一種，少吃只會使人起幻想，多吃會使人精神分裂，或中毒，萬萬不可以迷信服用，以免無故而仙逝，後悔莫及。

③人元丹，約有兩類：㈠是指離塵出俗，避世清修，專門養神服氣，棄欲絕累，涵養身心，使其達到清靜無爲，虛極靜篤的境界。利用極其寂靜的作用，只求積聚，不事任何消散的成果，引發本身生命的潛能，例如普通所謂打通任督二脈與奇經八脈，然後到達神凝氣聚，發揮生命具備的偉大功能，再來自由作主製造新的生命，也就是後世道家所謂的清修派，或名爲單修派的一種功效。㈡是以古代房中術的理論做基礎，研究性心理與性生理的作用，認爲男女兩性內分泌（荷爾蒙），具有延續生命的功能，在合理而正常的夫婦性生活中，不亂、不縱慾，而達到昇華精神，延長壽命的功效，這就是後世道家所謂的男女雙修派，屬於房中「長生久視」「內視煉精」的一種，他們對於內分泌的研究，應該算是世界醫藥史上發現的最早。但是這一派的流弊所及，百害叢生，例如普通所謂採補術（採陰補陽，或採陽補陰），以及過去旁門左道中，採取紫河車（胞衣），服食丹鉛（輸食童男童女的血液），鬧出許多傷天害理的事，不但違反倫常道德，甚至，觸犯刑章，大逆不道。在中國民間社會，許多無知的人，迷信這一類旁門左道的道術，暗中相當普遍，殊不知這些知識，在現代醫學上，經過科學的整理，已經有許多藥物，如荷爾蒙、維他命等等，早已超過這種原始而不切實際的理想，再也不可迷信了。

（寅）服食丹藥的三個程序：戰國時期道家正統的「方士」，應該屬於從事服餌的丹道者，他們專以煆煉五金、八石，與燒鉛、煉汞（化煉硫化汞、氧化汞等）藥物化學的發明者，也是成效方單醫藥的創始派，他們有物理科學理想上的理論，也有實驗的成績。後世道家把修煉身心的精氣神，叫做煉丹，那便是取用人元丹內養方法的演變，做爲主體，這是中國專有養生學上的特別成績，以後再加說明。不過，專主修煉精氣神的內丹，不懂道家醫學的原理和道家藥物的知識，在丹道而言丹道，是有缺憾的。

從丹道立場來說，服餌丹藥，約有三個程序：第一個程序，服用地元丹，是爲修煉養生做預備的工作，所謂强壯其筋骨，健全其身心，卽使是一個普通人，也可以服食而求保健的，由此發展，便成爲後世中國人講究食物治療的風俗，例如冬令進補，與膳食養生的習慣，都是淵源於地元丹的思想而來。第二個程序，就是修煉人元丹，變化氣質，以達到道家凝神聚氣的標準，猶如莊子所謂：「登高不慄，入水不濡，入火不熱」、「其寢不夢，其覺無憂，其食不甘，其息深深」的境界，到了這個程序，可以辟穀而不食，晝夜不眠而如一，正如莊子所說：「不知說（悅）生，不知惡死，其出不訢，其入不距，翛然而往，翛然而來而已矣。不忘其所始，不忘其所終，受而喜之，忘而復之，是之謂不以心捐道，不以人助天。」然後才可以服食天元丹，這便是方士丹道派修煉服餌的程序。可惜古往今來，若干不知丹道眞義的人，因爲不明究竟，欲求「長生不老」，反而促成短壽早夭，不能樂終天年，豈非大謬不然嗎？

（丁）祀禱派的修煉　關於「方士」們修煉神仙的學術思想，在前面已經做過極其簡要的介紹，至於祀禱派修煉神仙的方術，向來都把它與「方士」混爲一談，這是莫大的誤解。眞正「方士」修煉神仙的學術思想，是由科學而哲學的理論做根據；禱祀派的學術思想，完全是基於宗教性的信仰，屬於精神與靈魂學的範圍，也就是漢代以後，形成道教的中心思想。講到祀禱這件事，必須上推三代文化傳統的祭祀思想而來，再向上推，應該歸到黃帝前後時代，與上古民族留傳下來的巫祝，在醫學上，用於精神治療「祝由科」的淵源。根據「書經」學系的文化傳統，直到「禮記」中心的祭禮思想，可以瞭解我們的祖先，在三代以上的宗教思想，與宗教情緒，也正如世界各個民族文化的起源一樣，都是由於泛神思想，與庶物崇拜等觀念而來，然後漸漸蛻變，形成一神論的宗教權威。我們的祖先，雖然也與世界各個民族文化的來源相同，先由類似宗教的信仰開始，但是始終不走一神權威論的路線，而且最大的特點，始終把天、神、人三者，在道德善惡的立足點上，永遠是平等如一的。並且以崇敬祖先的祭祀精神，與祀禱天地神祇、山川鬼神的儀式，是互相爲用的，尤其在周代文化，裁成融會三代文化思想的精粹，建立各種大小祭祀的規範，統以祭祀祖先爲中心。所以我們後世對於已故祖宗父母的牌位，一例都叫爲神主，由此而建立以「孝道治天下」傳統文化的精神，這與世界各民族的文化，都由上古宗教思想學的發源，大有不同之處，萬萬不可以拿其他文化的規格，隨便向中國文化頭上一套，那便有張冠李戴，絕對非我文化的本來面目。

由於上古的祭祀天地神祇，與山川鬼神的演變，到了唐堯、虞舜、夏禹的時期，便繼承先民的思想，以「封禪」山川神祇，爲國家民族治平政治象徵的大典。可是大家不要忘了「封禪」的眞正精神，仍然是以人文文化做本位的意義，爲什麼呢？因爲山川神祇，雖然偉大而崇高，然而不經人間帝王，率領全民意志去崇敬它，「封禪」它，那麼，它依然只是一堆山水土而已，「聖從何來，靈從何起」？大家都知道「封禪」思想，在中國上古文化思想中，等於宗教的觀念和儀式，可是大家都忘了它的內在精神，却是提高人文思想的眞義，唐、宋以後，儒家思想所褒揚大人君子的聖賢，與元、明之間，民間小說的「封神榜」，都由這個精神而來。到了秦始皇、漢武帝的玩弄「封禪」開始，這種由傳統而來的「封禪精神」，就大加變質，完全不合古制。他們除了表現帝王權力的躊躇滿志，借此巡狩四方，用以耀武揚威的意識以外，事實上，確被當時一班祀禱派的「道士」們，利用他們心理上的弱點，妄求「長生不死」，妄想登遐成仙，要做到道家傳說黃帝乘龍而上天的奢望，於是便在歷史上記載着，秦皇、漢武戲劇性「封禪」的一頁了。這一派「道士」的方術，完全講究精神與靈魂的作用，利用藥物，配合咒語與符籙，借此而鍛鍊心理意志的統一，引發心靈電感的功能，演出鬼神的幻術，博取野心家，如秦皇、漢武的信仰，使其做出求藥尋仙，「封禪」以邀神佑的壯舉。他們在這中間，便可上下其手，自飽私囊，如李少翁的招魂、欒大等人裝神弄鬼的幻術，不一而足，及其禍弊所及，漢代宮廷的巫蠱大案，就是當然結果的榜樣了，後來歷史學家，把這一批「道士」，或「術士」的濫賬，一概記在「方士」名下，這對於秦、漢以來，眞正的「方士」們，似乎大有不平之處。我們在這裏附帶的說明一句，中國文化學術思想中，對於精神學、靈魂學、與心靈作用等雛形，早在春秋、戰國以前，已經普遍流行，只要讀過「論語」，孔子講到「曾謂泰山不如林放乎？」便可知道孔子對於「封禪」的觀感，王孫賈問曰：「『與其媚於奧，寧媚於竈』何謂也？」子曰：「不然，獲罪於天，無所禱也。」等章句，便可知道古代對於家神、竈神崇拜的習慣，由來久矣。

秦始皇重「封禪」，漢武帝在「封禪」以外，更喜歡祀拜灶神，同時又相信降神的法語，這便是後世流傳到現在的扶箕、扶乩、扶鸞（這三種方法不一樣）等旁門左道，相信靈魂存在的傳統。我們平常隨便開口批判別人爲迷信，其實，眞正最迷信的人，倒不是愚夫愚婦，實際上，知識愈高的人，愈是迷信，而且批評別人迷信的，在他心理上，正在迷信的臼窠之中，這是一個非常有趣、而有深度的心理問題，將來再講。然而，爲什麼上至帝王，下至販夫走卒，都很願意聽信迷信的神話，這是什麼道理呢？因爲人類知識，始終無法解開宇宙人生的謎底，所以祀禱派的「道士」們，就能在種種心理的空隙上興風作浪，產生利用的價值，極盡玩人的手法了，現在我們舉出司馬遷在封禪書上所載漢武帝相信神話的迷信現象，足以顯見古今中外一律的戲劇，如說：「神君所言，上使人受之，書其言，命之曰書法。其所語：世俗之所知也，無絕殊着，而天子心獨喜。」於是便有神仙派的五利將軍，「裝治行，東入海，求其師云。」公孫卿的奏言「神仙好樓居」，便大興其土木了。至於秦始皇做的諸如此類的故事更多，你能說秦皇、漢武，不是第一流的聰明人物嗎？這種做法與思想，不是第一流的傻事嗎？與其聰明絕頂，才會有這樣的傻勁，不傻者，未必聰明，這又是一個哲學上的重要課題，在此不必細說。

然而祀禱派的思想，都是一派謊言嗎？不然，眞正祀禱派的淵源，除了上面講過，實是遠繼三代以上的祭祀精神以外，它的內容，也自有它的學術源流，而且包藏很多學術價值，例如人盡皆知祭祀與禱祝（告），是全世界，貫古今，所有宗敎共同的儀式，如果要研究全人類原始上古文化思想的淵源，那麼，對於道士祀禱派淵源的追溯，便不可輕易放過，同時，也不能只把它當做人類原始的迷信而已。因爲虔誠的祭祀與禱祝，有時候的確可以產生心靈的感應，對於事物的反應，達到儼然如有神助的功效，當然囉，這裏所說有時候的意思，便是指精神意志，絕對統一，到達極其虔誠的情況，這種作用與功效，也便是人類對於精神的功能，心靈的玄妙，靈魂的奧密，三種基本的學問，始終未經解開的謎底。上古的巫祝，以及黃帝時代流傳下來的「祝由科」，他們便在這種奧妙的學問上，建立它的基礎，後來儘管演變而成爲宗教的儀式，可是在它的基本上，還是由於精神生命的心靈作用，與靈魂的關係而來，我們如果把它迷信的外衣褪去，不是用來欺人，是以科學的精神來研究，你能說它不是人類文化的一大貢獻嗎？假使我們眞能研究發明精神的功能與奧妙，證明靈魂的存在，那麼，今天世界人類的思想，偏向於唯物觀念，就不待攻而自破，而且對於宗教、哲學、科學的文明，也必隨之而來，會有新的變化了。其次：「道士」們用以統一精神，用做祀禱的咒語，看來都是鄙俚不文，不堪卒讀，然而，推開精神作用而不講，如果要研究古代的方言，與古代民俗的俚語，那就不能不留心注意，足供發掘了。至於畫符用的符籙，由東漢時期，張道陵五斗米道以後，派別更多，符籙的式樣，也不統一，如元、明以後，辰州派的符咒等等，看來眞有鬼畫桃符，如同兒戲的感覺，然而你要研究上古文字不同的來源，例如蝌蚪文等，以及印度梵文與中國符籙的關係，與唐、宋以後，道教自創文字的思想，就不能不愼重的注意了。總之：祀禱派「道士」們祭祀、禱祝的禮儀，以及畫符書籙、念咒誦文等方法，他的主要精神，仍然要與「方士」修煉派的養神論者，與養氣論者的作用合一，才有靈驗，換言之：當在畫符書籙，念誦咒文的時候，不能達到忘身忘我、精神統一的境界，不能煉到神凝氣聚，閉氣煉形的情況，那便如民間俗語所說：「不會畫符，爲鬼所笑了！」所以晉代道家的葛洪，在他著作的抱朴子中，講到修煉符籙的要點，便特別提出煉氣的重要，因此祀禱派的方法，仍然屬於「方士」學術的範圍，其由來也久矣。

陸　漢魏以後的神仙丹道派

道家與方士，方士與神仙，在這三個名稱之下的類型人物，及其學術思想的內容與淵源，由戰國而到秦、漢之間，實在都是互相爲用。到了漢、魏開始，延續一千多年，直到現在，方士的名稱，已成過去，只有道家與神仙，却成爲不可分家的混合觀念。其實，漢魏以後，道家神仙的學術，已經遠非秦、漢以上的面目，這一千多年來道家的神仙，實際上，却是丹道派的天下，所謂丹道，便是以修煉精、氣、神爲主的內丹方法，以求達到解脫而成神仙爲最高目的。關於神仙的種類，在宋、元以後，歸納起來，約分五種，(1)大羅金仙（神仙），(2)天仙，(3)地仙，(4)人仙，(5)鬼仙。初步修到死後的精靈不滅，在鬼道的世界中，能够長久通靈而存在的，便是鬼仙的成果。修到卻病延年、無災無患、壽登遐齡的，便是人中之仙的成果。過此以上，如果修到辟穀服氣、行及奔馬、具有少分神異的奇跡，可以部分不受物理世界各種現象所影響，如寒暑不侵，水火不懼的，便是地仙的成果。再由此上進，修到飛空絕跡，駐壽無疆，而具有種種神通，有如，莊子、列子寓言所說的境界的，才算是天仙的成果。最高能修到形神俱妙，不受世間生死的拘束，解脫無累，隨時隨地可以散而爲炁，聚而成形，天上人間，任意寄居的，便是大羅金仙，也卽是所謂神仙的極果。凡此種種，是否確有其事？或者是否有此可能？我們現在無法證明，姑且不加討論，但是有一點必須值得特別注意的，在中國文化中，儒家對於人倫道德，敎育修養的最高標準，是把一個普通平凡人的人格，提昇到迥異常人的聖賢境界，已經足够偉大。而在另一面，還有道家的學術，從宇宙物理的研究，與生理的生命功能而立論，更加提高人生的標準，認爲一個人，可以由普通愚夫愚婦的地位，而修煉昇華到超人，提高人的價值，可以超越現實世界的理想，把握宇宙物理的功能，超過時間空間對立的束縛；而且早於公元前一千多年，毫無十六、七世紀以後的科學觀念，便能產生他們自已獨立的一套科學觀點，無論它是幻想、是事實、是欺世的謊言、是有實驗的經驗之談，都是值得我們瞠目相對，需要留心研究的。

（一）丹經鼻祖的作者魏伯陽

自秦、漢以來，開創修煉神仙丹道學術思想的人，比較有案可稽的，當然要首推東漢末年的魏伯陽，也就是後世道家尊稱他爲魏眞人、或火龍眞人的。關於魏伯陽的確實身世，與他生存準確的年代，始終還是文化史上一個大謎，但是，他是東漢時期的人，大概不會錯，他只有比祝禱派，以符籙道術起家，開道教先河的張道陵爲早，那是較爲可靠的。大家都知道東漢時期的文化，是儒家思想的衰頹時期，一切學術，都已漸趨沒落，可是，我們不要忘記，它在理論物理的科學，與理論天文學上，卻有很大的成就，只因後世一般缺乏科學修養的人，把它統統歸入無用之學「象數」案卷中去了。其實，什麼是「象數」，「象數」學中的眞義，究竟包含了些什麼東西？恐怕一般人，除了隨人轉語而加批評以外，自已都沒有好好下過功夫去研究，以外行人的眼光，去批評一件非常深刻的內行事，眞是多麼寃哉！枉也！東漢末期，在道家與道教史上，產生兩個畫時代的人物，一是魏伯陽，另一便是張道陵。魏伯陽是代表上古傳統文化中的隱士精神——神仙。張道陵卻在漢代以後，構成道術傳統的世系，到了宋、元以後，一直成爲江西龍虎山正乙派張天師的世家，他與山東曲阜的孔子世家，互相並陳；在中國文化歷史上，能够以學術思想，造成一兩千年世家的系統，只有儒家的孔子，與道家的張天師，豈不是世界文化史上的奇跡嗎？這也就是說明中華民族，對於文化學術思想如何尊重的精神，他能够在文化的王國裡，自由給予聖賢、神仙、高士、處士、隱逸，等等極其美善的封號，而且是不問今古，都受到一分尊崇的禮遇。可是魏伯陽，卻是走的「隱士」路線，結果只有給人以「不知所終」的疑猜而已，他贈予後人唯一的禮物，就是他的一部千古名著「參同契」一書。他這部著作，的確絞盡腦汁，有人竭其畢生精力，從種種方面去研究摸索，還是毫無頭緒，宋代理學的大儒朱熹，便自認他的一生，對於這部書的研究，是失敗了，可是他愛好它，爲了避免陽儒暗道的嫌疑，他曾經化名崆峒道士鄒訢，註過參同契。

魏伯陽著作這本書的目的，是爲了說明修煉丹道的原理與方法，證明人與天地宇宙，有同體同功而異用的法則和原理，爲了整理自古以來的傳承，證明人爲的修煉，可以昇華而成神仙的傳統學術，他以「周易」的理、象、數三部分，和周、秦到兩漢，用在天文物理學上的原理與原則的五行，干支之學，以及道家老子傳統的形上、形下的玄學原理，一齊融會貫通，爲丹道的修煉程序，做了一套完整的說明。所謂「參同契」，便是說：丹道修煉的原理，與「周易」、「老子」的科學而哲學的原則，參的透澈了，便可了解他們完全是同一功用，「如合符契」的。所以他便融會「周易」、黃老、丹道這三種學術共通的道理，著述這本「參同契」了。在這本書中，他的文辭簡樸而優美，猶如「易林」的詞章，也是千古絕調之筆，他把丹道修煉的原理，區分爲藥物、服食、御政三大綱要。然而如老子這本書一樣，它原始的篇章次序，究竟是如何的安排，確費後人的疑猜與稽考，這又富於道家猶龍隱約的風味，可與老子其人及其書互比隱晦。如果我們要把丹經的鼻祖著作「參同契」，比之老子的書，那麼，另一部丹經，是宋代張紫陽眞人所著的「悟眞篇」，應該比之如莊子的書了。

「參同契」所講的丹道學術，特別注重身心精神的修煉，他所指用於「返老還童」、「長生不死」，至於最高解脫而登上仙位的丹藥，主要的藥物，便是人人自己所具備的精、神、炁而已。卽在修煉的過程中，也可以借用，或者必須借用外物的丹藥，那是爲了培養補充衰歇而有病象的身心，使其恢復精、神、炁的生命本能而已。它是中國養生學的祖述寶典，也是最早研究身心生命奧秘的著作，它影響漢、魏的醫學，生物物理學，乃至佛學與禪宗，後來道教的經典「黃庭經」，所謂「上藥三品，神與炁精」等思想，以及「龍虎經」等的著作，都是由「參同契」的蛻變而來，不過加上一些宗教神秘的觀念而已。他認爲恢復精神先天原始的情況，能够自作生命的主宰，以及變化生死的功能，一切都可操之在我，才是服食丹道的效驗。至於煆煉藥物的精、神、炁，與服食的方法，必需要有正確的心性修養，與眞正智慧的認識，才能做到。所以統攝修煉藥物，服食成丹等的程序，便要透澈了解御政的重心。講到藥物，他雖然指出精、神、炁爲修煉丹藥的主材，但是，他並非如宋、元以後的丹道，參合佛學禪宗的理論與方法，而且更不是明、清以後伍冲虛、柳華陽的丹道學派，專以性神經系統的精蟲卵子等，認爲便是精神的精；同時，更沒有如明、清以後的丹道，動輒便以任、督等奇經八脈做爲修道的主題。他的本來原文，非常清淅，只因後世道家與道教的道士們，各從不同的觀點，不同的角度，自己爲他作註解，於是講究修性修命的，主張獨身主義的單修清靜派；主張不離家室之好，男女合藉的雙修派；主張燒鉛煉汞而用外丹的丹法，就衆說紛紜，統以「參同契」做爲原理的根據了，所以房中採煉等等左道旁門的謬論，也都一一牽强附會，援引「參同契」的文言，而言之成理，著之成文。至於「參同契」原本所說的精與神，便是魂與魄的外用，炁，只是精與神的化合物而已。它與周易繫傳的：「精氣爲物，遊魂爲變，」確是同一路線的思想。

其實：「參同契」一書，並非眞正難讀，也不是作者故弄玄虛，保存有無上秘密的口訣，只是受歷史時代背景的影響，文章風格，各有不同，魏伯陽生當東漢時代，正當文運走向變今而仿古的變革時期，他沒有像近代人的條分縷析，歸納分類得清清楚楚，但是你只要把握他的主題，是在說明修煉丹道的原理與方法，百讀不厭，久久就會自然貫通，找出它的體系條理了。他引用老子的理論，是爲了借重先聖古人的言辭，以證明他的道理，並非向壁虛構。他引用「易經」象數的原則，極力說明天地日月氣象變化的宇宙規律，藉以證明人身生命活動的原理，是與天地宇宙變化的程序，有共通活用的軌則，並非是要你把天地日月的規範，呆呆板板的用到身心上來。清代道士朱雲陽的意見，認爲他是以月的盈虧，來比精神的衰旺，日的出沒，來比氣血的盈虛，這是非常合理的名言。現在我們舉出一、二段有關修煉清靜的理論與方法，是他說明老子的「致虛極，守靜篤」、「萬物芸芸，各歸其根，歸根曰靜，靜曰復命」的引申註解。同時，也可以在其中看到稍遲魏伯陽一二百年間的佛學與禪學等，它如何取用中國文化中，對於心性現狀解釋的科學觀，以及首先提出以「無念」爲入手的「參同契」的修法；並且也由此看出宋儒理學家們的修養「靜」「敬」的方法，它與佛、道兩家，是如何的結有不解之緣了。

例如：

「推演五行數，較約而不煩。舉水以激火，奄然滅光明。日月相薄蝕，常在晦朔間。水盛坎侵陽，火衰離晝昏。陰陽相飲食，交感道自然。吾不敢虛說，倣效古人文。古記顯龍虎，黃帝美金華。淮南煉秋石，玉陽加黃芽。賢者能持行，不肖毋與俱。古今道由一，對談吐出謀。學者加勉力，留意深思惟。至要言甚露，昭昭不我欺。」

「名者以定情，字者緣性言，金來歸性初，乃得稱還丹。」

「耳目口三寶，閉塞勿發通。眞人潛深淵，浮游守規中。旋曲以視聽，開闔皆合同。爲己之樞轄，動靜不竭窮。離氣納榮衞，坎乃不用聰。兌合不以談，希言順鴻濛。三者既關鍵，緩體處空房。委志歸虛無，『無念』以爲常。證難以推移，心專不縱橫。寢寐神相抱，覺悟候存亡。顏色浸以潤，骨節益堅强。辟却衆陰邪，然後立正陽。修之不輟休，庶氣雲施行。淫淫若春澤，液液象解冰。從頭流達足，究竟復上升。往來洞無極，怫怫被谷中。反者道之驗，弱者德之柄。耘鋤宿汚穢，細微得調暢。濁者清之路，昏久則昭明。」

當然，這些文簡言樸的文辭，其中包含的意義與道理太多，我們來不及多加解說，總之：「參同契」的方法與宗旨，是專爲鍛鍊精神魂魄，以到達老、莊所謂：與「天地精神相往來」的眞人境界，是道家正統的神仙丹道的學術，因此，魏伯陽把當時假借先聖而流傳的許多旁門左道，欺世盜名，以及貽誤人世社會的小術，嚴加駁斥。

如說：

「是非歷臟法，觀內有所思（這是指內視五臟，如存想返觀肚臍、丹田等的旁門修法）。履行步斗宿，六甲次日辰（這是指步罡拜斗，迷於符籙道術等的旁門修法）。陰道厭九一，濁亂弄元胞（這是指迷信房中九淺一深等素女經的修法，與左道採陰補陽等的旁門修法）。食氣鳴腸胃，吐正吸外邪（這是指吐故納新，專煉呼吸服氣等的旁門修法）。晝夜不臥寐，晦朔未嘗休（這是指搬精運氣，緊撮穀道，以及長坐不臥的旁門修法）。身體日疲倦，恍惚狀若癡，百脈鼎沸馳，不得證清居（這是指以上五類，專在身體以內，搬弄精氣的旁門道術）。累土立壇宇，朝暮敬祭祀，鬼物見形象，夢寐感慨之（這是指專以祭祀禱告，乃至修煉驅神役鬼等的旁門修法）。心歡意喜悅，自謂必延期，遽以夭命死，腐露其形骸（這是指以上所說修煉神秘法術等旁門的結語）。舉措輒有違，悖逆失樞機，諸術甚衆多，千條有萬餘，前却違黃老，曲折戾九都，明者省厥旨，曠然知所由。」

魏伯陽在「參同契」中，綜合歷舉這些旁門左道的情形，我們拿他與晉代丹道家葛洪所著的抱朴子共同研究，便知迷信道術的人，隨便妖言惑衆，欺誑成習者，眞是古今一轍，既可笑？又可嘆！有什麼辦法，可以警醒愚頑呢？因此，他又說到上古流傳下來的道術，本來實是「內聖外王」的眞學問，只因後世的人沒有智慧，把它弄得支離破碎，反而以僞亂眞，影響社會，造成頹風，如說：

「維昔聖賢，懷玄抱眞。伏鍊九鼎，化跡隱淪。含精養神，通德三光。精溢腠理，筋節緻堅。衆邪辟除，正氣常存。積累長久，變形而仙。憂憫後生，好道五倫。隨旁風采，指畫古文。著爲圖籍，開示後昆。露見枝條，隱藏本根。託號諸名，覆謬衆文。學者得之，韞櫝終身。子繼父業，孫踵祖先。傳世迷惑，竟無見聞。遂使宦者不仕，農夫失耘，賈人棄貨，志士家貧，吾甚傷之，定錄玆文。」

但是他自己又說，在他的著述中，並不照次序的說明此事，都靠讀者自己的審思明辨，才能領悟到其中的程序和究竟，如說：

「字約易思，事省不煩，披列其條，核實可觀，分量有數，因而相循，故爲亂辭，孔竅其門，智者審思，用意參焉。」

於是，他又指出煉修的初基方法，如說：

「內以養己，安靜無虛。原本隱明，內照形軀。閉塞其兌，築固靈株。三光陸沉，溫養子珠。視之不見，近而易求。黃中漸通理，潤澤達肌膚。初正則終修，幹立末可持。一者以掩蔽，世人莫知之。」

又云：「勤而行之，夙夜不休。伏食三載，輕舉遠遊。跨火不焦，入水不濡。能存能忘，長樂無憂。道成德就，潛伏俟時。太乙乃召，移居中洲。功滿上升，膺錄受符。」總之，魏伯陽所著的「參同契」，從身心修養的實驗科學精義，而說出心性的形而上道，與形而下質變的精神魂魄等問題，是綜合道家科學的學術，與儒家哲學的思想，溶化會聚在丹道的爐鼎之中，譽爲千古丹經道書的鼻祖，實非爲過，朱雲陽說他是以「天地爲爐鼎，身心爲藥物」，那是一點不錯的，不過，他是注重於人元丹的修煉，是發揮人生性命功能的最高至理。

(二) 方士醫學與易象數合流的煉氣養生術的丹道

兩漢在文化史上，除了有名的儒家經學家的訓詁註疏以外，在科學方面，西漢最大的成就，便是天文與曆象的發展，例如才情洋溢、多藝多能的司馬遷，也曾參加過修改曆象的工作，自己引以爲完成先人的遺志爲榮。後來的揚雄，想以「易經」象數的理論，範圍天文曆象的法則，自己別創新說，作了一部非常抽象的天文理論的「太玄經」，想用它來概納形上形下等問題，不管他的學問有無根據，有無科學發現上的價值，一個以文辭名家的儒家學者，對於科學而哲學的理論有興趣，如果生在現代重視科學與哲學的國家，應該備加奬勵了。到了東漢，由於兩漢易學象數派理論科學的演變，便使易學的象數，更加走入抽象化的理論，例如：孟喜的卦氣，京房的變通，荀爽的升降，鄭玄的爻辰，虞翻的納甲，費直以象象繫辭文言，解說上下經，因此影響而成荀氏的易學。至於乾坤消息卦的由來，開始於文王及周公的周代文化學術思想的傳統，以「禮記」月令篇爲證明資料的主幹，經過鄭玄採用道家思想注釋月令篇，而加以充實其內容，便構成東漢象數學術思想的大系，因此而影響形成圖讖等讖緯之學，不過，讖緯之學的興盛，又有另外學術思想的原因，不必在本題內多加討論。現在我們不厭其繁，而又簡略的說明了兩漢易學象數理論的內容，實際上，都是爲了說明乾坤消息卦象的學說，它所包含丹道家的卦氣升降論，爻辰變通論，與納甲的原理；它如何的影響東漢以後醫學上氣脈的學理，與養生家們服氣煉精的修煉術，當然，這一套學問所包括牽涉的內容太多太廣，我們無法一一加以專論，現在只是有限度的，介紹一些有關丹道服氣修煉等，少數幾個理論的原則，使大家可以知其大要而已。

漢代的易學象數家們，從中國上古天文學的觀念中，承接傳統的思想，認爲這個天地宇宙間日月的運行，以及天地日月與地球萬物和人類本身的關係，實在只是一個大生命的活動，而且是有一常規可循的活動。尤其採用太陰月亮的盈虧消息，以及地球物理氣象的變化，作爲天地生命大氣機的標準，以建立它基本理論的說明；天地宇宙是萬物大生命的根源，日月與地球，便是這個大生命中分化的小生命，人與萬物，更是天地間分化的小小生命而已。但是無論大小生命，他的根源是同體，生命活動的法則，也是同一規律的，所以大小生命的原動力，都是氣機變化的作用。但是這個無形無狀的氣，雖然是看不見，摸不到，它在天地日月運行的法則上，和人身生命的延續上，是有跡象可得而知，而且可以求出它的規則的；他們以地球物理的氣象，一年分四季，十二個月，三百六十天的規律，配合太陽的行度一年$365\frac{1}{4}$做準則，中間取用月亮的盈虧做標準，認爲天地日月的運行，與地理、物理、人生生命的活動，都是受到一個共同原力而有法則的支配；這個原力，便叫它爲氣（當然不能把它當空氣的氣來講）。於是便創立一種學說，認爲太陰的月亮，自身本來沒有光明，因爲受到太陽的氣機所感而發光，所以就發生一月當中，陰陽氣機的交感，而在時間與空間的方位上，月有陰暗圓缺現象等的盈虧消息。所以又在天文法則以外，創立計算陰陽二氣的交感，而形成地球氣象，與物理人事變化的作用的規律化，構成天干、地支配合成甲子的學說。五天爲一候，三候爲一氣，六候爲一節，所以一年十二個月，便分成二十四個氣節。再用歸納的方法，把這種氣機節候的作用，統攝在十二個月的當中，便構成乾坤消息的十二辟卦的現象。於是十天干、十二地支、二十八宿、十二律呂、五行、八卦等等，重重歸納，層層圈入，而形成道家一套易學的象數、與天文、地理、物理、人事關係的學問。後來發展成理論醫理學上提出九九八十一個問題，有關於人身氣脈的「難經」學說，配合黃帝「內經」榮（血）衞（氣）的理論，認爲人身十二經脈，與十五絡，三焦，八脈的氣血流行，與天地日月氣機的運行，是屬於同一的規則與原理的。

時代再向後來，修煉丹道神仙家們，根據以上所說的學理，與乾坤消息卦氣升降的理論，認爲人生生命的氣機，自父母受胎的時間開始算起；男的以八位數爲準、女的以七位數爲準，還是先天的秉賦，屬於乾卦爲代表的範圍。比較明顯可徵的，例如女子，在十四歲以前，月經（內經稱爲天癸）尚未發現，便是六爻完備乾䷀卦的生命，算是一個完璞未破的童身。到了十四歲前後，有了月經開始，變成天風姤䷫卦了，一直到三七二十一歲，便是乾卦的初爻已破。由此到七七四十九歲前後，也就是月經斷絕的時期（現在醫學所謂女人的更年期），便是先天生命的卦氣將盡，也等於說：由先天秉賦帶來的生命能，到此快要用完了，所剩下來的餘年，自七八五十六前後的階段，都是後天生命的餘氣而已。再下去，便由陽的乾卦，變爲純陰的坤卦，轉入另一生命的陰境界了。如果在男人來說，以八位數計算，便是十六歲前後，算是童身，保有原來先天乾卦的卦氣，逐漸演變到八七五十六歲前後（等於現代醫學所謂男人的更年期），就是先天卦氣的生命將盡的階段，到了八八六十四歲以後，剩餘的生命，便是後天餘氣的作用，也就是說：由純陽的乾卦變爲純陰的坤卦，轉入另一生命的陰境界了。因此產生丹道修煉「長生不死」，修命的理論，認爲第一等的根基，無論男女，凡是童身入道，是爲上品。其次，應在卦氣未盡的階段，回頭修道，還有希望。如果等到卦氣已盡，再來修命，不是絕對沒有希望，便有事倍而功半的困難了。這種理論，是否具有百分之百的可靠，姑且不加評語，但是推而比於現代醫學的理論與經驗，除了不够精詳而有新穎的證明以外，並沒有什麼完全不對的地方。可是大家要知道，這是公元以前，我們中國文化中的道家對於生理醫學所發表的理論，現在縱使有超過他們的觀念與證明，而在科學的醫學史上來說，他是早在兩千年以前的發明啊！後世一般修道的人，都在年齡老大，萬事灰心之餘，才想追求長生不死之術，如果這樣眞能成仙，那麼，天下最便宜的事，都被聰明人佔完了，恐怕沒有可能！

再由這種天地的氣機，與人生氣脈關係的理論，縮小其範圍，說明它的規則，他們便認爲人的氣機，在一呼一吸之間，脈自運行六寸（一呼，脈行三寸；一吸，脈行三寸）。一個人，在一天一夜之間，共計有一萬三千五百次呼吸，叫做一息，氣脈運行經過五十度而週遍一身，用漢代的時計標準來說，也正是銅壺滴漏，經過了一百刻的時間。但是這種所謂的脈，是包括榮，衞來講，所謂「榮衞行陽二十五度，行陰二十五度」，如果勉強借用現代醫學觀念來講，可以說：這個生命的氣機，流行陽性的中樞神經系統25度，又流行陰性自律神經系統也25度，（當然，我並不是學醫的人，只是隨便借用一下名辭來做說明而已，千萬不可以此爲準）。再加詳細的分析，便把心、肝、肺、脾、胃、腎、膽、大腸、小腸、膀胱、三焦、胞絡等十二經脈，配合氣機往來呼吸的次數，各作數目分類的說明，然後加上子丑寅卯等十二地支，和二十四氣節來歸納，便使這個養生，醫藥，生理的學說，走入神秘玄妙的圈子裡去了，其實，也不是道家或古人故作神秘，只是那個時代的學識，習慣性喜歡用這些代號，做爲分析以後，而併入歸納記憶的符號而已。總之，東漢以後，直到、唐、宋之間，在正統丹道派魏伯陽的修養心性以鍛鍊精神的方法以外，最爲普遍而有力量的，還有煉氣、服氣術等養氣的理論與方法，做爲神仙丹訣的主流。這種類似實驗派理論的淵源，應該是遠紹莊子的「天地一指，萬物一馬」、「野馬也，塵埃也，萬物之以息相吹也」、「眞人之息以踵，衆人之息以喉」等學說的脫變，由此引申演繹而來。

到了宋，元以後，修煉內丹的神仙道法，接受佛家禪宗明心見性的妙理，同時又受到南北印度傳入密宗修法的互相影響，便在方法和理論上，產生兩個極其重要的關鍵：①主張性命雙修，是丹道的定則，爲成仙的極果。②特別注重「煉精化氣，煉氣化神，煉神還虛」的三個步驟，是修煉丹法不二的程序。因此，宋，元以後，所有丹經的著作，無論爲正統的道家思想，或爲旁門左道的小術，在理論基礎上，都是依循這個原則，抄襲「參同契」，或「悟眞篇」的名言，牽强附會，用作引證的根據，所以明、清以後的丹道觀念，便有：「修命不修性，此是修行第一病。祇修祖性不修丹，萬𠜱陰靈難入聖。」的傳說。而且最妙的，便是丹道所有的傳統，一律都奉唐末的神仙呂純陽爲祖師，猶如佛家的思想學術，自唐以後，大多都入於禪宗之林，這實爲中國文化學術思想史上，唐代文化發展的奇跡。明、清以後的丹道學術，雖分爲四派，如：南宗主雙修陰陽，北宗主單修清靜，西派主單修，東派主雙修等四大宗，但他的宗旨，仍不離於性命雙修的理論基礎，有時又援引宋儒理學、或「大學」、「中庸」的思想，講究「盡人之性，盡物之性」、「窮理盡性以至於命」等理論，以及變化性情，做爲丹道龍虎，鉛汞等的妙論。總之：神仙丹道的學術思想，從周、秦以來的養神，一變爲漢、魏以後的煉氣，再變爲宋、元以後的煉精，已經與原始質樸的道術，大異旨趣。雖然宗奉黃老，而與老子的清靜虛無之說，更是大相逕庭，何況後來的丹道家，攙入房中採補等邪術，加上種種裝妖揑怪的花樣，一一都自尊爲無上的丹法，各自號稱得到正統丹道的秘傳；或說自己的師承，都是已經活到幾百年以上的人，可以達到「卻病延年，長生不老」的妙術，盡在此矣，只要讀過抱朴子所列魏、晉以來方術之士們所說的謬論，便可啞然失笑了，了知千古妄語，皆同出一轍。

明、清以後的丹道修煉的方法，距離漢、唐、宋、元以來的正統丹法愈遠，所走的道路也愈仄，一般所說的丹道，大多都以伍冲虛、柳華陽一系的伍柳派丹道爲主；伍冲虛著有「金仙證論」，柳華陽著有「慧命經」等書，他們參合儒、佛、道三家論證形而上妙道的學說和思想，極力證明他們的丹法爲道家正宗的嫡傳，但是錯解佛學，臆造佛言之處，反而使人望而却步，實爲虛誑可笑之至。這一派的丹道，純粹主張「煉精化氣」爲初步入手的根基，尤其注意性生理與性行爲的功能，爲修煉的妙法，認爲男女性生殖機能的衝動，而不含有性慾的成分，才是活子時的藥生現象，正好從此下手修煉，或用眼神廻光返照，或用調理呼吸，緊撮會陰（海底），導引陽精循督派（中樞脊髓神經）而返還於上丹田的泥洹宮（間腦部份），所謂：「還精補腦，長生不老」的作用，到此便發生效用，這也就是丹頭一點的先天之炁；到了上丹田以後，化爲華池神水（口腔與淋巴腺內分泌等的津液），循十二重樓（喉管部分）降至下丹田（臍下），便叫做打通任脈，如此任督二脈的循環運轉，牽强配合易學象數的甲子等天干、地支的說法，便叫做運轉一次小周天（也叫做轉河車）的方法。然後如何由小周天轉爲大周天，配合青龍、白虎、鉛、汞、陰、陽等等註釋，玄之又玄，神之又神，遂使嚮往長生不老而欲作神仙者，無不奉爲無上的道術丹法，勤修不輟，最後，以煉到馬陰藏相（男性生殖器官收縮，女性乳房返還童身）爲證驗；從此再進一步，達到煉氣化神的工夫，做到陽神出竅，神遊身外而通靈的地步，才是煉成金仙的效果，種種說法，流傳影響極大。一般修煉武術南宗（內家），北派（外家）的拳術名家，與專煉氣功，或講究靜坐養生的人們，以及武俠小說家的筆下，所謂打通任督二派，「走火入魔」等等的觀念與術語，都從這一派丹法的理論名辭而來，貽害不淺。

其實，這一派丹法「煉精化氣」的理論與方法，姑且不管他是否爲正統，如果用得其正，用得其法，實在也有兩種好處：㈠它可解決任何宗教，和任何宗派出家專修的獨身主義者，對於性心理的煩惱問題，同時，也是眞正要修煉到守住不犯婬戒的極好幫助，對於二十世紀末期瘋狂追求肉慾的誘惑，以及講究健康長壽的心理衞生的實驗，在理論與一些初步的方法上，未嘗不是好事。㈡他們也極力提倡以積善，爲修道做神仙的基礎，如果只有道法，沒有極大至多累積的善行，要想修到神仙的果位，那是絕對沒有希望的，這對於社會教育與宗教教育的意義，最具有決定性的至理名言。總之：我們歸納他這兩種好處以外，認爲他是健康養生的一種良好的修養術，那是不可厚非的；但是，仍須注意，便是我們剛才說過的，要用之得法，還要深通道家對於醫理學的理論才對，否則，它的弊端也是非常可怕的，故從相反方面，歸納它的害處，約有四種：

①因爲學習修煉的人，既不通道家醫理學，有關於精、氣、神的眞正原理。又不瞭解普通醫學（中醫）十二經脈，與道家奇經八脈（任、督、衝「中」、帶、陰蹻、陽蹻、陰維、陽維）的學理。更重要的，若是不瞭解佛、道兩家關於心性之學，與性命之學的眞正理論，只爲了要求却病延年，長生不老的目的，就拚命的吸氣提神，做收縮練精的工夫；行之有素的，從表面看來，便有筋骨堅强，童顏鶴髮，或紅光滿面的感覺，於是，由別人看來和自己的自信，至少都有半仙之分，其實，修到後來，十分之八九，都是腦充血而亡，或者弄得半身痲痺，通俗所謂「走火入魔」的走火，便是這種現象，求榮反辱，求壽反而不得安享天年，何苦來哉！

②一個人無論要學仙，或學佛，研究道術或佛學，首先要有一個認識，他們的學養與方法，都富於高深的學理，他們的修養效驗，都是從這種極深厚的學理而建立他方法的基礎，而且因人而施，對症下藥，只有活用的指導，並無呆板的妙術。尤其是道家，他與天文、地理、物理、化學、心性修養、倫理道德等自然科學與人文科學結合，走入哲學形而上的最高境界。如果對於道理沒有通達，憑一點旁門小術，或練呼吸，或守竅（守眉心、丹田、中宮、海底等等），認爲就是無上密訣，那是非常可笑的事。事實上，這些方法，都是爲了集中注意力，注意生理機能的一部份，使它發生本能的活力，只是一種精

神的自我治療，與自然物理作用的原理，刺激生理本能活動的方法而已，並非神仙丹訣，盡在其中矣。況且修煉的人，既未達到老子的清心寡欲，至於清靜無爲的境界，以世間有所得的功利思想，要求成爲長生不死之神仙的欲望，正如汲黯對漢武帝所說的話：「內多欲而外施仁義」，同是心理不健全的毛病。因此，在修煉這種丹法的過程中，或因生理的變化，而引起心理的錯覺與幻覺，或因心理的幻覺而引起生理的變態，至於神經失常，精神分裂，通俗所謂的入魔情形，便由此原因而來，其實，魔從心造，妖由人興，都是庸人自擾的事；清代詩人舒位，有感於呂純陽的詩說：「由來富貴原如夢，未有神仙不讀書。」正可引用爲這個道理的註釋。

③因爲伍柳派的丹法，極力注重煉精的作用，而且是專以生殖器官的精蟲爲丹藥的主要成分，於是便有揑穴撮精，類似手婬行爲，或交而不瀉等房術，入於此道之中。講究男女雙修，行容成素女之術的，也謂之煉精化氣，種種名目，各立門戶，都以伍柳派爲依歸，爲求却病延年，長生不老而成病，煉精氣而發狂的，所在都有。

④黃老之道，以謙抑自處與淑世爲主旨，以清靜虛無，無求無欲爲道德。魏伯陽以下的丹法，以「洗心退藏於密」爲至理，以持盈保泰，葆光養眞爲妙用。但是明、清以及現在以修煉伍柳派丹道入手者，大體都走入驕狂，狹仄，神秘，愚昧無知的範圍，充分暴露中國文化反面的醜陋面目，實在非常可嘆。

這一派流行的丹法，首先的歧途，便是妄認精蟲血液的作用，錯以爲是道家所說精神的精，這是最基本的錯誤。一般人由靜坐入手，固然多多少少都有些生理的反應，覺得身上氣脈的流通，與部份肌肉的跳動，便當作是丹法的效驗，認爲自己已經打通任督，或奇經八脈的效果，事實上，這些都是在靜態的心理狀況中，所應有發生生理反應的現象，一點沒有什麼希奇，只是證明靜態修養的初步效力而已。其實，督脈，是脊髓神經、中樞神經系統的作用，任脈，是自律神經系統的作用，精，是腎臟腺與性器官部份的內分泌作用，牽池神水，是腦下垂體和淋巴腺部分，內分泌作用，如果稍有現代生理醫學的常識，具備心理，哲學的修養，融會了許多科學的理論與實驗，便可知道這是很平常的一種健康養生方法，而且都是由於精神與心理融合的作用，並非是什麼正統丹道神仙的秘密。固然在現代的醫學上，也有些學派，正在研究性荷爾蒙、血清與返老還童的關係，但是，那還是醫學科學上試驗中的理想，等於種腦下垂體，種胞衣，注射各種荷爾蒙一樣，還是停留在兩千多年前，「方士」們追求生命長存的思想範圍，只是所用的理論名辭，與所有藥物和方法，大有不同而已，由此可見，人類的智慧，永遠還很年青，這是人類文化史上另一個重大的問題。

總之，道家所提出的精、氣、神，以科學的觀點，從人類生命的身心來講，是屬於形態機能的眼、耳、心的精神作用；神的表現與應用，便是日光視力的功能；氣的表現與應用，便是耳的聽覺的功能；精的表現與應用，便是心的運思與身的本能活力，如果從天人一體的物理功能來講，神、氣、精三種，便是光、熱、力的作用。從哲學的理念來講，道家所謂的神，便是相近於佛家所謂的性，道家所謂的精，便是相近於佛家所謂的心，所以唐代翻譯佛經的「楞嚴經」，便有「心精圓明」等辭句；至於精液的精，乃是心理欲望的刺激，引發性腺內分泌與心臟血液循環的作用而已，正如道家廣成子所言：「情動乎中，必搖其精」，也便是這個道理。道家所謂的氣，便是相近於佛家所謂的息（呼吸），是屬於後天生命形身的作用而已，借用物理世界的現象做譬喻，神，比如太陽的光能，它給予世界萬有生命的能量，氣，比如太陽光能輻射到地球所發出的蒸氣，精，比如太陽賦與萬物光能，而產生化合作用物質的成果。但是要注意，這種說法，因爲無法可以詳細說明精、氣、神的情形，所以我把它借用來做譬喻，譬喻的本身，只限於類比而已，並非就是原物的原樣。在周、秦時代道家的修煉，是從養神入手，即已概括了精、氣的作用。秦、漢以後道家的方法，注重養氣，雖然與養神論者，略有變動，但已從形而上的作用，走入形而下的境界。宋、元以後的煉精，更等而下之，完全墮入後天形質觀念的術中了。關於形與神的道理，牽涉太廣，也是另一專題，暫時恕不多講了。此外，附帶的說明一下靜坐、與密宗、以及瑜伽的關係；靜坐，俗名叫做盤膝打坐，自漢、魏以後，從印度佛教傳入修習禪定的方法，對於煅煉形態，收攝身心，使其走入靜定境界的一種方便。這種盤膝靜坐的方法，原始便是印度古老瑜伽術的一種姿態，並非佛法的究竟，也非就是道家修煉神仙內丹道法的究竟，只是可以通用於一切修養身心性命的姿態與方法而已，在道家而言，唐、宋以上的丹經，很少討論到靜坐的關係。但是，靜坐是一種助道的法門，是普通可用的一種良好的修養術，那是毫無疑問的。如果把靜坐就與神仙修道或佛學禪宗的禪，混爲一談，那是錯誤的。至於宋、元以後，佛教由西藏傳來的密宗，也和道家一樣，注重氣脈的修煉，與達到樂、明、無念的證驗工夫，本來也是佛家講究修養的一種最好方法，由形而下求證形而上的實際工夫，但到了明、清以後，也和道家的丹法一樣，大體已經走入注重形質功效的範圍，只注重氣脈的修煉，比起原始的妙密，便是由昇華而變爲下墮的趨勢。瑜伽術的最高成就的價值，僅等於道家導引養生派的內功修煉，更不是至高無上的法門，因爲一般研究丹道的人，往往把靜坐，密宗，瑜伽術幾種世界上類同的修養術，混雜交錯而不明其究竟，在此順便略一提及，以供研究者的注意。無論學仙學佛，講到養生全眞之道，都以清心寡欲入手，而至於寂滅無爲爲究竟，正如道教的清靜經所說：「人能常清靜，天地悉皆歸。」可是現實世界中的人生，正如孔子所說：「飲食男女，人之大欲存焉。」告子也說：「食色性也。」人們對於色慾與飲食的追求，與貪圖富貴功名的享受並重，要想作到「離情棄欲，所以絕累」，在一般的人，是不可能的事。我記得在一本筆記上看到一則故事說：「明代一位巨公，聽到一位修道的人，已有九十多歲，望之只像四十歲的中年人，便請他來，問修長生不老的道術。這個道人說：我一生不近女色。這位巨公聽了，便說：「那有什麼意思，我不要學了。」這個故事，便是代表了一般人的心理，所以古今多少名士，作了許多反遊仙的詩，如「姮娥應悔偸靈藥，碧海靑天夜夜心！」以及「妾夫眞薄命，不幸做神仙。」都是普通心理的反應，這與「辜負香衾事早朝」，同樣都是注重男女飲食，便是人生眞諦的思想，如出一轍。但是，相反的說，仙佛之道，的確也非易事，丹道家對於修煉神仙方術的人選，非常注重生理上的先天秉賦，所謂：「此身無有神仙骨，縱遇眞仙莫浪求。」唐代名臣李泌，生有自來，骨節珊然，但懶殘禪師只許他有二十年太平宰相的骨相。麻衣道者謂錢若水，子無仙骨，但可貴爲公卿耳！杜甫詩：「自是君身有仙骨，世人那得知其故。」這正如佛家所說：「學佛乃大丈夫事，非帝王將相之所能爲。」是同樣的雋語。總之：靜坐，是對身心有益的修養方法，如果認爲靜坐便是學道，那須另當別論了。

柒　道家與道教宗祖人物思想的畧論

道教的學術思想，完全淵源於道家的內容脫變而來，已如上述。所謂道家的思想，這個名稱的觀念和內容，是根據秦、漢以後的分類，如在周、秦之際，不但儒、道本不分家，就是諸子百家的學術思想，也都脫胎於道，不過，這個道的觀念，却非秦、漢分家以後的道家之道。但無論道家或道敎，根據大家熟悉的習慣，當然都離不開老子，莊子的學說思想爲宗主，其實，我們把自已遙遠的退追千載以上，深切體會春秋，戰國時代的歷史背景，與地理環境的關係，對於道家宗主的老子思想，與儒家宗奉的聖人孔子的思想，除了文辭，語言等表達方式，與主張淑世救世的方法有異同以外，實在沒有多大的衝突之處。後人把他們的思想觀念和人格，塑造的太過對立，形成門戶之見，猶如水火的不能相容，那都是儒家與道家之徒自已製造的是非，與原本兩家的思想無關。我們現在要講的目的，偏重在秦、漢以後道家與道敎的本身思想，所以對於這個專門的問題，不必多做說明，只是隨手舉幾個例子一談，做爲講述道家與道教思想的開端。

（1）**儒道不分家「天」字的含義**：我們在孔子刪訂和所著述的五經學術思想裏，都知道孔子哲學思想的根據，是從中國上古傳統文化的天道觀念而來，不過，古人著作，限於時代思想的習慣，條理的分類，定義的規定，並不嚴格，例如對於天字，大約歸納起來，便有五類觀念，都混在天的一字的名辭之中：⑴天字是指有形象可見的天體。⑵天字是指形而上的天，純粹爲抽象的理念。⑶天字是指類同宗教性神格的天，具有神人意志相通的作用。(4)天字是最高精神結晶的符號。(5)天字是心理昇華的表示。所以讀秦、漢以上的書，每逢此字，必須要貫穿上下文，甚之，要全盤瞭解全篇，才能溝通它用在何處，究竟是代表了什麽意義？「爾雅」與「說文」等書的註釋字義，是具有權威價值的參考，但是在時代思想的意義來講？也有未必足以盡信之處，例如許愼著說文，明六書，已是漢代人的思想，雖說近於古代，較爲可信，但也有未必盡然之處，亦須值得研究的。

（2）**儒道不分家「道」字的含義**：關於道字，也有相同於天字的複雜，大概歸納周、秦之際，學術思想中所用的道字，約有五類觀念，也都混在道字之內：(1)形而上的本體觀念，簡稱爲道。(2)一切有規律而不可變易的法則，也統稱爲道。(3)人事社會，共通遵守的倫理規範，也稱爲道。(4)神秘不可知，奧妙不測，凡是不可思議的事，便稱爲道。(5)共通行走的徑路叫道。於是儒、道等學，諸子百家之言，也便各自號稱爲道，例如陰陽家，名家，法家，兵家等等，統統都有提到我這種所說的便是道。這些各家之言，除了在某些地方，特別討論到形而上道以外，大多數都歸於我們所舉的第二類規範之道的道字範圍，不可與形而上道混一而看，既如五經中的道字，有些地方，在同一觀念中，便作兩個不同觀念的用法，或爲名辭，或爲動辭，而且在名辭當中，或屬於第一類，或屬於第五類，變化不同。這都因爲古代名辭簡單，辭彙不够用，而且在普通的觀念中，大約都很習慣而瞭解，只是後世的人讀來，便有混淆不清的感覺了，例如老子一書，他所用的道字，就不可視同一例來讀，所以千載以下，註釋老子，各自成一家之言者，對於道字的解釋和瞭解不同，也正如我們現在對於事物的觀察，因立場不同，觀點各別，就都別出心裁，自成別見了。

（二）老　子

（1）老子思想的天道無爲與自然的觀念：老子學說思想中的道與天，也正因爲觀念的混淆不清中，使千載以下，百般摸索，莫衷一是，例如人盡皆知老子的名言：「道可道，非常道。名可名，非常名。」以及「人法地，地法天，天法道，道法自然。」如果我們不一定信賴後來的註釋，甚之，認爲都是各人借題發揮的理論，那麼，只要爛熟讀透原文，以經註經，以本書本文的思想而瞭解本文本書，就可了然明白，覺得非常親切。老子要人效法天，天是怎樣值得效法呢？他在原文中，很明白的告訴你，天於「萬物作焉而不辭，生而不有，爲而不恃，功成而弗居、」「天地所以能長且久者，以其不自生，故能長生」等等名言，這就是說，天地生長作育萬物與人，它沒有自私的目的，也沒有對立條件的要求，更沒有利害，是非等功利的作用，它只有施捨和給予，沒有要求收回什麼，萬物從它而生、而滅，都是自然的現象。它不辭勞苦而長遠的生作萬物，可是它不居功，不自恃，不佔爲己有，所以人能效法天地大公無私仁慈的精神，才是道德的標準，也便是形而上道的境界，與形而下宇宙世界的自然法則。於是有的便認爲自然才是道與天的根本，有的把老子這個自然的名稱，拿它當作印度哲學中的自然，或後世科學上物理世界的自然，愈說愈亂，不知何所適從！我們要知道，距離老子兩千餘年之後，翻譯西洋傳入的哲學與科學的自然名稱，都是借用中文老子的自然一辭而定，並非我們先有了哲學與科學的自然名辭，老子才來借用它的，在老子以前不見自然的名辭，在老子以後，自然的名稱，被人多方套用，大多不是老子的本義。如果我們瞭解在老子時代中，中文單字造句的文法，那麼，對於老子所說的：「天法道，道法自然」的道理，就很簡單而明白了，他的話，由做人的效法標準說起，層層轉進，而推到形而上道。他說天又效法什麼呢？沒有什麼，那是天道自然的法則而已，什麼是自然的法則呢？自、便是天道自己的本身。然、便是天道自己本身本來當然的如此而已，更沒有別的理由可說。合起來講，自然、便是天道本身自己當然的法則是如此的。時代愈向下降，由上古用單字做爲文辭語言的原始面目，逐漸演變成爲名句文章，於是，大家容易忘了本來的規範，把自然定作一個名辭，就自然而然，弄不清它的所以然，便變成想之當然的道理了。等於老子與孔子，他們把道與德的觀念，是分開來講，可是後來一提到老子，便把道德二字合而爲一，作爲一個名辭來解釋它了。老子有名的「無爲」學說，便是根據他自己天道自然的至理，用「無爲」一辭來說明天道的境界和功能，「無爲」與「無不爲」的觀念，也便是他自己解釋「無爲」的道理，並非是不作的意思；「無爲」並非是不爲，後人一提到「無爲」，便把它納入不爲的觀念，那眞寃枉了老子。他說「無爲」是天道道體的境界。「無不爲」是道體雖然「無爲」，但卽具有生生不已的功能和作用。所以便有「有無相生」、「動則愈出」等對於道體功用的說法了。他提出天道的「無爲」而「無不爲」，也是說明人應效法天地，行其所當行，止其所當止，做到眞能無私而大公的標準，才是天理的固然。所以他說：「功成，名遂，身退，天之道」的胸襟和氣度，便是根據這個原則而來，我們試把他與文王、周公、孔子的學說思想，稍作一比較，以我的愚蠢與淺薄來說，只覺得他們同是上古傳統文化的一貫思想，實在找不出什麼大不同的地方，例如周易思想的「天行健，君子以自強不息，」以及孔子的「爲政以德，譬如北辰，居其所，而衆星共之。」「毋意、毋必、毋固、毋我。」等等，簡直如出一轍。

（2）老子對於仁義與聖人的觀念：那麼，老子爲什麼諷刺仁義，譏笑聖人呢？那是他對當時春秋時代的社會病態，矯枉過正的說辭，並非爲針對孔子所說的仁義與聖人而言，後儒拿他這種說法入之以罪，未免有欠公允。當春秋時代，正在老子與孔子的時期，世風敗壞，王政不綱，諸侯兼攻掠地，據權夸勢，互爭雄長的霸業思想，已經勃興，功利觀念，普遍流行，但是那些爭王稱霸的作爲，也都是以行仁由義爲號召，以聖人之道相宣傳，試讀春秋戰國時代諸子百家的著述，動稱聖人，隨口仁義的理論，也屢見不鮮。那些專以學術思想來追求功名富貴的知識分子，也都是以聖人之道輔助明主相期許，於是弄得聖人遍地，仁義變爲權謀的話柄，因此老子就不得不嚴加駁斥，形同謾駡了，所以他說：「聖人不死，大盜不止」、「絕聖棄智，民利百倍，絕仁棄義，民復孝慈，絕巧棄利，盜賊無有」等等理論，隨口而出。但是他又舉出眞正聖人的道理，是應當效法天地自然的覆育萬物，毫無目的與條件，如果認爲天地是預先具備有一仁心，像當時有些學者的那些理論，便是不對的；他說天地生萬物，不分是非，都照生不誤，他對萬物與芻狗，都是平等，不分軒輊的，眞正的聖人，救世淑人，也是猶同天地之心一樣，平等無私，更無目的與條件，行其義所當爲而已，所以他便說：「天地不仁，以萬物爲芻狗；聖人不仁，以百姓爲芻狗。」後世把他所說的這些話，解釋爲對聖人和天地的諷刺，那只有起老子於千古之上，或向八卦爐中去問太上老君去對質一番，才能確定。因爲他認爲天地自然，是無心之心而常用的，所以他認爲眞正聖人的用心，也是「無爲」而「無不爲」的，如說：「聖人無常心，以百姓爲心。善者，吾善之，不善者，吾亦善之，德善。信者吾信之，不信者，吾亦信之，德信。聖人在天下，歙歙爲天下渾其心。百姓皆注其耳目，聖人皆孩之。」這豈不是他的自注自解嗎？因此「功成、名遂、身退，天之道」的意思，並非是敎人非退讓不可，那等於他所說：「夫物芸芸，各歸其根」，是同一理念的。比如「易經」的乾卦文言說：「大人者，與天地合其德，與日月合其明，與四時合其序，與鬼神合其吉凶，」豈不是與老子同一典型的思想，只是表達方式的不同嗎？易學所說的大人，也等於老子所謂的眞聖人。「與天地合其德」，正同老子所謂天地「生而不有，爲而不恃，功成而不居」，不是一樣嗎？「與日月同其明」，不是與老子的：「天地不仁，以萬物爲芻狗」相通嗎？日月照臨天地，不分淨穢，都一樣慈祥的照着，上至清靜的高峯，下而齷齪的溷厠，只要你不自私的隱蔽，它都一律照見不誤，萬物與芻狗，都在它的慈光普照之中，不分高下。其餘「四時合其序，鬼神合其吉凶」，義可比類而通，不必多說了。老子如果眞罵仁義與聖人，他又何必多餘的在仁義以外，提出一個道和德呢？這豈不是換湯不換藥，新瓶裝舊酒的手法嗎？如果瞭解他全盤的意思，他對於眞正仁義道德的要求，可謂態度更加嚴肅呢！譬喻今天的世界，毛澤東利用共產主義號稱貧民革命，實行共產社會主義，我們姑且不管共產主義對與不對（因爲並非本題，暫時不論），大家有目共覩毛澤東的所行所爲，都是好話說盡，壞事做盡，假借革命的招牌，做爲達到個人自私權利的手段，但同時在敵國盡量滲透思想，宣傳人道，和平等等主張，做爲削弱敵對的侵略工具。這不等於春秋、戰國時代的霸主，假借仁義做招牌，達到殘民以逞的暴行，不是一樣值得老子的駁斥嗎？另一方面，以自由民主領導國際，號稱幫助友邦的美國陣線，他的自由，是基於自己國家的利益，民主，是基於自己國家的需要，只要自己國家的統一，不惜犧牲友邦國家的一分兩半，以打不准勝利的戰爭爲人道，以近於屈膝投降爲和平，可欺可壓的便盡量的欺壓，可敬可信的便盡量的心懷二志，隨時有被再出賣的危險，這樣的世界政治思想，豈不是正如老子針對當時所說的：「智慧出，有大僞」，實在存著國際間的一個大陰謀嗎？

（3）有關老子政治思想的誤解：爲了講道家與道教的思想，難免不先牽涉出老子的學說，雖在前面盡量節要的講過老子天與道及自然等觀念，還是覺得太過嚕嗦，因爲老子只有五千言，我們講得太多，正不合於他所說的儉，以及「多言數窮，不如守中」的道理。但是道家與道教，事實上，都上溯到他爲宗主，所以不得不在他的環中打轉。講到老子治國的政治思想，首先要向諸位同學提出一個問題，就是讀周、秦以上的書，凡是提到國字，必須注意，有十分之八的地方，不是同於現代化所謂國家的國字觀念，因爲中國古代的國字，到了秦、漢以後，還有很多地方，仍然作爲地方政治單位名稱之用，尤其在春秋、戰國時代，邦國和邦家，是通用的意義，歷史上所謂的諸侯就國，便是要到分封的那個地方上任的意思，過去中國歷史文化上國家思想的名辭，是以「天下」一辭，作爲現代的國家或世界的觀念。老子書中，有關政治思想的哲學，已略如上述的天與道的道理。至於他的政治主張，他是推崇「小國寡民」地方自治的理想，所以他同時也有「治大國如烹小鮮」等政治方法的論調，因爲他是主張天下的人們，要道德的自覺與自治，才有像烹小鮮味一樣，慢慢的用文火淸蒸，用以化民成俗。他的「鷄犬相聞，老死不相往來」的思想，等於儒者所稱帝堯遊于康衢，聽到兒童的歌曲：「立我烝民，莫匪爾極。不識不知，順帝之則。」以及擊壤老人在路上的歌聲：「日出而作，日入而息，鑿井而飲，耕田而食，帝力於我何有哉。」的觀念，是同樣的意思。如果進而瞭解老子的思想，是春秋時代，南方文化思想的代表，對於南方的川澤山陵地理環境有了認識，那麼，對他所說：「鷄犬相聞，老死不相往來」的地方政治理想，那就並不覺得稀奇古怪了。我們退回去幾十年，當年住在大陸南方山陵上的鄉下人，有一生沒有到過城市，一世沒有離開本居，不知今世何世的老百姓，實在很多，何必早在兩、三千年前的老子如此云云呢！卽如現代科學文明的發達，工商業的發展，位列前茅，爲時代先鋒的美國幾大都市的市民，住在匣子式，籠子式的公寓裡，經常不通往來，隔壁鄰居與對面芳鄰，住的是什麼人？或者對面的鄰人死在屋裡，根本統統都不知道，豈不是法治的自由社會常有的現象嗎？那麼，我們回顧老子所說「鷄犬相聞，老死不相往來」的社會，就覺得他只是代表一種天下太平的理想境界，反而更加可愛，並無不對之處了。除了這些，是老子對於地方自治，道德政治與自覺政治的理想以外，他對於天下（後世國家的觀念）政治的觀念，是主張統一的德治，如說：「天得一以淸，地得一以寧，侯王得一以爲天下貞。」不是他很好的自註自釋嗎？我們只要瞭解這些要點以後，再來研究老子政治思想的被人誤解，被人假借的寃枉，就會替他深深的抱屈了。

（4）老子被人陷害爲陰謀權術的敎唆者：千古以來，在讀書的智識分子中，對於一個滑頭滑腦，，遇事不負責任，或模稜兩可，善於運用托、推、拉；或工於心計，慣用權謀，以及陰險，圓滑等等的人或事，就很容易加以一個評語，這是黃、老。在道家或道教來講，無論對黃、老、或老、莊，都有神聖崇高的景仰，可是在一般人的黃老觀念中，這個神聖崇高的偶像，卻變成卑鄙齷齪的罵人作用，因此連帶道家和道教，也不齒於士林了。自從唐代開始，老子被人推尊，登上教主太上老君的寶座以後，到了宋代，更慘了，宋儒理學家們，儘管暗中吸收了老子的學術思想，以充實其內容，但一提到佛、道，就兩面並斥，甚之，指爲陰柔、權詐之術，老子一直被釘在十字架上，揹着寃枉隨時浮沉，這個道理何在？寃枉何來呢？因爲老子說過：「將欲歙之，必固張之。將欲弱之，必固强之。將欲廢之，必固舉之。將欲取之，必固與之。是謂微明。」於是自老子以後的縱横家者流，陽言道義，陰奉老子所講的這種原則，用於權詐捭闔，做爲君道政治上謀略的運用；兵家者流，更是通用如此原則，而適用於戰略與戰術的實施，春秋、戰國以後，王道衰歇，而霸術大行，「國語」與「戰國策」所記載的鈎距之術，與後世所謂「長短經」的理論，都是適用這種法則，所以一般人，便在無形中，綜合縱横家、兵家等權詐的壞處，一概歸於老子的罪名中。其實，老子所說的這些話，是指出宇宙物理與人事必然法則的因果律，告訴人們「天道好還」，「反者，道之動，弱者，道之用」的原理，如果不從自然的道德去做，而只以權詐爭奪爲事的，最後終歸失敗。他所說：「將欲歙之，必固張之」的作用，是指物理世界的情形，告訴人們「柔弱勝剛强」的道德定律，譬如一花一木，如果快要凋謝的時候，就特別開得茂盛，但是那種茂盛的開張，便是衰落的前奏。「將欲弱之，必固强之」就是生物世界的定律，譬如一個人的生命，到了最强壯的階段，便是「物壯則老，老則不道」的趨勢。「將欲廢之，必固舉之」也是物理世界的必然定律，譬如力學的作用，當我們要把一個東西拋落到目的地以前，必定先要把它高高舉起，遠遠的拋出去，這種高拋遠舉的狀況，當然便是墜落的前奏。「將欲取之，必固與之」更是宇宙世界的常律，譬如天地給與萬物的生命，當給你以生的時候，也就是收攝的開始，所以取予之間，在人們看來，是有得失成敗的感覺，但在天地自然的道理看來，「方生方死，方死方生」，只是一種生命現象的過程作用而已。因此老子所說的「微明」，也就是老子要人在事物初動之時，明白它幽微的「機先」，要有「知微，知著」之明，而辨別它所以然的初因，便可瞭解它的後果，因此他說：「天之道，其猶張弓與？高者抑之，下者舉之，有餘者損之，不足者補之。天之道，損有餘而補不足。人之道則不然，損不足以奉有餘。孰能有餘以奉天下，唯有道者，是以聖人爲而不恃，功成而不處，其不欲見賢。」所謂「不欲見賢」，便是不要世人以賢德的美名與成績，歸到他自己的身上。

可是，老子所說的這種天道自然的因果定律，一直被後世的人，斷章取義的誤解，用在權術的機變上去，在中國歷史上，漢代有名的文、景之治的盛世，雖說是以老子的道家思想，做爲政治的方針，但除了文帝的節儉，與省減肉刑等近於道德仁義的作風以外，仍然沒有眞正採用道家淸靜無爲的德化，而且，在骨子裡，實在也是用的縱橫家一類的權謀，爲人誤解，號稱他爲道家的學術思想而已。過去歷史上所謂：「內用黃老，外示儒術」的政治形態，也多是不外此例，不必多講。總之：老子學術思想，被人誤解所造成的寃誣，也就因爲他對人事現象，觀察得太透澈，作了一些深刻的言文，才會造成這種寃抑。好在他已經說過：「不欲見賢」，那麼，在他本身來講，也就無所謂了。其實，眞正以老子作代表的道家思想，也正同儒家所宗的「禮記」上，「禮運篇」中的大同思想，是以德化政治爲目的，甚之：更有過於此者。所以後儒有人懷疑「禮運篇」的大同思想，是後來摻雜道家思想的著作。

（5）**老子政治思想的重心**：老子一書，自從被唐朝帝王們改稱爲道教的「道德經」以後，後世講到老子，就會把道德觀念聯在一起，其實，在老子的本文，道與德，是各自分開，並不合一，道是其體，德是其用。至於原文的篇章次序，經秦灰楚火以後，又因古籍的竹簡與皮書的零亂，早已無法確定應當如何才是？但是體用各有分別，那是非常明白的事，所以有關於老子政治思想的重心，應該瞭解他涉及德字的思想；他以道爲內聖自養之學的中心哲學，以德爲處世及爲政外用的重心，而且古代德字的含義，同時具有得字的作用，等於包涵現代語所謂效果與成果的道理，所以他講德字，便有「上德不德，是以有德。下德不失德，是以無德。」的話，這等於是說上品的德行，卽使做了功德的事，但在自已的心中，並不覺得是有德，如果是下品的德行，他作了功德，便把自已已做功德的觀念，或得失的觀念存在心中，這也就是他講道字「無爲」與「無不爲」同義的註解。我們在前面極其簡略的申辯老子思想，被人誤解爲陰柔權詐之術的寃獄，應該要注意他這些重點，就不會再生誤解了。陰柔權詐之術，勢必喜用陰謀，例如漢初輔助漢高祖的陳平，便是喜用縱橫捭闔的人物，所以他自已也說：「我多陰謀，是道家之所禁，吾世卽廢亦已矣，終不能復起，以吾多陰禍也。」司馬遷寫他的世家傳記時，贊許他說：「陳丞相平，少時本好黃、老之術。方其割肉俎上之時，其意固已遠矣。傾側擾攘楚，魏之間，卒歸高帝。常出奇計救糾紛之難，振國家之患。及呂后，時事多故矣，然平竟自脫，定宗廟，以榮名終，稱賢相，豈不善始善終哉！非知謀，孰能當此者乎！」如果只看太史公贊語的一面，好像他也很贊成陳平一生用知謀的成功，但要注意他筆下的微言說：「少時本好黃、老之術。」及「方其割肉俎上之時，其意固已遠矣。」這「本好」與「固已遠矣」幾個字，便是說明陳平雖然本來好學黃、老的學術，但後來一遇機會而作事的時候，因爲學黃、老的修養不到家，他便變成喜用權謀，距離黃、老道德的本旨更遠了。所以他在陳平的本傳裡，便引用他自己的話，說明這個道理。並且在最後的末了，他又記載着陳平的孫子陳何代侯時，「坐略人妻棄市，國始除。」「其後，曾孫陳掌，以衞氏親貴戚，願得續封陳氏，然終不得。」等話作結語。由此可見司馬遷費盡心力，寫出錯用道家思想，作爲權謀的弊害，而且運用權謀者，必須在事先有先見之明，但老子早已說過：「前識者，道之華，愚之始。是以大丈夫處其厚，不居其薄。處其實，不居其華。故去彼取此。」由此可見老子的道家思想，是如何的貶斥權謀，主張以長厚自處了，這與孔子的儒家思想，何嘗又有不同呢！

老子的政治思想，不但貶斥權謀，而且更不是主張退化到如原始社會的政治。但所說的「小國寡民」，是他全部學術思想中，涉及當時諸侯建國分治，地方自治政治思想之一而已。他對於天下國家（中國古人，常有用天下二字，以概全國的習慣）政治的主張，更是主張一統的。例如他說：「天得一以清，地得一以寧，神得一以靈，谷得一以盈，萬物得一以生，侯王得一以爲天下貞。」當然，這裡引用老子所謂的得一，並不足以說明老子的主張，必是統一的思想。他在這裡所用的一，同時還包括了修養的成分，因此他又說：「故貴以賤爲本，高以下爲基，是以侯王自謂孤寡不穀，此非以賤爲本耶？非乎？人之所惡，唯孤寡不穀，而侯王以自稱。故致譽無譽，不欲琭琭如玉，珞珞如石。」由此而知他的德化一統的政治思想，都在原文所有的著述中，已經充分表現出來。至於老子「報怨以德」的主張，更是中國文化悠遠博大的傳統精神，第二次世界大戰以後，我國當局對於日本的「以德報怨」的主張，便是道家善德的思想。孔子是主張「以直報怨」，所以他也自說：「匿怨而友其人，左丘明恥之，丘亦恥之，」多少還帶有俠氣的成分，這種地方，較之老子，好像便有爐火純而未青的感覺，所以孔子的「憲章文武」，是理有固然。至於老子的思想，扶搖三代以上，遠紹黃帝之先，用爲君師之道，足可當之無愧。

（6）老子攝生養生的學術：中國文化哲學，自古傳統的習慣，無論是講超越形而上的虛無，或講形而下世間人事物理的妙用，縮小而至於人生，必須歸於修養身心性命的實用之間，擴而大之，便可見之於齊家、治國、平天下的應用，從來不「徒托空言」，而不見之於行事之間，但使思想辯聰，獨立爲學。尤其在身心修養方面，必然反求諸我，要與倫理道德的德行相宜，才可稱之爲學，這便是中國文化哲學與西方文化哲學最大不同的關鍵。所以站在西洋哲學的角度來看中國文化，認爲中國文化，根本就沒有眞正的哲學，只有偏於人生修養的一面，但可稱爲人生哲學而已。如果站在中國文化立場來講，對於西方哲學的思想與內養工夫，並不必然要求行思一致，便會認爲它是承虛唼響，徒爲妙密的妄想而已，固然合於邏輯，言之成理，足以啓發睿思，倘使用之於人事世間，則有背道而馳，完全不合實用，所以必須甄擇，善加融通方可。老子，當然是中國文化思想的大家，更是道家學術中心的代表，在周、秦之際，除了老子講究身心性命的修養道術以外，有關「方士」們的資料，已經無法找到，所以老子講攝生養生的方術，便是時代最早，而且較為具體的學說了。宋代眞修正統丹道的張紫陽眞人，在他著述的「悟眞篇」中，便說：「陰符寶字逾三百，道德靈文滿五千，今古上仙無限數，盡從此處達眞詮。」「饒君聰慧過顏閔，不遇眞師莫强猜，只爲金丹無口訣，教君何處結靈胎。」這就是代表道家人物，對於老子「道德經」重視的價值，現在我們爲了講述的方便，簡單歸納他的要點：

（甲）入手立基虛極靜篤的養靜論：如說：「致虛極，守靜篤，萬物並作，吾以觀其復。夫物芸芸，各復歸其根。歸根曰靜，靜曰復命。復命曰常，知常曰明。不知常，妄作凶。」這便是老子所提出養靜論的原理與原則，他指出生命的源頭，是以靜態爲根基的，所以要修養恢復到生命原始的靜態，才是合於常道。致於養靜的方法，並沒有像後世道家提出打坐（靜坐）、守竅、等等花樣，他只是說了六個字的原則，「致虛極，守靜篤」，致虛要虛靈到極點，守靜要淸寧到靜極，便是攝生養神的妙方了。

（乙）由靜極進於緜緜若存的養神論；如說：「谷神不死，是謂玄牝。玄牝之門，是謂天地根。緜緜若存，用之不勤。」這便是說明先由養靜入手，而到達虛靈不昧，至於精神合一，與天地同其緜密長存的境界，可以與天地同根往來，緜密恍惚而共其長久的妙用。他所謂的「谷神」，卽不是如宗教性山谷中顯赫的神靈，更不是後世道家指物傳心，認爲人身某一竅穴，或緊撮穀道，便是「谷神」的作用。所謂谷，是無法說明中，借用實物的形容辭；谷，便是深山幽谷，那種空洞深遠寂靜的狀態，但幽深的空谷，因爲氣流靜止，雖纖塵揚動，便有廻流傳聲的作用，儼然如有神在，因此老子借它來形容虛靈寂靜的神境，同時具有不昧的功能，謂之「谷神」。所謂「玄牝」，也不全是後世道家所指的丹田妙竅，「玄牝」是從「易經」學系的思想而來，玄，是與元通用，牝，是古代做雌性代號的通用辭。凡這個世界上動物的生命，都從陰性雌性的空洞根源中孕育而生，所以人要修到長存不死的成果，由養靜，養神而到達「谷神」的境界，便是緜緜若存，虛靈不昧的「玄牝」之門，也是生命的根源，可與天地精神相往來了。

（丙）輔助養靜、養神的養氣論：如說：「天地之間，其猶槖籥乎！虛而不屈，動而愈出，」用以說明往來生死一氣的作用。槖，是兩頭空空而可以裝東西的袋子。籥，是古代的樂器，可以吹氣通風的竹管。槖、籥，本來是兩件事物，用來作爲比方，後來也有解釋它爲通風吹火所用風箱口的傳送片。這是說明呼吸往來與一氣作用的現象，可以輔助養靜、養神，使精神合一的功用，所以他又說：「載營魄抱一，能無離乎！專氣致柔，能如嬰兒乎！滌除玄覽，能無疵乎！」營、衞，是古代醫學用於氣血的代名辭。魂、魄，也是古代道家用於精神的代名辭。他所說的「載營魄抱一，能無離乎」！這便是說一個人，若能修養到精神魂魄結合爲一，而不離散，心志與氣機往來專一，到達柔弱如嬰兒的狀況，洗滌心智，而不留絲毫的垢疵，便可到達「天門開闔，能無雌乎」」完全雄陽的境界，後世修煉神仙的丹道家，便稱之爲陽神。

（丁）恍惚至精的道妙：由於養靜、養神、養氣的效果，最後便可以知道力與精神的眞正作用，如說：「孔德之容，惟道是從。道之爲物，惟恍惟惚。惚兮恍兮，其中有象。恍兮惚兮，其中有物。窈兮冥兮，其中有精。其精甚眞，其中有信。自古及今，其名不去，以閱衆甫。吾何以知衆甫之狀哉？以此。」他所說的精神與道，是一切衆生都可以徵信得到的；衆甫，便是衆生的古義，後來到莊子，才改稱爲衆生。恍惚，不是昏迷或糊塗，恍惚是形容心神靈明靜照的境界。窈冥，不是暗昧，窈冥是形容深遠清冥的境界。這都是說明養靜、養神、養氣的成果，合於道成德就，涵容萬類眞實的情況。一個人的修養，如果到達這種境界，對於精神的妙用，便可自有把握的見到它的信驗了。

（戊）攝生養生的成果：至於攝生養生的成果，他首先提出嬰兒的情況來作榜樣，如說：「含德之厚，比於赤子，毒蟲不螫，猛獸不據，攫鳥不搏。骨柔筋弱而握固。未知牝牡之合而朘作，精之至也。終日號而不嗄，和之至也。知和曰常，知常曰明。益生曰祥。心使氣曰强。物壯則老，謂之不道，不道早已。」這是用以說明修養成果的身心狀況，永遠猶如嬰兒尙未成孩的境界，也就是後世道家所謂的「返老還童」的根據，所以他又說：「善攝生者，陸行不遇兕虎，入軍不被甲兵，兕無所投其角，虎無所措其爪，兵無所容其双。夫何故？以其無死地。」這便是後世道家據爲「長生不死」的根據。

綜之：此外，老子所論爲政的德行，立身的品性，與處世的態度，都是根據這種高度修養的境界而出發，不必多述，到此爲止。孔子所謂的道與仁，曾子所謂的明德與止靜等工夫，子思所謂的中庸與中和，雖然都從無爲靜養而出發，但是程度各有不同。可是這種高深的修養，得其好的成果，便有如老子所說神妙的境界，如果流弊偏向，便會走到楊朱爲己，趨向個人自私主義，所以後來論者，以墨子、楊朱，都出於道家的一脈，也是很有道理的事；楊朱爲己，拔一毛而利天下不爲也，便是老子儉、嗇之敎的偏向；墨翟摩頂放踵以利天下，便是老子仁慈之敎精神的發揮。儒家重視師道，崇尙敎化，也可謂等同老子「不敢爲天下先」的作風。兵家陰謀奇計，源出於黃、老用柔、用弱的原理。縱橫家的長短，鈎距，捭闔，擾攘的作風，便是老子前知取與有無的餘事。陰陽家與道家黃、老之術，本來更不分家。法家、名家的思想，都淵源於儒、道的支流，由於周代禮教文化的蛻變，進爲刑名法治的學術，並非純出道家。農家與黃、老的「道法自然」，本來就主旨相同，觀念合一。至於「方士」們的思想，本來便以黃、老爲宗主，更無話說。由此可知，我們要瞭解道家的學術，或黃、老，或專以老子爲代表學術思想所涉及的內容，確是「綜羅百代，廣博精微」，不能只從狹義的道家觀念去研究，那就會有得不償失的遺憾了。

（7）**道敎清靜經**：淵源於道家老子思想，純粹從道敎立場，發揮「道德經」修養的妙義，而不同於丹道家的修煉方術，頗有相當價值的，要算道敎的「清靜經」爲最好，但「清靜經」的著作，雖然號稱爲太上所說，實爲晚唐時代的作品，而且章制體裁，極力倣傚佛敎的「心經」，名辭術語，也多採納佛學的名相。我們如果不談考據，只論內容，放棄時間與門戶觀念，那麼，「清靜經」不但可以代表道家與道敎的必讀之書，如要瞭解晚唐以後中國文化的精神，與儒、釋、道三敎思想融會貫通的情形，也是必讀之書。

如云：「老君曰：大道無形。生育天地。大道無情。運行日月。大道無名。長養萬物。吾不知其名。强名曰道。夫道者。有清有濁。有動有靜。天清地濁。天動地靜。男清女濁。男動女靜。降本流末；而生萬物。清者濁之源。動者靜之基。人能常清靜。天地悉皆歸。夫人神好清。而心擾之。人心好靜。而慾牽之。若能常遣其慾而心自靜。澄其心。而神自清。自然六慾不生。三毒消滅。所以不能者。爲心未澄。慾未遣也。能遣之者。內觀其心。心無其心。外觀其形。形無其形。遠觀其物。物無其物。三者既悟。惟見於空。觀空亦空。空無所空。所空既無。無無亦無。無無既無。湛然常寂。寂無所寂。欲豈能生。欲既不生。即是眞靜。眞常應物。眞常得住。常應常靜。常淸靜矣。如此淸靜。漸入眞道。既入眞道。名爲得道。雖名得道。實無所得。爲化衆生。名爲得道。能悟之者。可傳聖道。老君曰。上士無爭。下士好爭。上德不德。下德執德。執著之者。不名道德。衆生所以不得眞道者。爲有妄心。既有妄心。卽驚其神。既驚其神。卽著萬物。既著萬物。卽生貪求。既生貪求。卽是煩惱。煩惱妄想。憂苦身心。便遭濁辱。流浪生死。常沉苦海。永失眞道。眞常之道。悟者自得。得悟道者。常淸靜矣。」以上便是「淸靜經」全篇的原文，共計三百九十二字，其中所謂的空，六欲，三毒，苦海等名辭，都是佛家的術語，我們如果借用禪宗五祖的語意爲它作評價，便可以說：「後世依此修行，亦可以入道矣。」

(二) 莊　子

關於中國文化思想的源流演變，它如何產生道家與道教的問題？如果以人物作中心，以時代作陪襯，在春秋時期，當然以老子、孔子爲代表。而在前面已經講過有關於老子思想的大略，也正是反映出孔子的一切，爲了限於時間與本題範圍，不必節外生枝，涉及孔子與儒家思想的論議。自老子、孔子以後，到了戰國階段，諸子學說，分門叢出，凡無關本題的需要，也都不牽涉在內，而與本題最有關係，如莊子的學術思想，便不得不稍加注意了。戰國時期的學術思想，正如當時的政局一樣，雖然天下宗周，實則諸侯各國，各自紛紛圖強，互爭覇主。當時的學術思想，也正像這種局面，儘管都由中國上古一個整體文化的來源，但各憑所得所見，互相標榜門戶，各立異說。其中最爲著名的，便爲衆所週知，道家的莊子，儒家的孟子，墨家的墨子等人的學說。我們已經講過孔、孟是代表當時北方魯國系統的文化思想，老、莊是代表南方楚國系統的文化思想，而與燕、齊、宋國的文化淵源，都有互相關係。尤其道家，在戰國階段，爲北方道家學術思想的中堅，便是燕、齊之間的「方士」們，爲南方道家學術思想的代表，據有史料文獻可徵的，當然要算莊子了。但是，後世雖把老、莊並稱，做爲道家思想宗主的總代表，事實上，莊子的學術，與老子的思想，已經大有不同了，孟子學術，不比孔子的精純，已稍雜有覇氣。莊子的學術，也不比老子的質樸，也雜有英氣的成分，現在爲了講述莊子思想的大要，又須稍費一點時間，略作引論。

（1）莊子書的寓言：莊子的著作，凡三十三篇，從首篇「逍遙遊」開始到「應帝王」等七篇著作，通常都稱它爲內篇，其餘都屬於外篇和雜篇。一般研究莊子書的，都認爲比老子書難讀，因爲它牽涉的知識範圍較廣，而且有許多理論和譬喻，都是屬於當時理論物理的學識，所以不只是純粹的思想而已。此外，因爲莊子善用寓言，現在一般人提到寓言，便會和伊索寓言聯想在一起，或者認爲寓言只是架空構造的幻想事實，用做譬喻而已，它的本身並無道理。其實，莊子的寓言，既不能做純粹的譬喻來看，也不能做爲虛構事實的幻想來讀，近代西洋文化傳入中國，我們翻譯伊索寓言，這個寓言的名稱，是借用莊子的名辭，而且性質並不完全一樣，並非是莊子借用寓言，才來杜撰故事。莊子寓言的寓字，是寄托的意思，換言之：莊子所指的寓言是把一個事實或道理，不直接的說出，只是間接的寄寓在另一個類同的故事裡，要人透過這個故事的背景，再瞭解他所說的語意。如果把它下拉到唐、宋時代來講，莊子語言文字的機鋒、轉語，實在是很高的禪境，例如他第一篇的「逍遙遊」，開始所用的寓言：北溟（北極）有一條很大的鯤魚，忽然變為大鵬鳥，而飛到南溟（南極）去歇夏。第二個寓言，就說堯讓天下給隱士許由，許由不受；因此引出肩吾問連叔，討論那個稱為楚國狂人接輿說的大話，他講姑射山上的神人，「肌膚若冰雪，淖約若處子。不食五穀，吸風飲露。乘雲氣，飛龍，而遊乎四海之外。其神凝，使物不疵癘，而年穀熟。」藉以說明高人隱士們所要追求的人生最高境界，所以像許由他們，才有薄王業而不為的風格。第三個寓言，便借用與他同時代，以智辯出名的惠子，與莊子自己談論的話，以說明人各有志，雖然見仁見知，各有不同，但各憑所志，以求達到適性逍遙為目的。他所提出的逍遙，我們借用佛學的名辭來說，等於就是解脫的意義；不過，佛學的解脫，是純粹出世的思想，莊子的逍遙，是道家的思想，介乎出世入世之間的大自由，大自在的境界，猶如佛教教外別傳的禪宗的宗旨。

（2）莊子的消遙遊與內七篇；第一個寓言魚化鵬的故事，在一般常理說來，簡直是滿紙荒唐之言，但莊子却愼重其事的舉出一本書，叫做「齊諧」的來做引證，表示確有其事似的，用以證明並非是他自己架空構想出來的，他說：「齊諧者，志怪者也。」這本書是專門記載怪異故事的書，應該猶如「山海經」一樣的奇談，可是，我們要注意，他所說這本書，又是「其民濶達多匿知」齊國人的著作，與燕、齊之間的方士思想，勢必互有關係。這個寓言故事所代表的道理，歷來對於它的講解，大概歸納起來，有兩種說法：①是普通的：認為寓言本身，便是虛構故事，不必去追究它，莊子本意，只是用它來說明一個人的學問、知識、見解、志氣，各有大小遠近不同的主觀成見而已。②道家丹道派的：認爲北溟的魚，便是指下丹田（海底會陰）元氣基地的氣機，它化爲大鵬，起飛到南溟，便是循督脈(脊髓神經)上行，到了泥洹宮（頂門），打通任督脈的境界。其實，莊子引用這個寓言故事的本身，是極力說明天地萬物，都是一息變化的氣化作用，講述這個宇宙萬物的物化道理；天地萬物的互變，是道家學術科學而哲學的中心思想，因爲天地萬物的生命，相互生滅變化而存在，如夢樣的依存，只是大家都醉生夢死而不覺醒，是最可悲可笑的事實，後來唐代道家的譚峭，著了一本化書，列舉許多可靠或不可靠的資料，便是引申說明這個道理，牽涉太多，恕不一一分析討論。總之：莊子這個寓言故事的重心，首先提出：「野馬也，塵埃也，生物之以息相吹也」三句話，便是極力說明氣機與物化的功能，但要注意，當時古代所說的這個物字，決不是近代和現代物質或物理的觀念，那個時候物字的意義，是很儱侗的用它代表一種東西的意思，如果因爲道家或老、莊思想中，經常提到物字，便做爲等同近代或現代「唯物」觀念的物字來看，那就會犯了削足適履的毛病。

現在爲了盡量簡捷的講，莊子的逍遙遊，便是代表莊子道家思想，要求適性解脫的提綱，並且以此觀念來看莊子內七篇，又是一套整體的學術思想；第一篇「逍遙遊」，是講人生最高、最究竟的境界。第二篇「齊物論」，是說明天地萬物與人生在現象界中，本來就是不齊(不平等)，如要得解脫逍遙的極果，必須先要齊物(平等)；現象界中的萬物萬象，又如何可齊呢？只有修養達到與天地精神合一，「天地與我並生，萬物與我爲一」的境界，與本體並存，才能有眞正的平等，成爲齊天大聖了。第三篇的「養生主」，是從第一二篇的逍遙、齊物而來，如果眞能物我齊一，才是懂得養生，眞正懂得物吾一齊而養生適性，才可處於人間世而無悶無憂，善於用世而不被世用，而樂其天年，因此才有第四篇的「人間世」。從此到達內養的道德充沛，符合於天機的自然，才有第五篇的「德充符」；我們借用莊子的理論，這五篇聯起來；這便是「內聖」之學的完成。然後第六篇的「大宗師」，是說明有「內聖」的成就，才能出爲「外王」，便是眞正够得上資格的大宗師。由此用行捨藏，做爲帝王師而以道自處，故有第七篇「應帝王」作爲總結論了。只因莊子的文學，汪洋富麗，引證論述中的物理世事，無一而不寶貴，無一而不成爲專題，所以讀者便被他引述陳列的種種，先迷住了眼目，忽略他內七篇的條貫系統，不把它融會貫通起來，不過，這也是我的一得之見，不足爲訓，只爲講述之便，略一申說，以供大家研究的注意而已。

（3）**莊子外篇的風規**：至於莊子的外篇、雜篇等二十六篇，或眞或假，或是原著，或爲後人的附托，暫時不去說它，總之：他的外篇，雖然仍秉他介乎入世出世之間，解脫逍遙的學術思想而出發，但大體上都是講的用世之學，而且嬉笑怒罵，或動或默，無一而不含有至理，後世的縱橫家，以及政治，軍事，文韜武略等謀略機權之學，與其說淵源於老子思想，毋寧說都受到莊子思想的影響爲多，只是大家都不說穿，把所有的罪過，一律向老子頭上一套，未免誣陷之至。自從莊子的著作，有了內外篇分類的雛形以後，後世道家的著作，也都倣照莊子的成例，以專言內養道術的著作爲內篇，講論其他外用的學術思想爲外篇，淮南子是如此，抱朴子也是如此。而最奇妙的，凡是道家著作的思想，以及道家的人物，都是喜歡談兵，而且也善於談兵，等於戰國時期的道家，都帶有縱橫家、法家（政治）的濃厚氣氛，是同樣有趣的問題，留待以後補充。

（4）莊子內篇養生學與方士神仙的因緣：大凡時衰世亂的時期，社會人心，受到時代環境的刺激，必然會走向頹廢，講究現實，貪圖一時的享受而找刺激；或者逃避現實，傾向神秘，自尋理想境界的出現。這兩條路，是古今中外人類歷史變亂中共通的趨勢，前者屬於現實享受主義，後者屬於逃避現實主義，如果從廣義來講，亂世之中，幾乎沒有一個人能超過這兩種範圍的。春秋、戰國時期，北方「方士」學術思想的勃興，與南方老、莊攝生養生思想的開展，也當然具有這種時代背景的因素，雖不盡然，而勢所難免；我們在前面已經講過，戰國時期，莊子、孟子等人，多多少少，都受到「方士」養神，養氣等學說的影響，尤其以莊子爲更甚，莊子所有學說的哲學基礎，幾乎完全由於這種精神而出發，現在歸納他內七篇中，有關養生學與神人的學說，舉例以作說明：

關於養神、養氣的原則，他在「逍遙遊」中說：「若夫乘天地之正，而御六氣之辯，以遊無窮者，彼且惡乎待哉！」這與孟子的養浩然之氣，直養而無害的觀念，確有南腔北調，殊途同歸之妙。他在「養生主」中，又說：「緣督(督脈)以爲經，可以保身，可以全生，可以養親，可以盡年。」同於「方士」修煉精氣而成內丹的方法與觀念，完全一致。他在人間世中，借用孔子與顏回的對話作寓言，又提出養心的心齋方法與原則，如說：「回曰：敢問心齋？仲尼曰：一若志，无聽之以耳，而聽之以心。无聽之以心，而聽之以氣。聽止於耳。心止於符。氣也者，虛而待物者也。唯道集虛；虛者心齋也。顏回曰：回之未始得使，實自回也。得使之也，未始有回也。可謂虛乎？夫子曰：盡矣，吾語若。若能入遊其樊，而无感其名，入則鳴，不入則止，无門无毒，一宅而寓於不得已，則幾矣。絕跡易，无行地難。爲人使易以僞，爲天地難以僞。聞以有翼飛者矣，未聞以無翼飛者也。聞以有知知者矣，未聞以無知知者也。瞻彼闋者，虛室生白，吉祥止止。夫且不止，是之謂坐馳。夫徇耳目內通，而外於心知，鬼神將來舍，而況人乎？是萬物之化也，禹舜之所紐也，伏羲、几蘧之所行終，而況散焉者乎！」莊子這一節的心齋論，是與他「坐忘論」的方法與原則互通，與「緣督以爲經」等養氣之論，又是另一面目的方法。

⑷他在大宗師裏，又提出外生死的理論，借用南伯子葵與女偊的問答說：「子之年長矣，而色若孺子，何也？曰：吾聞道矣。南伯子葵曰：道可學耶？曰：惡！惡可！子非其人也。夫卜梁倚，有聖人之才，而無聖人之道；我有聖人之道，而無聖人之才，吾欲以敎之，庶幾其果爲聖人乎？不然，以聖人之道，告聖人之才，亦易矣，吾猶守而告之，三日，而後能外天下。已外天下矣，吾又守之七日，而後能外物。已外物矣，吾又守之九日，而後能外生。已外生矣，而後能朝徹，朝徹而後能見獨。見獨而後能無古今。無古今而後能入於不死不生。殺生者不死，生生者不生。其爲物，無不將也，無不迎也，無不毀也，無不成也，其名爲攖寧。攖寧也者，攖而後成者也。」這與他在「應帝王」中所說：「遊心於淡，合氣於漠，順物自然，而無容私焉。」以及例舉列子之師壺子「衡氣機」的養氣理論，都是他對於養生方法的多種發揮。

莊子的全書與老子一樣，它的主旨，在於達到人生的最高境界，完成一個人生的最高目的，老子的攝生，莊子的養生，種種理論與方法，都只是攝養的過程，並非最高的目的；他的最高目的與最終的境界，是完成超世間，超物累的神人、眞人、至人的標準，老子所謂善攝生的人，與莊子所謂的藐姑射之仙子，便是他們所立的榜樣，這便是道家與孔子、孟子系統以下儒家觀念的不同之處。以孔、孟做代表周，秦之際的儒家思想，是爲完成現實人生，建立倫常的規範，以安定現實世間爲目的，超越宇宙以外的事情，便置而不論了，「六合之外，聖人存而不論。」因此，老、莊的學術思想，他所牽涉到的種種見解，無論是屬於形而上道，或形而下人事物理等理論，都是他的餘情逸興，並非就是他的主題，正如莊子所說：「是其塵垢粃糠，將猶陶鑄堯舜者也。」但是，無論爲老、莊，或孔、孟，他們在那個時代中，對於社會人羣，與人間世現實的世事，都有一個共同的願望，是想建立長治久安，達到天下太平的局面；孔、孟以仁義爲敎化，老、莊以道德爲要求。孔、孟的仁與義，老、莊的道與德，並非是他們的發明或創造，實際上，都同是上古傳統的觀念，不過各人所取用的名辭和意義，別有異同的含義而已，老、莊的駁斥仁義與聖人，不是否認孔、孟所說的仁義與聖人，是罵當時一般掛羊頭，賣狗肉，借仁義與聖人之道而逞私慾的人們；老、莊所謂聖人，神人，眞人，至人的境界，必須要人人自覺自立，完成最高的道德標準，然後自成仁義道德，却不自居於仁義道德的名韁利鎖之中，因此和光同塵，藏垢納污以超越道德，而終其天年。尤其莊子提出的至人與眞人，意義更加明顯，他認爲人能做到那種標準，才够得上說這個人是做到人生的極至了，這樣，才算是眞正的做一個人，也可以叫他爲聖人，或神人，相反的意義，便不算是人了。

總之；在春秋、戰國時期，自老子、孔子、莊子、孟子等以次，在道家而言道家，當時北方一帶，黃河南北的學術思想，與南方一帶，以楚國為代表的道家，如老、莊的思想，或多或少，都受到「方士」養生學術思想的影響，那是有憑有據，不必力求否認的事實，後世儒者，師心自用，想要建立一個師道莊嚴的權威，獨霸儒家的天下，便有是此非彼，建立門庭道統的觀念，如與孔、孟、老、莊的態度一比較，簡直是「豎儒」之見，非常可笑。我們要知道，老、莊、孔、孟所走的途徑，是秉承三代以上君師不分的傳統精神。因時移世易，王道衰歇，所以他們都以師道而自處，講述王者師的學問，後世儒者，雖然號稱宗奉孔、孟，事實上，品德、學識、才氣，都無法與孔、孟相提並論，所謂自稱孔、孟之徒，宣揚聖人之道的，無非是阿世的所好尚，傳經習書，口誦聖人之言，做為躋身仕途的工具；充其量，德行學識稍好的，做到王佐之能，如司馬遷所說：「人主以俳優畜之」，已經足以流傳千古，為後學之所景仰了。所以對於道家，如老、莊之徒的出格高人，當然只好拿出孔子所謂「異端」一辭，加以排除異己的心理，痛加討伐了。至於介於老、莊之間的列子的學術思想，為了時間不够，暫且裁而不談。但要研究道家對於理論物理的形而上的本體論，以列子的思想，比較具體而有系統，後人有懷疑列子是僞書，是魏、晉人的假託，我覺得未必盡然，因為魏、晉時代的學者，對於學術思想，除了坐以守成，加上文學境界的渲染以外，並無如此才能。

(三) 戰國時期陰陽家與方士的聲勢

我們為了盡盡量緊湊扼要，除了稍加說明周、秦之際為舉世所公認有關道家學術思想的大家，如老、莊以外，其他只好不加詳論，但對於陰陽家與方士，必須略爲提出，以供參考。我們要知道，戰國時期的時代背景，無論爲個人或諸侯的邦國，上上下下，都是瀰漫在重利、重現實的風氣之中，猶如現代的社會和世界情形，司馬遷在孟子列傳中，述說孟子的思想，便提到當時學術思想界的情形，如說：「當是之時，秦用商君，富國彊兵。楚、魏用吳起，戰勝弱敵。齊威王、宣王，用孫子、田忌之徒，而諸侯東面朝齊。天下方務於合縱連衡，以攻伐爲賢，而孟軻乃述唐、虞三代之德，是以所如者不合。」由此可知，在現實環境的積習之下，上下重利，那是時代風氣的當然趨勢，因爲世風習俗的重利，注重現實，更加造成擾攘紛爭的亂世現象，這是相互因果的必然結果。孔、孟遠法先王，高唱唐虞之際的政治理想，是萬難做到的境界，可是效法先王，發揚光大，隨時演進，保存三代以上傳統文化的精神，却是必要的事情。道家人物，如老、莊、接輿等人，對於時代趨勢的看法，認爲是不可遏阻的，只有把握其機先，因勢利導，才是上策，但是把握機先，與「有爲」如「無爲」的作法，也是太難太難。所以孔子、孟子在中年以後，都能瞭解把握時勢的重要，孔子贊嘆「時」的觀念，在「周易」上，「論語」上，都有提到。孟子後來簡明的說：「雖有智慧，不如乘勢，雖有鎡基，不如待時。」這個感慨，正如唐人竇鞏的詩所說：「傷心欲問前朝事，惟見江流去不回。日暮東風春草綠，鷓鴣飛上越王臺。」

（1）騶衍的學術思想：但在孟子同一時代的陰陽家們，他的學術局面，却非常熱鬧，司馬遷述孟子傳中，便說：「王公大人，初見其術，懼然顧化，其後不能行之。是以騶子重於齊。適梁，梁惠王郊迎，執賓主之禮。適趙，平原君側行襒席。如燕，昭王擁彗先驅，請列弟子之座而受業，築碣石宮，身親往師之。作主運。其游諸侯，見尊禮如此。豈與仲尼菜色陳蔡，孟軻困於齊、梁，同乎哉！」我們現在試讀司馬遷在史記上，記載陰陽家騶衍當時的聲勢，實在够得上是一個國際聞名，諸侯爭相迎致的名學者，他的風光，他的聲勢，孟子不能與其比，就是後來佩六國相印的蘇秦，也沒有像他那樣的光榮。但這是後世另一類道家人等，所景仰的風格，却非老、莊之徒的道家精神。可是，騶衍所到的地方，也只限於燕、齊、趙、梁的區域，並未達到秦、晉的地方，更談不到南下於吳楚之間；這因爲騶衍是陰陽家，他所注重學術思想的教化，並不像縱横家們，以利害是非說動人主，可以取到政治運用上的地位，而自鳴一時的得意的。如說：「王公大人，初見其術，懼然顧化。」那便是描寫他的學說，開始都受到有權勢的上流社會所歡迎，而在歡迎學習當中，還是覺得不能全信的，所以又說：「其後不能行之。」便是表示他們後來又不能實行，這個「不能行之」的不能，並非是說騶衍的學術思想行不通，實在是做不到的「不能」。何以見得呢？我們再看司馬遷記載他學說的大要，如云：「騶衍睹有國者益淫侈，不能尙德，若大雅，整之於身，施及黎庶矣。乃深觀陰陽消息，而作怪迂之變，終始大聖之篇，十餘萬言。其語閎大不經，必先驗小物，推而大之，至於無垠。先序今以上，至黃帝，學者所共術，大並世盛衰。因載其禨祥，度制，推而遠之，至天地未生，窈冥不可考而原也。先列中國名山、大川、通谷、禽獸、水土所殖，物類所珍。因而推之，及海外，人之所不能睹。稱引天地剖判以來，五德轉移，治各有宜，而符應若茲。以爲儒者所謂中國者，於天下乃八十一分居其一分耳。中國名曰赤縣神州，赤縣神州內自有九州，禹之序九州是也，不得爲州數。中國外，如赤縣神州者九，乃所謂九州也。於是，有裨海環之，人民禽獸莫能相通者，如一區中者，乃爲一州。如此者九，乃有大瀛海環其外，天地之際焉。其術皆此類也。然要其歸，必止乎仁義節儉，君臣、上下、六親之施，始也濫耳。」司馬遷又說：「或曰：伊尹負鼎而勉湯以王。百里奚飯牛車下而繆公用霸。作先合，然後引之大道。騶衍其言，雖不軌，儻亦有牛鼎之意乎？」現在綜合司馬遷關於騶衍事跡的記載，再用現代語來解釋它，同時也順便對於當時陰陽家的思想，後來被納入道家的共通學術，略作說明。

（甲）騶衍陰陽學說的動機與目的：如說：「騶衍看到當權有邦國的人們，愈來愈加淫佚奢侈，不能崇尚德行；猶如大雅文化的精神，可以修整自己身心，然後以德業普遍施給一般平民；乃深刻觀察陰陽互變，天地、物理、人事的消息，著作中指出世事稀奇古怪，迂迴變態的道理，講明聖人大道，始終因果的關係，約有十餘萬言。」這一段文章的重點，在於「而作怪迂之變」六個字，我們要深切瞭解了司馬遷寫騶衍傳的作用，爲什麼要與孟子相提並論？而且他又先說騶衍陰陽學說的目的，也是爲了倡導道德爲宗旨，同時他又說明騶衍面對當時現實的不滿，所以便著作陰陽消長的道理，以說明歷史人生應走的途徑；至於「而作怪迂之變」一句，便是說明騶衍的著作，是拿當時社會變態的怪現象，用來證明陰陽互變的意義，並非是說騶衍故意創作怪誕不經的學說，用以眩衆。後世一讀這篇文章，斷章取義，便拿「而作怪迂之變」的六個字，便斷定騶衍等陰陽家學說，都是怪談，由此一錯再錯，因循承襲，先已冤誣了老子的學術思想，後又活埋了陰陽家與騶衍的學術內容，致使中國原始理論科學的精神，不能好好發揮，兩漢以後，這些學術思想，分門別戶，各自另走一路，最後都通同歸入道家，就是這個原因。

（乙）陰陽學說的內容：如說：「他的話誇大而無典可以根據，必須先要在小事小物上考驗的有把握，再來放大推廣它，到達無量無邊。他先以現代的事來作證，逐漸倒推到上古黃帝的時代，都是一般學者所共信、共知、共奉的事。他的學術非常廣大，而且是跟着時代世事，證明與衰成敗的道理。」這便是說明他所講的陰陽學說，是一種理論科學的歷史哲學，用以說明人事世事演變的必然趨勢，漢代的陰陽家的讖緯（預言）之學，乃至焦贛、京房的納甲易學，龜策、日者的知識，宋代邵雍皇極經世的學術思想，以及傳說自唐代以後至於明、清之際的推背圖，燒餅歌等等，關於中國命運兩千年的預言之學，都從這種陰陽家的學術思想系統演變而來的。所以司馬遷又說：「因此他記載歷史上每一時代天災、人禍的災祥現象，推測未來歷史時代的演變，遙遠的上溯到天地沒有開闢以前，宇宙還未形成之初，窈冥不可考證的時期，作爲立說的根源。」這便是說明他的學說，以歷史事實作證明，以陰陽互變的理論物理作根據，向後推測未來的歷史人事，向上推究天地萬物未生以前，宇宙形而上的本體論。

（丙）騶衍地球物理的思想；如說：「他先便列舉中國的地理環境，如名山、大川等互可相通的大谷，」這便是魏、晉以後，道教所作的「五嶽眞形圖」一書的理論根據，用以說明地球地心的洞府，全國互可相通的原始思想；例如道家相傳，從甘肅崆峒山黃帝問道之處，與黃帝墓所在的橋陵，有一個洞府，可以直接通到南京附近的句容山（茅山），這便是地球生命的肺部作用一樣，所以便叫這個洞府的通道爲「地肺」。我們現在聽來，便會覺得怪誕的非常可笑，但是你如果知道現代美國新興的地球物理學，花了大量的金錢，正在美國的海岸，打通地道，要鑽進地球中心去探險，要想觀察地球物理的究竟，你便會覺得這是科學的偉大精神，爲什麼對於我們古人理想中所研究的地球物理學說，便會大笑而走之呢？這種怪誕心理，便是不懂科學精神的毛病，如果比之騶衍的怪誕，豈不更有甚者；科學家與哲學家一樣，他都能够在任何一個問題上尋找問題，決不是人云亦云，坐待別人的發明而歸我享受的。

我們再看騶衍的學說，他是否爲怪誕，而且怪誕到了什麼程度呢？如說：「並且研究禽獸等生物的繁殖，與水土關係的重要，由此推廣到海外地區，當時一般人所不能看到的情形。他說：自從開天闢地以來，金、木、水、火、土的五德，所歸納統屬的地理環境與人物，關係整個歷史政治的興衰成敗，都有它隨時適宜的作用，猶如符契的相應一樣。並且他認爲當時儒者們所說的中國，只是整個世界的八十分之一而已，他說：中國叫作赤縣神州，國內自己分九州，那便是大禹分別的九州，事實上，不能叫做州。因爲中國以外，像赤縣神州的中國一樣的，還有九個州，這才是世界上眞正的九大州。每州有大海圍繞著，人民禽獸，都彼此不能相通；相同於同一區域的，便叫做一州。這樣的九大州以外，還有最大的瀛海圍繞著，一直通到天與地交界的地方。司馬遷說：「他的學術思想，大多都像這樣的。」」我們現在根據司馬遷的筆下，所說騶衍學術思想關於地球地理的見解，你能說他是怪誕嗎？不過，在當時戰國時代學者們看來，的確是怪誕不經，大笑大罵而不信的，所以司馬遷便說王公大臣們，起先都以驚懼的心理崇拜他，後來又做不到，便是當時的人，沒有像現代人迷信崇拜科學家誇大的精神之故，只有司馬遷，眞够得上是作歷史傳記的人，他寫到這裡，自己不加按語，不說他對或不對，只說：「其術皆此類也」，由你們後世的人去研究他吧！他對於騶衍的按語，自己另立一段言論，附屬在騶衍的傳記裏，便說：「不過，大要說來，總歸騶衍學說的目的，還是要人們的行爲，必然的，要止於仁、義、節、儉、君臣、上下、六親的倫常規範上，實施人生本分的道德。只是他在開始的時候，先以遠大不經的理論，作爲吸引大家注意的開始而已。」所以他又說：「有人說：伊尹沒有得志的時候，甘願去做厨師，因此而得親近商湯，相互勉勵而成商湯的王政。百里奚沒有得志的時候，爲別人牧牛，在車下喂牛食，因此而得秦繆公的任用，一手使秦國稱霸。他們都有一套進身先容的方法，等到君臣互相信任而結合以後，才慢慢的引歸大道。騶衍的話，雖然說，不合一般思想的常軌，也許可能也有伊尹做厨師，百里奚牧牛的意義存在吧！」這一段話，是司馬遷替騶衍的辯誣，不得不做疑似的言論而已。但是騶衍雖然具有自然科學的思想和理論，然而他從自然物理科學的觀點出發，最後仍然歸於人生倫常的道德，那是春秋、戰國當時風氣的事實。

（丁）齊國學術的風氣：在戰國時期，齊國的陰陽家們，除了騶衍以外，集於稷（城名）門之下的學者，還有很多，所謂稷下先生們、其中犖犖成名者，如淳于髡，愼到，環淵，接子，田駢，騶奭等人，司馬遷說：「各著書言治亂之事，以干世主，可勝道哉！」愼到，趙人，著有愼子，後來被納入法家之學。田駢，接子齊人；著有接子二篇，田子二十五篇，後來被納入道家。騶奭十二篇，納入陰陽家。騶衍擅長於談天說地，遊於稷下的道家，有號稱爲天口者。環淵，楚人，著上下二篇。然「皆學黃、老道德之術，因發明序其指意。」這些研究綜合性學術的道家之徒，當時在齊國的聲勢極大，備受齊王與上流社會的尊敬，享盡榮華，例如：「淳于髡見梁王，一語連三日三夜無倦。惠王欲以卿相位待之，髡因謝去。於是送以安車、駕駟、束帛、加璧、黃金百鎰，終身不仕。」自淳于髡以下，如騶奭等人，「皆命曰列大夫，爲開第康莊之衢，高門大屋尊寵之，覽天下諸侯賓客，言齊能致天下賢士也。」「齊人頌曰：談天衍，雕龍奭，炙轂（有說即是亂謅）過髡。」荀卿少時，曾遊學於齊，並與淳于髡相處的比較長久，所以荀子的思想，已有很多地方，滲入道家的成分，後來田駢等人死了，在齊襄王時，荀卿最爲老師，齊國要重整列大夫的懸缺，荀卿曾經三次做過領頭的「祭酒」。

（四）秦漢之際燕齊方士與神仙的思想淵源

（1）秦始皇與封禪　關於中國道教學術思想的淵源，在我們的歷史文獻中，有一很可靠，又很有系統的資料，便是「禮記」與「史記」中「八書」的學術思想，如何由道家變成道教？如何由燕、齊的方士變成神仙？大體的史料，在「封禪書」中，已有頗具規模的記載，因爲說來話長，現在只擇其簡要的，與秦、漢之間有關道家與道教的淵源，稍加說明，以供參考。

封禪，在過去中國的歷史上，是類似西方宗教性質的禮儀，而且在秦、漢前後，也是歷代帝王的大典；所謂封，是在泰山上築土爲壇以祭天，報天之功，就叫做封；泰山下，小山上除地，報地之功，就叫做禪；所謂禪，便有神之的意義。在春秋時代，正當齊恒公稱霸的時期，他想封禪泰山，管仲却極力的勸阻，他說：「古者，封泰山，禪梁父者，七十二家，而夷吾所記者，十有二焉。」司馬遷說：「後百有餘年，而孔子論述六藝傳略，言易姓而王，封泰山，禪乎梁父者，七十餘王矣。其俎豆之禮不章，蓋難言之。」當孔子的時代，封禪的意義，也隨周室的衰微一樣，漸趨黯淡，而且周靈王用萇弘的主張，採取神鬼迷信的方法，射狸首以致諸侯的來朝，一變封禪精神，轉入神鬼威靈的作用，結果萇弘被晉人所殺，諸侯更形叛亂，所以說：「周人之言方怪者，自萇弘。」以後再過百餘年，秦國自秦靈公開始，由封禪精神的演變，形成建立神祠的風氣，就成爲後世道教崇拜多神的濫觴，漢代崇尚白帝，靈寶等事，都是開始在秦時。

到了秦始皇稱帝的時期，東巡郡縣，祠騶嶧山，頌秦功業，「於是，徵從齊、魯之儒生博士七十人，至乎泰山下。」因爲，議論封禪的儀禮不合；「始皇聞此議，各乖異，難施用，由時絀儒生。」這些儒生等被絀而不用，聽說秦始皇上山遇大風雨，便譏笑他，「於是，始皇遂東遊海上，行禮，祠名山大川，及八神，求仙人羨門之屬。八神將，自古而有之，或曰：太公以來作之，齊所以爲齊，以天齊也。其祀絕，莫知起時。」所謂八神，①天，主祠天齊。據另一說：臨菑城南郊山下，有天齊泉，五泉並出，有異於平常所講的迷信觀念，只是說它就如天的腹臍一樣。②地，主祠泰山，粱父。因爲天好陰，祠之必於高山之下，小山之上，叫做時。地貴陽，祭之必於中圜丘等地。③兵，主祠蚩尤。④陰，主祠三山。⑤陽，主祠之罘。⑥月，主祠之萊山。⑦日，主祠成山。⑧四時，主祠琅邪。這便成爲後來道教崇拜多神的淵源，但是，秦始皇變封禪爲愛好神仙，果然是基於帝王晚景，好求長生不老的心理作祟，但也是由於戰國以來方士學術的流衍，與陰陽家思想的瀰漫鼓盪而來，如說：「自齊威宣之時，騶子之徒，論著終始五德之運，及秦帝，而齊人奏之，故始皇采用之。而宋毋忌，正伯僑，充尙，羨門子高（都是古代所稱之仙人），最後皆燕人，爲方僊道，形解銷化，依於鬼神之事。騶衍以陰陽主運，顯於諸侯。而燕齊海上之方士，傳其術，不能通。然則怪迂阿諛苟合之徒，自此興，不可勝數也。」我們讀了司馬遷的這一段記載，便可瞭解戰國時期的「方士」神仙，與陰陽家的學術思想，影響秦、漢之際朝野之間的情形了。但決不可忽略燕、齊海上的方士，雖然傳受騶衍陰陽五德主運的道術，而「不能通」的一句，因爲他們學不通陰陽家的學術，故有「怪迂阿諛苟合之徒」，借託而興，藉以欺世盜名的，漸漸多到不可計算。

神仙「方士」，既不易得，純粹的陰陽家如騶衍的學術，又如此的難通，故在秦、漢之際，一般方士，都在假借神仙的氣氛中討生活。因爲人的心理，往往喜歡求假而嫌棄眞實，所以那些借託神仙的假「方士」們，便可在帝王與社會之間，招搖撞騙，同時也騙住了他們自己，因此，便形成戰國到秦漢之間一段人化神仙的趣史了。如說：「自威宣，燕昭，使人入海求蓬萊，方丈，瀛州。此三神山者，其傳在勃海中，去人不遠。患且至，則船風引而去。蓋嘗有至者，諸僊人及不死之藥，皆在焉。其物禽獸盡白，而黃金銀爲宮闕。未至望之如雲，及到三神山，反居水下。臨之，風輙引去，終莫能至云。世主莫不甘心焉。」司馬遷寫到這裏，說了半天海上三山的神仙宮闕，都是出諸傳聞而難證實，可是他用了一句最妙的話，便是「世主莫不甘心焉」，這也是便說明地位愈高，富貴權勢已極的人，他的心理愈加空虛的狀態。人的慾望，總是有所求，而且無止境的有所求，做了皇帝要登天，也是人心難平的必然趨向，征服天下的英雄，作爲世間的帝王，雖然聰明一世，但仍懵懂一事，他們却甘願接受方士們的欺騙，因此，他又寫出秦始皇求神仙的歷史，如說：「及至秦始皇幷天下，至海上，則方士言之，不可勝數。始皇自以爲至海上，而恐不及矣，使人乃齎童男女入海求之。船交海中，皆以風爲解。曰：未能至，望見之焉。其明年，始皇復遊海上，至琅邪，過恒山，從上黨歸。後三年，遊碣石，考入海方士，從上郡歸。後五年，始皇南至湘山，遂登會稽，並海上，冀遇海中三神山之奇藥。不得，還至沙丘。崩。」這一段的文字，司馬遷極力運用他的高度文學筆調，寫出歷史上帝王欲望的眞像，最後用了一個「崩」字的微言，結束了人間世所有人生禮成而閉幕的結局。古禮，稱皇帝之死叫做崩，諸侯之死叫做薨。薨也罷，崩也罷，反正是神仙見不到，長生不死之藥，傾全國之力也求不到，到頭還是葉落歸根，就此了事。絕妙的秦皇，漢武的事業，必須要有一個絕妙的司馬遷，爲他寫出曲折極致的史記，使千載之下的我們讀來，覺得它是一部絕妙的哲學小說，可以發人深省。司馬遷在封禪書中，不但盡情的諷刺秦皇、漢武，同時也盡量寫出那些假「方士們」醜陋可惡的一面，但是，他也否認秦、漢之際儒生們對於迷信封禪的可笑與可鄙，如說：「秦三年，而二世弒死，始皇封禪之後十三歲，秦亡。諸儒生疾秦焚詩書，誅僇文學。百姓怨其法，天下畔之。皆譌曰：始皇上泰山，爲暴風雨所擊，不得封禪。」他便在此作了最後一句的結論說：「此豈所謂無其德而用事者邪？」這「者邪」兩個代用疑問的虛字，又是司馬遷筆下的花樣，等於現代的話說：「眞是這樣的嗎？」是不是，他不下斷語，由讀者自己去想，他站在筆陣以外哈哈大笑而已。

（2）漢初的神道與神仙：因爲秦始皇迷信神祠與盲目的求仙，必致造成「上有好者，下必甚焉」的現象，當秦二世的末期，朝野都籠罩着一片神鬼迷信氣氛，所以首先發難的陳勝、吳廣，便利用篝燈野火而作狐語，作爲起義的號召。漢高祖的初興，也是借用斬白蛇而起義，祠蚩尤而釁鼓，到了定鼎以後，便下詔制定天的五帝之祠，崇尚神道。漢文帝也一度相信趙人新垣平的望氣之術，篤信鬼神而立五帝壇。漢武帝卽位之初，尤其敬信鬼神之祀，他初見到秦國故地雍郊五畤的時候，便定爲以後的常規，三年一次郊祀。同時，又開始求神君，舍之上林中，司馬遷說：「蹏氏觀神君者，長陵女子。以子死，見神於先後宛若，宛若祠之其室，民多往祠。平原君往祠。其後，子孫以尊顯。及今上（稱漢武帝）卽位，則厚禮置祠之內中，聞其言不見其人云。是時，李少君亦以祠竈穀道，却老方見上，上尊之。少君者，故深澤侯舍人，主方匿其年及其生長。常自謂七十，能使物却老。其游以方。徧諸侯。無妻子。人聞其能使物及不死，更饋遺之。常餘金錢衣食，人皆以爲不治生業而饒給。又不知其何所人，愈信，爭事之。」「少君言上曰：祠竈則致物；致物而丹沙可化爲黃金；黃金成以爲飲食器，則益壽；益壽而海中蓬萊僊者乃可見；見之以封禪，則不死，黃帝是也。臣常游海上，見安期生，安期生食巨棗大如瓜。安期生，僊者。通蓬萊中，合則見人，不合則隱。於是天子始親祠竈，遣方士入海求蓬萊安期生之屬，而事化丹砂諸藥，齊爲黃金矣。居久之，李少君病死，天子以爲化去，不死。而使黃錘、史寬舒受其方，求蓬萊安期生莫能得。而海上燕齊怪迂之方士，多更來言神事矣。」我們看了司馬遷的這一段記載，便可知道雄才大略的漢武帝，在他心理上有另一面的興趣，他對於崇尚神道，與好求神仙的可笑行爲，却是甘之如飴，引以爲樂。後來又有齊人少翁以鬼神方見上，便拜少翁爲文成將軍，賞賜甚多，以客禮禮之，又爲他的建議，大建宮殿以祠神，「居歲餘，其方益衰，神不至。乃以帛書以飯牛，佯不知，言曰：此牛腹中有奇。殺視得書，書言甚怪。天子識其手書。問其人，果是僞書。於是誅文成將軍，隱之。其後，則又作柏梁、銅柱、承露仙人掌之屬矣。」

後來，漢武帝因爲生了一場大病，巫與醫藥，都不能見效，因爲求神而病愈，便幸甘泉，置酒壽宮神君，「神君所言，上使人受其書，命之曰書法。其所語，世俗之所知也，無絕殊者。而天子心獨喜，其事秘，世莫知也。」後來因欒成侯的推薦，又拜欒大爲五利將軍，「欒大，膠東宮人，故嘗與文成將軍同師……天子既誅文成，後悔其蚤死，惜其方不盡。及見欒大，大說。大爲人長美，言多方略而敢爲大言。處之不疑。大言曰：臣常往來海中，見安期，羨門之屬，顧以臣爲賤，不信臣。又以爲康王諸侯耳，不足與方。臣數言康王，康王又不用臣。臣之師曰：黃金可成，而河決可塞，不死之藥可得，僊人可致也。然臣恐效文成，則方士皆奄口，惡敢言方哉！上曰：文成食馬肝死耳，子誠能修其方，我何愛乎？大曰：臣師非有求人，人者求之。陛下必欲致之，則貴其使者，令有親屬，以客禮待之，勿卑，使各佩其信印，乃可使通言神人。神人尙肯邪？不邪？致尊其使，然後可致也。於是，上使驗小方，鬪棋，棋自相觸擊。是時，上方憂河決而黃金不就，乃拜大爲五利將軍。居月餘，得四印；佩天士將軍，地士將軍，大通將軍印……其以二千戶封地士將軍。大爲樂通侯，賜列侯甲第，僮千人，乘轝，斥車馬、帷幄、器物，以充其家。又以衞長公主妻之。齎金萬斤，更命其邑曰當利公主。天子親如五利之第，使者存問供給，相屬於道。自大王將相以下，皆置酒其家，獻遺之。於是，天子又刻玉印曰天道將軍，使使衣羽衣，夜立白茅上。五利將軍亦衣羽衣，夜立白茅上，受印，以示不臣也。而佩天道者，且爲天子道天神也。於是，五利常夜祠其家，欲以下神，神未至而百鬼集矣。然頗能使之。其後，裝治行，東入海，求其師云。大見數月，佩六印，貴震天下，而海上燕齊之間，莫不搤捥而自言有禁方，能神僊矣。」後來五利將軍欒大，也因不實而被誅，始用公孫卿，公孫卿說：「僊人好樓居，於是，上令長安則作蜚廉桂觀，甘泉則作益延壽觀，使卿持節設具而候神人。乃作通天莖臺，置祠具其下，將招來僊神人之屬。」我們讀了這些較爲詳細的記載，對於漢武帝愛好神道，勤求神仙的事跡，便可一目了然，他比之秦始皇的作法，更有過之而無不及，由此可見兩漢以來，由道家的學術思想，如何轉變爲道教的趨勢，這些假「方士」們，又如何揑造神仙事實欺世盜名的史料。

我們再看司馬遷在封禪書中最後作的結論與贊辭，更可進而瞭解漢初「方士」們的情況與結果，結論如說：「今上封禪，其後十二歲而還，徧於五岳四瀆矣。而方士之候伺神人，入海求蓬萊，終無有驗。而公孫卿之候神者，猶以大人之跡爲解，無有效，天子益怠厭方士之怪迂語矣。然羈縻不絕，冀遇其眞。自此以後，方士言神祠者彌衆，然其效可睹矣。」贊辭如說：「太史公曰：余從巡祭天地諸神，名山川而封禪焉。入壽宮，侍祠神語，究觀方士祠官之意。於是退而論次，自古以來用事於鬼神者，具見其表裏。後有君子，得以覽焉。若至俎豆珪幣之詳，獻酬之禮，則有司存。」

我們大體瞭解了從秦到漢初武帝的時期，將近百年前後道家的方士與神仙，以及道教前身祀奉神祠的大略，便可概見秦、漢之際，方士們留給歷史的影像，是如何的惡劣。後世罵方士，並戰國前後的眞方士，也一概唾棄，都是受此影響，實在有欠公允。

（3）漢、魏以下道家學術思想的內容概略：自秦皇、漢武以後，道家的學術思想，一再誤於這些假方士，假神仙的求丹煉藥手裏，使人迷失道家文化的眞精神。又加漢初儒生如董仲舒等人，生當天下承平之際，用陽儒暗道的手術，敍述周、秦以上儒道本不分家的學術思想，註釋五經，疏釋聖道，以獨尊儒術爲標榜，致使道家與老、莊的學術思想，尤遭貶値。於是，由戰國以下眞正的方士學術，發展爲兩漢以來易經學術系統象數之學的途徑；它與漢代天文學術相激盪，便有楊雄著的「太玄經」，要以象數哲學理論的間架，概納天文科學的法則。它與陰陽、五行、天干、地支、二十八宿、以及日者（選擇時日）、龜策（卜卦）等，有關天文、地理、物理的理論科學相結合，便有焦贛、京房等象數、納甲之學，推測造化之機，易學系統的建立。再經分化而各自成爲一家之言的專長，便有後來漢代易學的卦氣，變通、升降、爻辰等、殊途一致學說的演變。魏、晉以後，修煉神仙丹道派的學者，宗奉魏伯陽的思想系統，歸納這些學說的原理、原則，而成爲與中國醫藥理論合流，丹經道術的規範。又有根據禹貢、「山海經」等山川地理形勝的研究，便有郭璞等人，倡導形巒體勢地理（堪輿）學術的興起。至於淮南子，抱樸子的著作，卽是道家，又是雜家的學說，應是戰國以來方士學術思想部份的集成。在南北朝之際，因爲北魏崇尚道教的關係，這些學術思想，大概都穿上宗教的外衣，變爲道教的神秘之學，但到隋、唐以後，又復脫穎而出，除了天文、曆法等的研究，漸已建立專門化正規的科學體系以外，他如星象、地理

(包括堪輿)、卜筮、建築、工程、工藝、藝術等種種實用之學,以及民間生活的節令等儀禮、與各地方風俗的習慣、完全與道家的學術思想,有密切的關係。如醫藥等理論、以及算命、看相等學術,雖然遠紹周、秦以上的文化淵源,但在漢、魏之際,都已加進印度文化佛家的學術思想,故有唐代醫藥的進步,與星命(算命)、卜筮學等的建立。如李淳風等的圖讖、唐僧一行禪師的天文與星象等學,也都從正統道家的學術思想而來。唐代的數學,遠紹九章曆算的遺規,配合兩漢象數的發展,受到隋、唐之際,阿剌伯算數的影響,對於三角、立方、幾何等算數的成績,已有相當的成就。因此輾轉影響,而有唐末五代之間,道家的數學思想,趨向河圖、洛書的數理哲學,產生北宋初期邵康節的「易經」象數之學;撮取漢易納甲的精華,配以甲子、河圖洛書數理的哲學,用以說明天地造化的樞機,預計歷史人事演變的蹟象,一變漢代的讖緯之術,而開歷史哲學的先河;從此上下元、明、清千餘年間,所有道家各種科學而哲學的學術思想,不依附於漢代的象數,卽入於邵康節易學的範圍。

而在唐、宋、元、明之間,可以在世界學術與科學史上,除如衆所周知的火藥,印刷術的發明以外,可以大書而特書的一筆,①便是醫藥方面的進步:在歷來傳統習用漢代張仲景的「傷寒論」以外,便有金、元四大家醫藥的理論,與藥物學方術的專長研究,以及元代完成人身氣機穴道的銅人圖,奠定後世針灸治療學的堅固基礎,因此而輾轉傳授,才有今天德國、日本等世界針灸治療學的發展,所有推拿、按摩等學,都是這一系統的餘技。②便是用指南針構成羅盤的學術:利用一塊大圓形的木板,中心嵌上指南針,外面圈以八卦、天干、地支、甲子等層次,加以天文星象的二十八宿,以中原做時間、空間的中心。用仰觀天文星象的範圍，辨別地理區域的劃分，成為天文分野的作用，為世界上最早畫分地球經緯度的先驅。一個完整的羅盤，它的層次圈圈，共計三十六層，層層之間，錯綜複雜，互相溝通為用，必須具有漢代象數、納甲的基礎，與宋代易學河圖、洛書的基本觀念，才能神而明之，融會貫通而相互為用。當明朝初期，西洋航海學術等，還未十分進步，而且也未傳到中國，而在明成祖時代的大監鄭和三下南洋，他所製造的巨形木船，與遠離中國東南部海面，航行茫茫無際的天海之間，能够分辨距離與導航遠海方向的，都是靠着這種羅盤的功效。因此，自明、淸以來，便有專門製造標準羅盤的產地：徽州的，稱為徽盤，可以與徽州的筆墨，宣紙，同為名產的權威。廣東所製的，稱為廣盤。福建所製的，稱為建盤。後來用在察看地理（堪輿）的，大多以徽盤為準。用在航海兼帶堪輿作用的，也有採用廣盤與建盤的。總之：徽盤的度數標準，適用於中原的地理環境，廣盤與建盤，適用於東南臨海區域。③承接闡揚老、莊思想，天地造物互變的妙旨，專門研究生物互相變化的作用，說明人類能够利用自己生命的功能，修煉而成神仙的妙理，便有唐代譚峭所著的化書，為最早專門研究生物變化的著作。此外，由宋代邵康節「皇極經世」納甲系統的演繹，構成三元甲子以統率時、空的觀念。從漢易納甲的演變，發明奇門遁甲的術數，在一般不知究竟者的想像中，認為僅是旁門小術，或為迷信的思想而已，殊不知其中含蘊理論科學的關鍵，可以由此發掘天地宇宙的奧秘，人事、物理的樞機，却存有非常重要的寶藏，因為時間的有限，以及我個人學有未盡之處，關於這些已經提到，或者臨時尚有遺漏的正統道家學術思想的內容，略為提起研究者的注意而已，都到此為止，暫時告一段落，恕不多述了。

捌　道　教

我們爲了時間等種種的困難，對於道家與道教的講述，只能擇其較爲重要的，簡介十之一二，以供研究者的參考而已，如要求其精詳，非一二百萬言，不能以盡道家、道教與中國文化的內容。在開始的時候，已經講過形成道教的來源問題，歸納它有四個原因：⑴淵源於道家學術思想。⑵發生於政治社會的演變。⑶促進於外來宗教的刺激。⑷基本於神秘學術的迷戀。關於第一個原因的內容大概，講到目前爲止，暫且告一段落。如要從魏、晉以後，經隋、唐、宋、元、明、清的發展而講到現在，那就不勝其繁，短期無法結束，現在須要簡明扼要的講述第二個原因，以便暫做收場。

（一）漢末道教形成的因緣

如要瞭解兩漢道家的學術思想，如何一變而形成道教的原因，必須要留心春秋、戰國到秦、漢以來政治與社會的演變趨勢；當戰國時期，由六、七百年來的周代政權與封建政治制度，因爲歷史現實環境的影響，與文化思想的轉變，春秋王制，幾已破壞無遺。由春秋到戰國末年，四百年間長期大小戰亂的結果，不但形成政局的一片紊亂，尤其以農業立國的社會經濟基礎，也已零落殆盡，我們衡之歷史的成例，每當長期戰爭的結果，果然可以造成若干青史留名的人物，但只是留給後人的憑弔唏噓而已，如在長期戰亂的當時，必致民窮才盡；我所謂的民窮才盡，不僅是說社會的經濟崩潰，就是各種人才，也會因戰亂而一齊打光。大家都知道中國文化有句成語：「十年樹木，百年樹人。」眞正人才的造就，確是需要經濟穩定的社會背景做土壤，以長治久安的文化背景做肥料，才能培養得出來，然而每每累積若干年代，培養出各地的人才精英，算不定就在一個勝利，或一個失敗的戰爭中，隨流而沒。大家都知道，當戰國時期的吳、越戰爭中，在歷史上留下兩句名言，那就是越國的「十年生聚，十年敎訓。」可是，這兩句話的眞正價值，只能用在戰事的兵源養成方面，却不能完全適合於長期建國的功效上面，中國人對於歷史人物的經驗之談，却有「老成謀國」與「英雄出少年」兩句尖銳對立的名言，確是缺一不可的明訓。

在春秋、戰國之間百餘年中，自老子、孔子、墨子、莊子、孟子等人物，各自建立闡揚他們的學說思想以後，後起之秀，大多傳習相仍，反不如其初也。到了戰國末期，老、莊的思想，入於道家，他的學術精神，便成爲介乎入世出世之間，可以出世，也可以入世的指導原則。孔、孟的思想，却在一般知識分子中，札下根基，完全趨向入世爲人，做爲精神行爲的標準。至於墨子，開始出於道術，終而介乎道、儒之間而別走一路，遂與燕、趙、秦、晉的游俠精神結合，逐漸形成平民與貴戚社會之間特殊社會的變相。到了秦始皇蓄意併呑六國，要想達到統一局面的前期，天下才智勇力之士，都集中於縱橫謀略的途徑，競相奔走權門以謀取功名，可是，到了最後，如蘇秦、張儀一流的人物，也已逐漸減少，只有如李斯一流，便已足當大任，那得再能有向上一路的人才產生呢？但是坐議立談，號稱爲儒家的儒生，與拔劍而起，介乎道、墨之間的游俠，仍能在一般社會中，隱然具有作用，所以在李斯的朋友韓非的觀念中，便提出：「儒以文亂法，俠以武犯禁」的忌諱言論了。然而韓非果然看到了這種民間社會風氣的趨勢，但是他不知道造成時代風氣的原因何在？更不知道這是只能疏導，不可遏止的大勢所趨，他公然犯時代趨勢的大忌，要想一一繩之於法，既使不遭李斯等人的所嫉而早死，縱然得志行法，也必會遭遇到猶如商鞅的結果。後來秦始皇用嚴刑峻法，罷斥儒、墨（俠）、而治新興的天下，但終以嚴刑峻法，而爲儒、俠合作的新興力量所推翻，總之：此中大有玄微，而存有歷史政治哲學的妙用，希望學者自己留心去研究發掘。

漢興以來，自劉邦平定天下稱帝的初期，儒生因有佐王與治之功，已經在政治上佔得一席重要的地位，以後只需「學成文武藝，貨與帝王家」，便可立身仕途，自有進身之路，所以在朝廷與儒士之間，彼此相處，已很融洽。而在社會游俠方面，還是隱然存在着東西南北等五道的潛在力量；如朱家、季布一流，爲彰明較著的人物，其餘，沒沒無聞於草澤之間，安分於法外的，還是不少。可是漢高祖起自民間，他自己也來自游俠羣中，深知彼此相處無事之道，所以終漢高之世，特殊社會的游俠分子，對於漢高，甚之，還有深厚的好感與擁護的熱情。到了高級公子哥兒的太子出身的漢武帝手裡，便完全不同了，漢武帝不像他的曾祖父劉邦那樣豁達世故，對於民間社會的游俠，大有厭惡的心理，所以他會公然的殺掉郭解，以立其威信，但是游俠中人，也從此寒心隱遯，漸漸便與道家者流互通聲氣，形成西漢末年亂源的力量。到了東漢末代，因爲歷史社會的演變趨勢，簡直變本加厲，便與方外的道士合流，造成漢末三國初期，借用旁門左道以稱兵倡亂的形勢了。

其次，便是兩漢儒生進入仕途後，所造成的權門閥閱的門第風氣，到了東漢時期，權門閥閱，壁氣相通，就以清議揄揚爲手段，而覇占了漢末的選舉取士的要津，使有才氣的眞才實學之士，既不肯巴結權勢，又不屑於奔競宦途與學閥之間，便退而隱遯，走入介乎入世與出世之間的道家路線，逐漸形成漢代社會，另有遠處方外道士的一羣形態。東漢末期這些方外的道士羣，已具有後來佛教傳入以後，出家爲僧的比丘，與印度婆羅門教士的雛形，他們的思想精神，大半是有所激發，或遺憾人生世事而致此，相同於周、秦以前的「隱士」思想。至於唐、宋以後，佛教出家的男女僧衆，與道教出家的男女道士，已經普遍存在，等於是法定所公認的遺世而獨立者，既不完全受帝王政制的約束，只在普通法律以外，另有其合法的地位；在中國歷史上，自南北朝、隋、唐以後，僧道不拜帝王，只須長揖爲敬的儀禮，已經成爲不必明文規定的慣例。因此，過去所走高隱遠蹈的路線，到了唐、宋以後，不須再有迂廻，只要退避現實，進入佛教爲僧，或道教做道士，便可笑傲山林，把玩風月，遠離時累了。所以宋代王安石說，五代的傑出人才，大都入於禪林，不與世事的論調，也是大有道理的。東漢末期的朝野社會，當然有許多累積的原因，造成三國時期的亂離局面，但我們現在站在道教立場來講，只簡單扼要的舉出上面一兩個因素，藉以說明自張道陵所創初期道教的雛形——五斗米道的經過，實是兩漢以來讀書知識分子，受到時代社會環境的刺激，因此而起爲無言的抗爭，便建立他們自己精神王國的道教了。

張道陵，在東漢末期，本來也是一個讀書分子，因爲不得志於當世，便客居於四川，後來他學道於鵠鳴山中，有了心得，便自造作道書，開創畫符唸咒道教符籙派的先聲。陳壽在「三國志」張魯傳中，很含糊的說：「祖父陵客蜀，學道鵠鳴山中，造作道書，以惑百姓。受道者，出五斗米，故世號米賊。陵死，子衡行其道。衡死，魯復行之。益州牧劉焉，以魯爲督義司馬，與別部司馬張修，將兵擊漢中太守蘇固，魯遂襲修殺之，奪其衆焉。」「子璋代立，以魯不順，盡殺魯母家室，魯遂據漢中，以鬼道敎民，自號師君。」我們讀了「三國志」有關於張道陵與他的孫子張魯的記述，對於張道陵一系道敎的起源，在宗敎史上，並無宗敎神聖光榮的一面，甚之，只有使人鄙視；當然，關於五斗米道的學術內容，陳壽是外行人，沒有詳細提起，可能也根本無法瞭解，他說到張魯秉承他祖父張道陵的遺敎，是以「鬼道敎民」，那倒是五斗米道符籙派的事實，因爲這一派的符咒，都是用於驅神役鬼的作用上，對於形而上道方面，並不高明。我常懷疑，周、秦之際方士修煉的方術，以及秦、漢以後，道敎符籙的興盛，是否都有與印度婆羅門敎，與瑜伽術派的法術互相影響，實在很難斷言；而印度婆羅門的沙門（出家人），在秦始皇時代，已經與中國通往來，那是有資料可查的事實，而且符籙的形態，有若干與上古梵文的寫法，大有相同之處，可是這些問題，暫時也把他算在題外文章，不去管它。我們再看張魯當時在漢中所行「以鬼道敎民」的地方政治形態，却是中國的政治史上，漢末地方宗敎政治之研究的好資料，也就是我在前面所說的漢末政治與道敎，由於秦、漢的游俠精神，與兩漢不滿現狀的逃世方外之士相結合，造成建立精神王國道敎的說明。如「三國志」所說，張魯在漢中的鬼道治民情形：「其來學道者，初皆名鬼卒。受本道已，信號祭酒，各領部衆。多者爲治頭大祭酒，皆敎以誠信不欺詐，有病自首其過，大都與黃巾相似。諸祭酒皆作義舍，如今之亭傳。又置義米肉，懸於義舍。行路者，量腹取足。若過多，鬼道輒病之。犯法者，三原然後乃行刑。不置長吏，皆以祭酒爲治民。民夷便樂之。雄據巴漢，垂三十年。」後來張魯的地方治權，被曹操打垮，他投降了，拜爲鎭南將軍，曹操待以客禮，「封閬中侯，邑萬戶。封魯五子及閻圃等，皆爲列侯。爲子彭祖取魯女。魯薨，謚之曰原侯。子富嗣。」我們看了張魯實行五斗米道的簡短歷史，實在非常有趣而滑稽，足以反映三國當時地方政治紊亂的怪現象，但是他比黃巾張角號召起義的太平道，却大有高明之處。如果陳壽所記的都是事實，那麼，張魯在漢中實行宗教性的地方政治，倒有近似「無爲」之化，却能稍有合於道德的措施。陳壽著「三國志」的見地與歷史筆法，當然遠不及於司馬遷，但是，他在張魯等傳記末了的評語，却也中肯，如說：「公孫瓚保京，坐待夷滅。度（公孫度）殘暴而不節。淵（公孫淵）仍業以載凶。祇足覆其族也。陶謙昏亂而憂死。張楊授首於臣下。皆擁據州郡，曾匹夫之不若，固無可論者也。燕（張燕）、繡（張繡）、魯（張魯），舍群盜，列功臣，去危亡，保宗祀，則於彼爲愈焉。」他說張魯等人，倒能够逆取順守，得保祖先子孫的宗祀，在當時羣盜如毛，都是有始無終的亂世當中，比較起來，的確算是傑出的人物。然而陳壽還見不到張魯後世的子孫族類，竟能南遷於江西，歷宋、元以後，受朝野的尊敬，成爲龍虎山正一派的張天師世家，累世備受寵封，可與山東曲阜的孔子世家相提並論，都成爲中國文化世家巨室的特殊家世，豈非他的先世張道陵的道術，應有豐功陰德的餘蔭，才能如此嗎？

陳壽著的「三國志」，自有陳壽的立場和主觀，他筆下所述說的張道陵，等於是以「假道爲騙」的術士，相反的，在葛洪所著的「神仙傳」中，便不同於陳壽的記載了；

如說：

「張道陵者，沛國人也。本太學書生，博通五經。晚乃嘆曰：此無益於年命，遂學長生之道，得黃帝九鼎丹法。欲合之，用藥皆靡費錢帛。陵家素貧，欲治生，營田牧畜，非己所長，乃不就。聞蜀人多純厚，易可教化，且多名山，乃與弟子入蜀，住鶴鳴山，著作道書二十四篇。乃精思鍊志。忽有天人下，千乘萬騎，金車羽蓋，驂龍駕虎，不可勝數，或自稱柱下史。或稱東海小童。乃授陵以新出正一明威之道。陵受之，能治病，於是百姓翕然奉事之以為師，弟子戶至數萬，即立祭酒，分領其戶，有如官長。並立條制，使諸弟子隨事輸出米絹器物、紙筆、樵薪、什物等。領人修復道路，不修復者，皆使疾病。縣有應治橋道。於是百姓斬草除溷，無所不為，皆出其意。而愚者不知是陵所造，將為此文從天上下也。」我們看了葛洪所寫的記載，便可瞭解陳壽記述張道陵的事實，不但簡要不詳，而且是有立場和成見的。張道陵的正一明威道術，到了晉朝，更有擴展，晉室的名公巨卿，朝野大族，都有信奉此道，例如王、謝等巨室，也都歷世信奉不衰，以書法著名的王羲之，便是此道中的份子。所以他手寫黃庭經，並不是專為習字而好玩的。

此外，我們再看葛洪所載張道陵在四川施行的教化，依照歷史文化的功績觀念來講，便會覺得他與文翁化蜀，同樣具有文化教育上的價值：

如說：

「陵又欲以廉恥治人，不喜施刑罰。乃立條制，使有疾病者，皆疏記生身已來所犯之事，乃手書投水中，與神明共盟約，不得復犯法，當以身死爲約。於是百姓計念，邂逅疾病，輙當首過。一則得愈，二使羞慚，不敢重犯，且畏天地而改。從此之後，所違犯者，皆改爲善矣。」在這段的記載裡，述說張道陵化民成俗的方針，在於人人自覺自治，重廉恥，畏天命，行善舉爲其重點，根據道家思想的「爲政不在多言」，唯重實行的原則，那麼，張道陵這種措施，又何嘗是不對呢？陳壽所謂「故世號米賊」，是從曹魏政權的立場，因襲治權的正統觀念而來，並不全足取信。其次，關於張道陵個人修鍊道術的經過：

如說：

「陵乃多得財物，以市合丹。丹成，服半劑，不願卽昇天也。乃能分形作數十人……行氣服食，故用仙法，亦無以易。故陵語諸人曰：爾輩多俗態未除，不能棄世，正可得吾行氣、導引、房中之事，或可得服食草木，數百歲之方耳。其有九鼎大要，唯付王長。而後合有一人，從東方來，當得之。此人必以正月七日，日中到。具說長短形狀。至時，果有趙昇者，從東方來，生平原相，見其形貌，一如陵所說。陵乃七度試昇，皆過。乃授昇丹經。」這是說明張道陵所修煉的神仙道術，仍以外金丹的丹藥爲主，以服氣、導引、房中等的內丹修焉爲助伴，最後，仍以九鼎大要等道法爲指歸。

至於所說七次試驗趙昇的道心，然後授以神仙道術，正是後世妄求學仙者先立道德根基的榜樣，如說：

「七試者：第一試昇：到門不爲通，使人辱罵四十餘日，露宿不去，乃納之。第二：使昇於草中守黍驅獸，暮遣美女非常，託言遠行過寄宿，與昇接牀。明日又稱脚痛不去，遂留數日，亦復調戲，昇終不失正。第三試昇：行道忽見遺金三十觧，昇乃走過不取。第四試昇：令入山採薪，三虎交前，咬昇衣服，惟不傷身。昇不恐，顏色不變，謂虎曰：我道士耳，少年不爲非，故不遠千里，來事神師，求長生之道，汝何以爾也？豈非山鬼使汝來試我乎？須臾，虎乃起去。第五試昇：於市買十餘疋絹，付値訖，而絹主誣之云：未得。昇乃脫己衣，買絹而償之，殊無悋色。第六試昇：守田穀，有一人往叩頭乞食，衣裳破弊，面目塵垢，身體瘡膿，臭穢可憎。昇愴然爲之動容，解衣衣之，以私糧設食，又以私米遺之。第七試：陵將諸弟子登雲臺絕岩之上，下有一桃樹，如人臂，傍生石壁，下臨不測之淵，桃大有實。陵謂諸弟子曰：有人能得此桃實，當告以道要。於時伏而窺之者，三百餘人，股戰流汗，無敢久臨視之者，莫不却退而還，謝不能得。昇一人乃曰：神之所護，何險之有，有聖師在此，終不使吾死於谷中耳。師有數者，必是此桃有可得之理故耳。乃從上自擲，投樹上，足不蹉跌，取桃實滿懷。而石壁險峻，無所攀緣，不能得返。於是乃以桃一一擲上，正得二百二顆。陵得而分賜諸弟子各一，陵自食留一以待昇。陵乃以手引昇，衆視之，見陵臂長三十丈，引昇，昇忽然來還。乃以向所留桃與之。食畢，陵乃臨谷上，笑而言曰：趙昇心自正，能投樹上，足不蹉跌。吾今欲自試投下，當應得大桃也。衆人皆諫，惟昇與王長嘿然。陵遂投空，不落桃上，失陵所在。四方皆仰，上則連天，下則無底，往無道路，莫不驚歎悲涕。惟昇、長二人，良久乃相謂曰：師則父也，自投於不測之崖，吾何以自安！乃倒投身而下，正墮陵前。見陵坐局脚牀，斗帳中，見昇、長二人，笑曰：吾知汝來。乃授二人道畢。三日，乃還歸，治舊舍，諸弟子驚悲不息。後陵與昇、長二人，皆白日冲天而去。衆弟子仰視之，久乃沒於雲霄也。初陵入蜀山，合丹半劑，雖未冲舉，已成地仙，故欲化作七試以度趙昇，乃如其志也。」

我們讀了葛洪所寫這段張道陵授受道術的傳記，對於一般妄求長生不老之方的人士，應知有所反省。須知道家與道教所標榜的神仙可學，必以立德爲先。後世的人，以價值觀念的小忠小勤，輕心慢心的意氣用事，妄求出世超人的道術，豈非緣木而求魚，那有這種便宜的事呢？如果神仙不可學，就憑這種做人的德行爲榜樣，以此爲人處世，亦正是儒家所謂大人君子的風規，這樣的教化，又何嘗有害世道人心呢？拚命大罵其爲異端不可學，似乎有欠公允。我們非常簡略的介紹了漢末道教形成的前因後果，便可大概瞭解秦、漢以後政治社會演變的關係，由道家思想促成道教建立的先聲。

(二)　魏晉以後的道家與道教

我們初步瞭解了漢末的學術情況，與社會人心逃避現實的趨向，促使道家形成道教的情形，然後再來研究魏、晉人對於學術思想轉變的迹象，就有脈絡可循，不致憑空臆度了。漢末時期，朝野上下，受到政治、經濟、軍事種種的激盪，社會的不安，隨時隨地呈現一片紊亂，因此應運而生的新創各種道術信仰，便能普偏傳開，深入各個階層，加上黠者利用游俠與知識分子不滿現實的情緒，縱橫牽扯，一拍即合，就形成三國時代的局面了。我們想要瞭解歷史文化的演變，必然不要忘記時代背景的影響，所以要講魏、晉時期的學術思想，必須要追踪東漢末期學術思想的情況，然後才能瞭解魏、晉學術思想的原因。

我在講述佛教與中國文化的因緣中，曾經講到影響時代學術思想的重心，在於當權執政者的領導作風，當漢末及曹魏執政的先後階段，傳習儒家的經學、紹述孔、孟的遺教，除如鄭玄、盧植等少數的大儒，稍具規模以外，一般所謂儒生者，都以文學見長；如王粲等人，醉心於辭章的意境，其餘濟濟多士，大多從事於救亡圖存的時事，或奔競於當世功名的途徑，既使從事學術思想，也都以見用於現實的世務爲主，如研究科學而哲學的易經象數之學，也祇有少數有志之士，肯在業餘作部分專長的研究，如鄭玄的爻辰，費直、荀爽的升降，虞翻的納甲等有數幾人而已。此外，如華陀的醫道，管輅的術數，尙有正統道家的遺風，至於以道家法術見長，如于吉、左慈等人，雖然名動公卿，影響人心至鉅，但到底不能見重於士林，由此而知由漢末到三國時期，學術思想界的情形，正同當世的時事是一樣的紊亂。

曹魏時代，因曹氏父子擅長文學的關係，幃幄中的文士，亦多以文學見長，對於義理學術的探求，已經減色，到了魏、晉轉移的階段，少年貴胄的世家公子，如何晏、王弼之流，既不能做絜靜精微的齒問工夫，又不能疏通知遠，於是，僅於思而不學的心得之下，便以老、莊思想來解釋易經；不但易經漢學傳承的原意，由此喪失，即如老、莊的思想，也從此大爲變質。加以名公巨卿，世家大族們對於時勢國事，有心挽救而無力挽回，就與當時一般名士們羣居終日，手把麈尾，清談玄理以逃避現實，等於任何一個世紀末期的人，趨向聲色歌舞、醇酒美人、玩牌跳舞，是同爲時代頽廢的心理作用，因此以易經、老子、莊子爲主的三玄之學，便應運而興，所謂清談與三玄，便是如此這般所造成。恰當那個學術思想中心無主的時代，又加西城佛學的名僧居士們，如支遁、支謙等人，開始源源東來，灌輸般若談空，講論「神我」「涅槃」的思想，蔚爲一時的風氣。在另一方面，受到衰亂頹風的影響，故作曠達而流於疏狂，如嵇康、阮籍、山濤、劉伶等人，便是受到這種世風刺激的犧牲者。

然而魏、晉之際，除了這般人物，足以影響時代的風氣以外，其他講究學問德業，從事挽救世道人心的工作者，難道眞正無人嗎？這又不然，人間世事，本來就如自然物理一樣，有了黑暗，自然也有光明，有正的一面，當然也有反的一面。魏、晉時期，從事挽救世風的人物，大多走入道家與道教的路線，例如三國時期張道陵的創教以外，便有南方的許遜（旌陽），在江西創建淨明忠孝教，內用道家、儒家修身敦品立行的傳統精神，外用符籙等法術，做爲積功累德的修道基礎，他的遺風流澤，覆蔭千餘年以下，成爲魏、晉以後南方道教的開建者，也就是唐、宋以後，廬山道術一派的淵源，江西南昌道教勝地的萬壽宮，便是爲許旌陽而立的千秋廟祀。據道教的傳述，許旌陽一派的道術，是帶家室同修，不必離塵出俗的法派，所以相傳許眞人道成之日，全家大小，都拔宅飛昇，儼然犬吠雲中，成爲富貴神仙的榜樣。其實，許旌陽的德業，除如道教所說的術妙通神以外，他的最大的功德，就是對江西及三江上游水利的開發與建設，的確留有極大的功勞，雖然不及秦代李冰父子開建都江堰的源遠流長，但澤及南方，誠爲不可泯滅的事實，據黃元吉所寫的許眞君傳記，我們簡擇他的要點，稍作介紹：

如說：

「眞君姓許氏，名遜，字敬之。曾祖琰。祖父玉。父肅。世爲許昌人，高節不仕，穎陽由之後也。

父漢末，避地於豫章之南昌，因家焉。吳赤烏二年己未，母夫人夢金鳳銜珠，墜於帳中，因是有娠而生眞君焉。生而穎悟，姿容秀偉。少小通疎，與物無忤。嘗從獵，射一麀鹿，中之，子墮，鹿母猶顧舐之，未竟而斃。因感悟，卽折棄弓矢，尅意爲學。博通經史，明天文、地理、律曆、五行、讖緯之書。尤嗜神仙修鍊之術，頗臻其妙。聞西安吳猛得至人丁義神方，乃往師之，悉傳其秘。遂與郭璞訪名山，求善地，爲栖眞之所。得逍遙金氏宅，遂徙居之。日以修鍊爲事，不求聞達。鄉黨化其孝友。交游服其德義……乃於太康元年，起爲蜀旌陽令。時年四十二。視事之初，誡吏胥去貪鄙，除煩細，脫囚縶，悉開諭以道教忠孝慈仁忍愼勤儉，吏民悅服，咸願自新……蜀民爲之謠曰：人無竊盜，吏無奸欺，我君活人，病無能爲。眞君知晉室將亂，乃棄官東歸。民感惠贏糧而送者蔽野，有至千里始還者，有隨至其家願服役不返者。乃於宅東之隙地，結茅以居，狀如營壘，多改氏族以從眞君之姓，故號許家營焉。……眞君生於吳大帝赤烏二年己未正月二十八日，住世一百三十六年。凡來參學淨明弟子，皆尊之曰道師君。眞君既飛昇之後，里人與其族孫，簡就其地立祠。……隋煬帝時，焚修中輟。唐永淳中，天師胡惠超重興建立。明皇尤加宣奉。宋朝太宗、眞宗、仁宗皆賜御書，改賜額曰玉隆。仍禁名山樵采，蠲租賦。政和二年，徽宗降玉册，上尊號曰神功妙濟眞君。正和六年，改觀爲宮，仍加萬壽二字。……元成宗皇帝，加封號曰至道玄應神功妙濟眞君。」

我們瞭解了許旌陽與魏、晉之間關於南方道教開建的簡略情況，便可知道從東漢到三國時期，中國朝野學術思想的趨向，以及民間社會風氣轉變的情形。所以張道陵創建道教雛形於桓帝、靈帝之際，黠狡者便利用它的作法，在民間紛紛成立各種道門，如黃巾張角等的利用太平道而作亂、開始三國紊亂局面的先河。但在魏、晉之際，在南方吳、蜀之間，又另有許旌陽一派淨明忠孝教的發展，綜合傳統文化儒、道兩家的精神，建立即在人間，由積功累德的善行昇華，而成爲天上神仙的超人境界，其功誠不可滅，豈可獨以歷史記載中的片面之辭，認爲魏、晉學術，唯有清談玄學足以代表嗎？

此外，如與許旌陽同學的郭璞，發展易經象數、納甲、及五行之理，對於地球物理的研究，開創後世地理（也有專稱爲堪輿）占驗學術的先聲，可惜他德業的成就，不及他的同學許旌陽，立身的方針，又不及葛洪的自處，後世學道家學術，流入江湖之輩，都同有犯了郭璞的錯誤。葛洪研究神仙丹道，著作抱朴子，概括內養精神、服氣、鍊氣、丹砂、服藥、符籙等道家傳統的學術，外涉用世之學，包括政治哲學原理，以及爲人處世的規範等等，都足以垂範千古，富有科學、哲學的寶貴價值。

如抱樸子的自序說：

「道士弘博洽聞者寡，而意斷妄說者衆。至於時有好事者，欲有所修爲，倉卒不知所從。而意之所疑，又無足諮。今爲此書，粗舉長生之理。其至妙者，不得宣之於翰墨。蓋粗言較略，以示一隅，冀悱憤之徒，省之可以思過半矣。豈謂闇塞，必能窮微暢遠乎？聊論其所先覺者耳！世儒徒知服膺周、孔，莫信神仙之書，不但大而笑之，又將謗毀眞正。故予所著子言黃白之事，名曰內篇。其餘駮難通，釋名曰外篇。」據晉書葛洪傳所載，他除著作有抱朴子一百十六篇外，還有碑誄詩賦百卷，移檄章表三十卷，神仙、良吏、隱逸、集異等傳各十卷。又抄五經史漢百家之言，方伎雜事三百一十卷，金匱藥方一百卷，肘後要急方四卷。又云：「洪博聞深洽，江左絕倫。著述篇章，富於班馬。又精辯玄賾，析理入微。」

我們試讀修撰晉書的唐代大儒房玄齡等人，對於郭璞與葛洪兩人的中肯評語。如說：

「景純（郭璞）篤志綈緗，洽聞彊記。在異書而畢綜，瞻往滯而咸釋。情源秀逸，思業高奇。襲文雅於西朝，振辭鋒於南夏。爲中興才學之宗矣。夫語怪徵神，伎成則賤。前修貽訓，鄙乎玆道。景純之探策定數，考往知來，邁京管於前圖，軼梓竈於遐篆。而宦微於世，禮薄於時。區區然寄客傲以申懷，斯亦伎成之累也。若乃大塊流形，玄天賦命。吉凶修短，定乎自然。雖稽象或通，而厭勝難恃。稟之有在，必也無差。自可居常待終，頹心委運。何至銜刀被髮，遑遑於幽穢之間哉！晚抗忠言，無救王敦之逆。初慚智免，竟斃山宗之謀。仲尼所謂：攻乎異端，斯害也已。悲夫！」

至於對葛洪個人的評語，却說：「稚川（葛洪）束髮從師。老而忘倦。紬奇册府，總百代之遺編。紀化仙都，窮九丹之秘術。謝浮榮而捐雜藝。賤尺寶而貴分陰。游德棲眞，超然事外。全生之道，其最優乎？」我們只要讀了魏、晉以後，神仙傳中的人物，如郭璞、葛洪的傳記及其評語，便可瞭解後代的人所謂：「英雄到老皆歸佛」，「未有神仙不讀書」眞正含義的道理了。

簡單扼要的瞭解了漢末、魏、晉以來，由道家學術思想形成道教的大勢，便可明白道教在北魏擴大建立的趨勢，及其前因後果了；由魏、晉學術思想遺風的影響，到了北朝的北魏時期，自然更加崇尚玄奇，又因北魏政權是崛起西北的邊埵氏族，當然很容易接受佛教文化的思想，由於當權執政者的信仰，風氣所及，遂至於朝野奉行。如果從中國佛教發展史的立場來看，北魏對於宏揚佛教的史實與功跡，應當極其重要，但在北魏太祖，世祖的階段，道教也隨佛教之後，勃然而興，而且綜羅漢末張道陵、許旌陽等道教同異的道術，另成一格而別創規模，成爲初唐正式建立道教的張本，其中得力分子，便是道士寇謙之，及其信受弟子魏國的權臣崔浩所造成。關於寇謙之的學道，大有如張道陵經歷的事跡，他的宏揚建立道教的經過，却因崔浩的推荐，當時便受魏國的封誥，以天師的姿態出場，大展其法術。後來北魏武帝一度摧毀佛教，在佛教史上，便將所有罪過，都記在寇謙之與崔浩的頭上，其實，寇謙之對於當時滅佛滅僧的措施，並不完全贊同，崔浩弄權，主張滅佛，那倒眞是事實。不過，據「魏書」的史料，崔浩本人，不但不信佛教，同時也不相信眞正的老子遺教與遺文，他自己是一個讀書不多，而喜歡玩弄陰陽、五行、術數的人物，自比爲張良，對於眞正佛、道的精神，可謂一竅不通，所以便造成當時歷史上的宗教慘案。如欲研究北魏時期，道教建立的大略情形，可讀「魏書」——釋老志，崔浩傳，及道教「歷世眞仙體道通鑑」中的寇謙之傳，與佛教「佛祖歷代通載」中有關的資料，大約可以思過半矣。

（1）**唐代的道教**：道教眞正建立的階段，根據史實的資料，當以唐太宗建國的時期爲準。唐太宗立國之初，由於傳統宗法思想的觀念，要拉出一個名垂萬古，而天下人人都知其德業的遠祖做炫耀，便晉封老子李耳爲道教的教主，確定其尊稱爲太上老君。並且正式命令天下，以道教爲國教，位居佛教之先，後來雖然引起佛教徒們一度的爭辯，但始終不變道、佛地位次序的成命，儘管他在信仰上，是傾向於佛教的學術思想，但在中國人傳統觀念的祖宗信念中，仍然不變其初衷，這是中國文化的特質之一，也是中華民族傳統思想特點的長處；所以其他外來宗教，要想完全採用宗教信仰來推翻中國人的祖宗傳統精神，違反以孝道治天下的思想，那是既愚且蠢，違背原則的作爲，結果恐其難有太好的收穫。我們論唐代的文化思想，果然不要忘記佛教與禪宗，但是要瞭解，中國文化的精神，自唐代以後，便確定以儒、釋、道三家並稱的源流，一直傳到近代爲止，道教與道家，的確佔有相當重要的地位。所以唐代的文學、小說、藝術、工業、建築、日常生活等等，許多都是道、禪合璧的成品，不可舉一而偏廢其他。簡單扼要的說，詩人如李白的作品，便是道家神仙思想的氣質，杜甫是儒雅風流的正統，王維以佛學的成分爲重，其餘諸詩人，不歸於佛，卽歸於道，否則，便是儒、佛、道混合，難以嚴加分別的綜合體。

唐代道、佛風氣的隆盛，影響唐代文化非常鉅大而普及，但是人事物理的因果，必然自相互爲因緣，因爲唐代文化在時間歷史上，乃綜羅秦、漢以下的所長；在空間上，是融會中國、印度、阿拉伯的特質，所以它的雄渾博大，幾乎有遠邁秦、漢的趨勢。道教在這樣的一個時代中，正式建立它的宗綱，混合周、秦之際；陰陽、老、莊、儒、墨、兵、農、法、雜等等家的學術，抄襲佛教密宗修法與婆羅門教的方法，一概歸入道教的醮壇，蒙上道袍法服，披髮仗劍，口誦眞言咒語，驅神役鬼以炫耀它的宗門，這便是它受到唐代博大文化影響的結果。同時終唐代三、四百年之間，道教本身，產生正反兩個特殊人物，成爲完成道教建設的兩支生力軍。①是晚唐時代的呂巖（呂純陽）。②是唐末五代的杜光庭。呂純陽從道家正統修煉神仙丹道的途徑，吸收魏、晉以後而至隋、唐之間，佛家禪宗修養的長處，建立唐代以後丹道修煉的中心體系，永爲世法，使道教在後世的價值，爲之提昇不少，同時也使道家學術思想，普遍流傳到中國民間社會，乃至後來宏揚到亞洲各地區，也都是他的功勞。杜光庭在西蜀，力排佛學，篤信道教，除了收集有關道術的遺書以外，又自動僞造很多的道書，以充實道教的內容，所以後世稱人師心自用，亂造的文字，便有「杜撰」的稱謂。但自唐到五代以後，道教思想內容，純粹研究自然物理功能的變化，而推及人能變化成仙的理論，最著名而最難研究的，便有譚峭的「化書」，亦名譚子化書。其次，設想以人力的修爲，吸收太陽光能，變化生理氣質，想要利用人生血肉的身體，變爲光能而飛昇直達太陽、月亮之中的，便有道教的「日月奔璘經」的思想產生，後世所謂修道的神仙，吸收日精月華的作用，便由此而來。不管這種虛幻的理想，是否可能成爲事實，但人要向太空追究的理想，和尋求太陽能和月亮究竟的觀念，在中國的學術思想中，早已淵源在三千年以上，直到唐代，才有這種正式追求方術的出現，凡是科學家的理想，開始都如兒戲，爲什麼我們忘記了自己祖先的兒戲，而不反省警覺，豈非怪事嗎？

（2）宋、元、明、清的道教：宋、元、明、清的道教，它的本質，雖然依循唐代道教的源流而來，但是宗派的分立，與正邪混雜的演變，却大有異同，唯限於時間，不能一一詳細分述。宋代的道教，因爲宋眞宗開始利用宗教信仰，來掩飾在軍事、政治、外交上種種失敗的恥辱，便奠定後來徽宗、欽宗迷信假道士們的謊言，至於國破家亡的後果。總之：我們要記住中國文化一個不易的原則，要講治國、平天下之道，就不能專以宗教來搞政治，從爲政的立場而言，宗教僅爲輔導治化的一端，如果專以宗教而言治道，鑑之漢、唐、宋、元、明、清的經驗，就未有不敗的先例；如漢末三國時期的黃巾張角，宋、元之間白蓮教的韓山童，清代的太平天國與紅燈照、義和團等等，都是歷史的殷鑑。但從純粹的道教立場而言，這些得失是非，與正統的道家學術思想，以及道教本身，概不負責，只在領導者叡智的揀擇而已。而道教在宋代，因爲宋徽宗的提倡，却完成了一件學術上的大事，那便是君房遴選道教的舊藏道書，分門類別，編輯一部「雲笈七籤」，成爲研究道教學術不世的寶典。

當南、北宋之際，在中國西北部與北方河朔之間，正當夏、遼、金的勢力，互相消長的時期，王重陽在陝西開創全眞道，再由他弟子邱長春的繼續宣揚，便普及於山東、河北之間，而建立道教全眞派的門庭，明、清以後，成爲道教北派主流龍門派的根源。當元朝崛起蒙古，成吉思汗遠征印度邊境的時期，他爲了邱長春，曾經派兵通過西夏，到山東來請邱長春，間關萬里，遠出沙漠，在印度北方的邊境見面，後來便給邱長春以銅符鐵劵，做爲信守的契約。當元兵進入中國，凡持有全眞道的信符，可以免除殺戮與刼掠，這事是否爲邱長春在事前有先見之明，或後人有指他爲漢奸的嫌疑，實在不可亂下斷語，總之：這是中國文化宗教史上的一個大案，暫時無法多講。但在元史，以及元相耶律楚材遺留的資料上，對於邱長春，並無多大的好感，所以有人懷疑邱長春及全眞道的價值。其實，所謂全眞道的內容，是因襲宋、元以來禪宗的心法，配合丹道家主張清靜專修的方法，它雖然屬於道教的門派，實是融會儒、佛、道三家精神的新興道術，至於它的作爲，是因邊埵氏族入侵中原的變亂階段當中，民族文化意識，受到重大的刺激，因此形成新興的敎派，暗中在作振衰起弊的工作。但是元朝帝室政權，本來就無文化的根基，後來成吉思汗崛起塞外以後，從上到下，自始至終，便以佛教的密宗學術思想做為重心，耶律楚材，不但篤信密法，而且為鼎力維護佛教的重臣，同時他又學習北方的禪宗，為其中的能手，所以他對於邱長春等全眞道的觀念，不但在政治關係上，當然互相對立，就在宗教的信仰上，也自然視為敵對，我們只要仔細研究元史中有關於佛、道兩家文化思想互爭雄長的情形，便可瞭然於胸了。

明代的道教，與明朝帝室政權的關係，鬧過許多歷史性的醜劇，其間功過是非，一言難盡，在道教本身而言，却有兩件劃時代的大事，具有特別的價值；①便是永樂時代，完成道藏的修輯。將漢、唐以來所有關於道教、道家的書籍、經典，仿照佛教大藏經的組織，構成三洞（洞眞、洞元、洞神）、四輔（太元、太平、太清、正一），十二類（本文、神符、玉玦、靈圖、譜錄、戒律、威儀、方法、衆術、記傳、讚頌、表奏），成為完整保留中國道家傳統文化的一部巨著，其中收羅的豐富，內容的龐雜，實在多足觀者，雖然選材不够嚴謹，內容太多支離，但道家與道教的本身，本來就是如此複雜，如非窮畢生精力，集思廣益以類別繁蕪，恐怕誰也無法對它能够清理出具體的系統。②便是修煉神仙的丹道學派，從宋、元以後，如萬派朝宗一樣，都歸元宗奉唐代仙人呂純陽為祖師，到了宋代張紫陽，白玉蟾以後，被稱為丹道南宗正脈以來，再到明末清初之間，復分為四派，其中主要的南宗北派；以張紫陽為主的，稱為南宗丹法，含有單修性命，與性命雙修，乃至男女夫婦合籍雙修的法派。北派，當然以元初邱長春的全眞道為主，主張清靜專修的丹法。西派以李涵虛為主，認為直接傳承呂純陽的丹法，是屬於性命雙修的單修派。東派以陸潛虛為主，也認為是直接承受呂純陽的嫡傳口訣，是屬於男女合藉的雙修派。總之：道家的丹法，到了明末四大宗派出現以後，雖然各有專主與所長，但支離蔓蕪，弊漏也隨分派而百出，而且與佛家的禪宗與禪定，始終不無關係。因此到了明末清初階段，路徑愈走愈仄，所有丹法道術，便都以伍沖虛、柳華陽一系的伍柳派為主，既不知有漢，更遑論魏、晉了，故終滿清以來兩三百年間，無論道家或道教，都只在鬼畫桃符，與撥弄精神的末流上，隨俗浮沉，了無起色。

玖　道家及道教思想與中國文化的教育精神

講到中國文化，在春秋、戰國前後，便包括諸子百家所有的學術思想，由戰國末期到秦、漢之間，做爲代表而足以影響上下社會各階層的，應該算是儒、道、墨三家，到隋、唐以後，便以儒、佛、道爲代表；這個觀念，我要再三反覆說明的理由，就是希望講中國文化，不要偏廢，更不要弄錯方向。關於道家與道敎的學術思想，它影響中國歷史文化的鉅大和悠久，實在源遠流長，普遍深入每一部分，例如以中國的宗敎與哲學而言：佛敎經典及佛學內容的翻譯，有許多名詞、術語，以及註釋與疏述，很多地方，都是借重道家學術思想的名辭和義理；當然，後來道家與道敎，有很多是採納融會佛敎學理的學術思想，那也是不容否認的事實。至於儒家學術，以及侈談玄之又玄的思緻辨慧，更離不開道家思想，尤其是老子、莊子、列子的學問。其他如政治、軍事、經濟、社會、文學、藝術、工業、農事等等，無不與道敎前身的道家學術思想有關。我們爲了盡量簡化來做大概的介紹，例舉最重要，而且最普遍、最熟悉的事，莫如中華民族以及各地方所有的風俗習慣，尤其是過去的農業社會，漁獵社會，平原生活、海洋生活與高原生活，對於五候、六氣、二十四節氣的關係與重視，幾乎與整個的生活打成一片，不可分離，這都由於傳統道家學術思想的影響，直達三千年之久。其次，如過去民間歲時過年的伏臘、送竈、元旦、祭天地祖宗、正月初七的人日、初九的九皇誕、正月十五的上元節、春社的宴會、二月十二日的花朝、三月三日的上墳掃墓、五月端午的揷菖蒲、飲雄黃酒、六月六日的晒曝、七月七的乞巧、七月十五的中元鬼節、八月十五的中秋、九月九的登高等等，不盡細說的風俗習慣，都由於道教思想所形成。若在一般民間迷信道教觀念的習慣而言，幾乎每一個月當中，便有大半時間，都在禁忌與信守之中，簡直不敢錯走一步。至於婚喪慶弔等與禮儀有關的習俗，無一不從道家的觀念而來，但是，這些種種的習慣風俗，我們只要試讀「禮記」，與「荊楚歲時記」等書，便可知道其淵源久遠，而且是儒、道本不分家的綜合文化，我們因爲生活在道家學術思想之中過的太久了，反而忘其所以，致使自己對於道家內容太過陌生，豈非有違常理。

至於講到道家及道教與中國文化教育的密切關係，更爲重要，我們都只知道中國過去教育的目的，大體是走儒家孔、孟思想的路線，爲建立人倫道德，至於修身、齊家、治國、平天下而教育，所謂功名科第，僅是它的餘事而已。然而因爲後儒對於道、佛兩教，素來便有視爲異端的因襲觀念，所以對於道家與道教在中國教育文化上的功勞，都是陰奉陽違，忘其所以。現在在這個階段，總算還有若干前輩的長老，尙在人世，可以證明我的所說；所以我肯定的說一句話：中國過去的教育，與中國前輩讀書人的知識分子，他由少年到一生的人格道德教育，大多都以儒家的思想做規範，以道家與道教的精神做基礎，這是什麼理由呢？這便是道教兩本書的力量，①文昌帝君陰隲文。②太上感應篇。這兩本書的內容，等於便是道家與道教的戒條，也就是中國文化教人爲善去惡的教育範本，它以天道好還，福善禍淫的因果律做根據，列舉許多做人做事、待人接物的條規，由做人做事而直達上天成仙的成果，都以此爲標準。從漢、魏開始，經晉代抱朴子的提倡，一直流傳到兩三千年，它主張的道德，是着重在陰德的修養，所謂陰德，便是民間俗話所說的陰功積德；陰功，是不求人知，被人所不見，人所不知的善行，如明求人知，已非陰德了。由此思想觀念的發展，過去認爲科第功名的中取與否，除了文章學問以外，更重要的，便是靠爲善去惡，陰功積德的結果。因此，很多世代書香的人家，儘管大門口貼着僧道無緣的標語，但在他們案頭放着教導子孫家庭教育的範本，都擺有「文昌帝君陰隲文」，與「太上感應篇」等書，如果一個立志上進，要讀書求取科名的青年，不照這個規矩做去，雖然文章學問最好，也難以有求得科名的希望。甚之，進入考場以後，在那種陰森蕭瑟的考棚中，陰風慘慘，鬼氣森然的環境裡，還有人大叫「有寃報寃，有仇報仇」的場語，如果自已做了虧心事，不但考試不能中取，甚之，暴斃在考棚中的傳說，隨時隨地都有。從我們現代的眼光看來，可能是考棚中的衞生設備太差的所致，但在過去人格人倫的教育思想中，確爲最重要的一環，相傳所謂「救蟻得狀元之中，埋蛇享宰相之榮」的思想，便由此而來。甚之，如宋代的大儒歐陽修，一生不信道、佛，當他出爲主考官，在燈下閱卷的時候，也會很明顯的浮上這個陰影，他看見在他前面站着一個隱隱約約穿古衣冠的朱衣人，便是主持對於密封錄取考生命運的監臨者；當他在巡視考場時，便有很輕鬆的當場即景詩說：「下筆春蠶食葉聲。」但在錄取考卷的時候，便有戒愼恐懼到非常神秘的詩句說：「文章千古無憑據，但願朱衣暗點頭。」這種精神與風氣，在中國文化教育界中，一直延續到十九世紀末期爲止，同時，各省、各府、各縣，在在處處，都有文昌閣與魁星樓的建築，它與東嶽廟、城隍廟、三官大帝祠廟等，巍然並峙。所謂梓橦文昌帝君，從唐以後便興盛風行，是專管文運的神道，魁星也是專管科第功名，賞善罰惡的文運之神；乃至由此普及到達戲劇方面，如過去的唱戲（包括京戲、地方戲等），當開鑼上臺以前，第一出場的，便是魁星，其次，才是跳加官，招財進寶。戲劇到了最後完場時，便是關公拖着偃月刀來淨臺，這樣的一個戲劇文化思想，他是代表什麼意義？大有文章，可以值得深長思也。關於「陰隲文」，與「太上感應篇」的內容太多，研究教育思想的人，不妨找來做一參考，以很客觀的胸襟去讀，對於中國文化，與世界道德教育的瞭解與重建，我想還是具有相當價值的，青年的同學們，不妨以極度的耐心去試試看，當然！我說的耐心，也是有意義的，否則，你也許不肯卒讀，大起反感，過去讀書人用的日常「功過格」，便是根據這兩本書的精神而來。

在此附帶說明中國文化對於人倫道德的基本哲學，徹始徹終，都建立在因果報應的觀念上。無論儒家與道家，畢竟沒有離開這個範圍，只有程度的深淺而已。儒家的思想中，成分比較輕，道家的思想中，成份很重，後來加進佛家的思想，更特別注重三世因果的信念，所以在人生道德修養的方面，便與儒、道思想，不謀而合，很容易互相輔掖並行了。但在隋、唐以後，直到現在，關於佛家的三世因果觀念，與傳統道家的因果觀念，始終是互相衝突，大多都在半信半疑的概念中存在着，這是什麼理由呢？因爲儒、道的思想，都是根據「易經」的「積善之家，必有餘慶。積惡之家，必有餘殃。」與「善不積，不足以成名。惡不積，不足以滅身」的傳統而來，所以形成的因果觀念，是講究祖先、父母、子孫宗族血統的三世因果報應。佛家的三世因果觀念，是從個人做基點，形成前生、今世、後身的三世因果；從祖孫父子的宗族三世而論因果，有時容或可據，使人易信，從生前身後而言因果，更加使人茫然，不易相信。但無論屬於道、佛兩家的那種觀念，在漢初，已有司馬遷在「伯夷列傳」中，提出部分的懷疑論，他對於道家所說「天道福善禍淫」的理論，有疑問，然而他在別的傳記中，又很肯定的相信。王充著「論衡」，在他的思想體系裡，也否認命定的因果觀念，但同樣的，他又主張人生應當爲善的思想，這個有關東方道德教育的專門學問，牽涉太廣，只在此略一提出，以供注意。現在所要借此做說明的，便是關於「陰隲文」與「太上感應篇」等的思想淵源，以及隋、唐以後，道、佛兩家因果報應觀念的滙流，因此而形成中國民間上下，國民道德觀念的思想背景而已。

復次：道家與道教，從魏、晉開始，到唐、宋以後，它與中國文學的因緣，正像佛學與禪宗一樣，都與文學結有不解之緣的，如果勉强的以時代來分界限，魏、晉的文學，含有道家的成分比較多，無論爲詩歌與散文，都是如此。唐人的文學，道、佛兩家的氣息並重，尤其以唐詩是如此，至於唐人的筆記小說中，卻以道家的成分爲多。宋人的文學，似乎比較偏向於禪，無論詩詞與散文，大體都有這個情況。元代的戲曲、小說等等，佛學成分多於道家，明、清以來，才慢慢走上融混的路道。爲了講這樣一個嚴肅的課題，最後要使大家輕鬆一些，我們不妨舉出唐人詩中一些有關道家與道教的材料，使人讀後多少可以沾些仙人氣息的意境，唐代的名士才子中，例如李商隱有名的一首無題律詩，便可處處見到他含有道家的情緒，「來是空言去絕蹤，月斜樓上五更鐘，夢爲遠別啼難喚，書被催成墨未濃，蠟照半籠金翡翠，麝薰微度繡芙蓉，劉郎已恨蓬山遠，更隔蓬山一萬重。」又如他的錦瑟一律，「錦瑟無端五十絃，一絃一柱思華年，莊生曉夢迷蝴蝶，望帝春心託杜鵑，滄海月明珠有淚，藍田日暖玉生烟，此情可待成追憶，只是當時已惘然。」他所用的劉郎、蓬山、莊生夢蝴蝶、望帝託杜鵑、滄海珠淚、藍田暖玉等等，無一不是與道家、道教有關的典故，無此修養，無此意境，無此感情，便做不出這種詩境，這比較王維的具有道家意境的詩，「積雨空林烟火遲，蒸藜炊黍餉東菑，漠漠水田飛白鷺，陰陰夏木囀黃鸝，山中習靜觀朝槿，松下清齋折露葵，野老與人爭席罷，海鷗何事更相疑。」各是別有一番風味的。至於唐代名僧、道士的詩，好的作品，也非常的多，因爲一般限於詩體的成見與偏見，便輕易的忽略過去，道士的詩，例如：「因買丹砂下白雲，鹿裘唯惹九衢塵，不如將耳入山去，萬是千非愁殺人。」「佛前香印廢晨燒，金錫當門照寂寥，童子不知師病困，報風吹折好芭蕉。」「似鶴如雲一個身，不憂家國不憂貧，擬將枕上日高臥，賣與世間榮貴人。」「帆力劈開滄海浪，馬蹄踏破亂山青，浮名浮利濃於酒，醉得人心死不醒。」等等，都是惑亂人生中，偶然一服的清涼鎭定劑，大可有助於修養。至若唐人筆記小說中的裴航遇仙，雲英謫嫁的仙人艷跡，平添後世許多神仙眷屬的幻想與佳話，那都是道家與道教給予中國文學的生命活力，並無頹唐、哀愁、灰色的情調。宋代名詩人，如蘇東坡、王安石、黃山谷等人的作品，更與道、佛思想不能分離，蘇東坡的名詞，如水調歌頭：「明月幾時有？把酒問青天，不知天上宮闕，今夕是何年？我欲乘風歸去，唯恐瓊樓玉宇，高處不勝寒！起舞弄清影，何似在人間！轉朱閣，低綺戶，照無眠。不應有恨，何時長向別時圓？人有悲歡離合，月有陰晴圓缺，此事古難全！但願人長久，千里共嬋娟。」以及「鳥噪猿呼晝閉門，寂寥誰識古皇尊，青牛久已辭轅軛，白鶴時來訪子孫。」等句，不一而足，如要研究道家思想與中國文學，此中大有文章，也不可放過。

禪與道概論後語

楊管北

距今十二年前，吾在德國途中，因突患心臟冠狀閉塞症，轉道返國，息影山居，摒絕妄想，浮雲世事，日以讀書自遣。瀏覽既多，理有不明於心者益衆，乃復涉獵宗教之學，而讀佛經。然佛學難通，尤甚於世典。不但翻譯辭章之體裁有異，名相與內義尤多隔礙。後因友人之介，得識南師懷瑾先生，晤談片時，如有所契。從此每週星期六下午，敦請先生蒞臨舍間，講授佛學及修證心要，祁寒風雨無間，逾十餘寒暑。初由一般佛學而漸及各宗大要，乃至顯教密教，禪宗道家，無不圓融普攝，一一加以開示。先生每又隨機設教，屢加接引，使余得窺心宗，了知本來，原甚平易。復以禪門宗風，將歇於世，乃允所請，常於每年春初，舉行禪七法會，親與敬信者，躬行禪寂，由此獲益而知方者，頗不乏人。

吾年癡長先生十餘歲，人或疑其何以執事之恭、誠信之篤，吾每舉韓文公師說，與儒家事師儀禮爲對。況釋迦弟子，如大迦葉、須菩提等輩，莫不年長於文佛，先哲風規，垂範後昆，爲學爲道，先須自去增上慢心，猶恐自有慚德。況吾從先生十餘年，執經尋討三教問學，瞻之在前，忽焉在後，久而敬之，固非偶然。然先生謙抑自收，與吾輩交，雖有法乳之惠，而平素惟以友道自處，遜不爲師，此猶久而敬之，亦理所固然。先生學問知識之淵博，實不愧爲當代通人，此皆有識者所共仰。吾每請其爲浩漫無涯之佛學，作一條貫通論，又爲中國上下五千年文化學術之源流，作有系統之論述，終因世緣塵累，未遂所願。今春去秋，先生應劉白如兄之邀，在政大教育研究所，講演佛道兩家與中國文化。又經大華晚報披露一部分講辭。讀者咸欲竟其全文，乃發心隨喜，爲之經募印送三千册，用以宏揚中國文化與佛法之勝緣。以吾從先生遊久，先生道業思想之端緒，略可概窺一二，本書所述佛道兩教學術內容，僅其平生所學，少分之緒論，誠未足以盡其所蘊。然其正學術之視聽，敦思惟於正道，淑世利人之情，躍然紙上，故敢不揣鄙陋，特爲拈出要點，俾知其涯岸。

時際濁世，佛學思潮，雖日益擴展，然說理者日衆，修證者愈少。學者不趨於時尚而視爲哲學思想之研究，卽隨歐美後期佛學家路線，從事梵文、巴利文之考證，以爲治佛學之正途。孰知五印梵文，今昔大有異趣，不但方言音譯與內義變遷甚遠，而求證吾國千餘年譯本之梵莢，蕩然無存。據今疑古，漠視中國佛學之價值，殊有未當。後世巴利文之佛學典籍，大多爲南傳小乘經典，時代懸隔，傳寫錯訛，雖可資爲參考，未必足爲證據。況佛法重在行持實證，佛經所說理趣，皆爲求證一大事因緣之津梁，如理事分途，依文解義，徒成慧業，則失佛法之宗旨。今先生講述佛學部分，深入淺出，隨機設教，側重眞修實證之要，抽繹佛學要領，滙歸心地法門，志在作初學之梯航，爲入道之門徑。至於屬辭比事，語含妙旨，惟在讀者好學深思，自可明其大要。

所講道家部份，追溯中國文化學術思想之源流，別有見地，多不同於俗見。如其反復述說易經學系與書經學系來源之異同。指陳春秋、戰國時代，先秦諸子學術思想，各因方域語文之有別，由於先民氏族傳統思想，與歷史地理環境之差異。明揚隱士思想與方士學術爲道家文化思想之淵源。皆發人所未發，闡釋前古沉淪隱晦，開啓後學之正思。若夫丹道妙訣之明旨，陰陽術數與天地物理之閫奧，恐囿於習見者大笑而却走，惟略發端倪而已。惟所憾者，本書所述，因限於時間，未詳其要，猶未盡饜吾人所望耳。

南懷瑾先生著作簡介

1. 論語別裁（原文加注音） 南懷瑾述著

是中華民國開國以來，闡揚中國固有文化精髓，推古陳新，使現代中國人能夠了解傳統文化的橋樑。它，接續了古今文化隔閡的代溝。

2. 孟子旁通㈠ 南懷瑾講述

是繼「論語別裁」後，劃時代的鉅著，爲中華文化留下再生的種子，內容包羅諸子百家思想精華，觸類旁通，驗證五千年來歷史人事，司馬遷謂：「通古今之變，成一家之言。」恰足以讚之。

3. 佛門楹聯廿一副
淨名盦詩詞拾零
金粟軒詩話八講　合篇 南懷瑾著

本書揭開古今詩訣奧秘，法語空靈，禪機雷射，所輯及所作詩詞、楹聯，皆爲千古流傳難得一見之詩林奇嚮。

4. 新舊的一代　南懷瑾講述

原名：廿世紀青少年的思想與心理問題。解析了近百年來學術思想的演變，近六十年來的教育問題和現代社會青少年思想問題的根源。

5. 定慧初修　袁煥仙　南懷瑾合著

本書收集袁煥仙先生及其門人南懷瑾先生，有關止觀修定修慧的講記，對習禪及修淨土者，提示了正知正見和眞正修行的方法，最適合初學者。

6. 靜坐修道與長生不老　南懷瑾著

融合儒、釋、道三家靜坐原理，配合中、西醫學，對於數百年來，各方修道者的修持經驗，予以深入淺出的介紹和解答，揭開幾千年來修持的奧秘。

7. 參禪日記（初集，原名：外婆禪）　金滿慈著　南懷瑾批

本書是一位退居異國的老人，參禪修道來安排他晚年生活的實錄，許多修行的功夫和境界，都是女性修道者，最好的借鏡與指導。

8. 參禪日記（續集） 金滿慈著 南懷瑾批

她的日記續集，讓廿世紀的現代人，看到一個活生生的，邁向修道成功的事實例證。

9. 習禪錄影 南懷瑾講述

「羚羊掛角無踪跡，一任東風滿太虛。」本書是禪宗大師南懷瑾先生，歷年來主持禪七的開示語錄，及十方來學的修行報告，您想一睹禪門風範嗎？假此文字因緣，也算空中授受，可乎？

10. 禪話 南懷瑾述著

「山迴迴，水潺潺，片片白雲催犢返；風蕭蕭，雨灑灑，飄飄黃葉止兒啼。」禪話對歷代禪門祖師的公案，給予時代的新語！

11. 金粟軒紀年詩初集 南懷瑾先生著

本書爲南懷瑾先生自十五歲至七十歲，閒居隨感而作詩詞編集而成。詩是他思想情感寄託蘊藏之所在，也是弟子們藉以了解其師生命的橋樑，本編所集，皆清涼塵囂之無上甘露也。

12. 禪與道概論 南懷瑾著

本書說明禪宗宗旨與宗派源流，及其對中國文化之影響。後半部談正統道家及隱士、方士、神仙丹派之思想來源和內容，可稱照明學術界的方外書。

13. 楞嚴大義今釋　南懷瑾著

「自從一讀楞嚴後，不看人間糟粕書」——它是宇宙人生眞理探原的奇書，是入門悟空的一部書，也是抱本修行，閉關修行一直到證果跟在身邊的一部書。

14. 楞伽大義今釋　南懷瑾著

「楞伽印心」，禪宗五祖以前，用它來驗證學人是否開悟，書中有一百零八個人生思想哲學問題，是唯識學寶典。解析唯心、唯物矛盾的佛典。

15. 禪海蠡測　南懷瑾著

本書爲南懷瑾先生傳世經典之作，有關禪宗宗旨、公案、機鋒、證悟宗師授受、神通妙用，及其與丹道、密宗、淨土之關係，鈎玄剔要，爲無上菩提大道，舖了一條上天梯。

16. 維摩精舍叢書　袁煥仙著　南懷瑾合著

散盡億萬家財，行脚遍天下，求法忘軀，大澈大悟，川北禪宗大德塩亭老人煥仙先生，此篇鉅著，分判諸宗門派獨步千古，凡究心三家內典者，不可不讀，南懷瑾先生卽其傳法高第也。

17. 歷史的經驗(一)　南懷瑾講述

本書為南教授外學講記，以經史合參方式，長短經、戰國策為主，講君臣對待，有無相生、利弊相參的道理，是治世的良典，是領導的藝術，也是撥亂反正難得的寶笈。

18. 道家、密宗與東方神秘學　南懷瑾述著

本書揭開千古修行、成仙、成佛之奧秘，有關道家易經、中醫、與神仙丹道，以及西藏密宗原理和重要密法法本之提示，皆有深入淺出的介紹和批判。

19. 觀音菩薩與觀音法門　南懷瑾等講述

家家彌陀佛，戶戶觀世音，本書收集南懷瑾先生，歷年對觀音法門之講記，及古今大德、顯密二宗對觀音菩薩的看法及觀音修持法門，是學佛的初基，也是求證佛法最直接切入的方便法門

20. 金剛經別講　南懷瑾講述（暫停印刷）

金剛決疑，金剛印心，「金剛經別講」以現代化、生活化的方式，活活潑潑地，讓現代人不論是初學佛或老參同修，都能隨其深淺，各得勝解。書後附有南老師的「中國文化與佛學八講」，是最基礎的佛學概論，是最佳結緣入門的階梯，也是簡要直捷的佛法大意鳥瞰。

21.中國文化泛言(序集)　南懷瑾先生著

本書集中南老師歷年來所寫有關諸書序言，編爲一册，內容精蘊，包含廣泛，於人生學問、修證各方面之見地，高邁今古，迥脫凡塵，揮發儒、釋、道三家思想精華，可藉爲初學入門引導之指南，亦可作爲資深研究者更上之驗證。亦可由此略窺南先生思想精神之大概。

22.歷史的經驗(二)　南懷瑾講述

張良助劉邦擊敗項羽，統一天下，兵機謀略，大多得自黃石公素書之啓發，素書凡一千三百三十六言，上有秘戒，不許傳于不道、不神、不聖、不賢之人，若傳非其人，必受其殃。得人不傳，亦受其殃。張良之後，此書不知去向，至晉朝，有人盜發張良之墓，於玉枕之處發現此書，自此素書始再傳於世間云云。書後附陰符經及太公三略，皆兵法之宗祖。南先生此篇講記，將三千年來歷史例證，平舖原經文之後，以便讀者可以經史合參，而對於千古是非成敗之際之因因果果，判然明白，或者以之做爲個人創業，及立身處世之參考。

23.一個學佛者的基本信念——華嚴經普賢行願品講記　南懷瑾講述

本書將華嚴經普賢行願品的內義闡述無遺，尤其將普賢行願的修持法門直述公開，顯密融通，是歷來講解此經所未曾有者。書後并附普賢菩薩有關經文及諸佛菩薩行願。

24.禪觀正脈研究　南懷瑾等講述

據佛經記載，釋迦文佛住世時期，有無數修行弟子修行得道證果，何以二千多年來，佛法普及之後，修道者多如牛毛，證果者反而寥寥無幾？此一公案困惑千古行人，原來當初世尊座下弟子，泰半皆從白骨禪觀入手，以爲修行之根基，故容易獲得果證。自南師以「禪密要法」爲底本，首倡白骨禪觀之修法以來，參修同仁，宿業漸消，疾病多癒，禪觀定力亦日有更進。因之懇請南師首肯，乃將當初講記整理出書，以爲修道行人之參考，由於後半部尚待校正及補充資料，故先出版上册先行流通。

25.中國佛教發展史略述　南懷瑾先生著

本書從印度佛教起源，談至佛法傳入中國時的現況，以迄於民國後的佛教界，對於研究佛教歷史淵源及禪宗叢林制度的學者，本書提供了清晰的史料和線索，書後幷附禪宗叢林制度與中國社會全文。

26.中國道教發展史略述　南懷瑾先生著

幾千年來道教的歷史演變，由學術思想、宗教型式及修煉內涵三方面，以及宗教及科學兩個層次，公平的批判解析道教存在的歷史原因，和它偉大的貢獻和價值，並預言未來道教所應發展的方向。

27.老子其猶龍乎？　南懷瑾先生述著

老子他說（上）南師懷瑾先生在本書中以經史合參，以經解經的方式，藉著老子自證的現身說法，刻劃出中國文化中道家隱士思想在歷史巨變中影響時世偉大磅礡光輝燦爛的一面。同時發揮了幾千年來書院學者所不知、不能言及的道德內蘊。老子他說，他說老子，這是領袖之學，這是修養的極致，有心文化者，有心領導事功者，有心修道成聖者，不可不一讀！再讀！

28.易經雜說——易經哲學之研究　南懷瑾先生講述

南師懷瑾先生精通易理，社會大衆往往有稱讚其爲「當今易學大師」者，然其講解易經課程，卻是深入淺出，平易近人，幾乎把高深的易理說得人人都懂，還有他異於古今學者獨特的妙悟勝解，說是綜羅百家精要亦可，說是成一家之言亦可。本書爲其隨心所講的講記，整編而成，相信必大有助於初學易者及深研易者之啓發。

29.如何修證佛法　南懷瑾先生講述

您知道學佛修行須依持那三個綱要？大乘必須以小乘作基礎，小乘的修法如何修呢？那個法門最易成就呢？修持只爲得定嗎？定是什麼？如何得定呢？修行中會有那些情況與歧路呢？楞嚴經所講的五十種陰魔境界裏，卻蘊藏著修行解脫程序的大秘密？這是南懷瑾先生花了幾十年的時間才發現的秘密，在此公開，請修行同道好好珍惜！

30.易經繫傳別講　南懷瑾先生講述

南懷瑾先生繼「易經雜說」後另一部有關易經的講述是「易經繫傳別講」。繫傳是孔子研究易經的心得報告，也是學易的門徑。本書不但對易經有更精闢的講述，也是孔孟思想、儒家學說的探源。從自然的道理，說到人文的精神，人生的道理，修行的道理……無論入世出世均爲不可亟得的摩尼寶典。

31.圓覺經略說　南懷瑾先生講述

圓覺經是可以徹底解決人生痛苦煩惱的經典，是指引如何修行成佛的經典。本書的講解，深入淺出，初學易懂，且明白指出如何明心見性，以及修行過程中的諸多問題。有心習禪或參研佛法者，不可不讀！

32.金剛經說甚麼　南懷瑾先生講述

這是一本超越哲學宗教的書！這是一本徹底消除一切宗教界限的書！千餘年來，無數人研究金剛經，唸誦金剛經，因金剛經而悟道，因金剛經而得到不可思議的感應，爲什麼？四句偈到底是哪四句？禪宗爲什麼提倡金剛經？金剛經的威力是什麼？本書解答你一切的疑問……

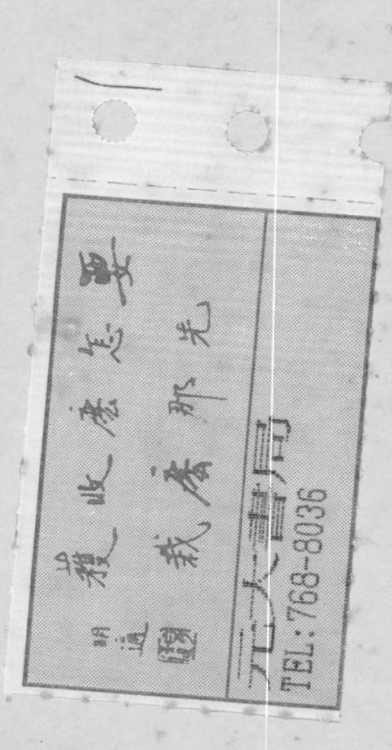
元大書局
TEL:768-8036